Ullstein

W0035052

Efraim Sevela

Der Papagei,
der Jiddisch konnte

Erzählungen

Ullstein

ein Ullstein Buch
Nr. 23169
im Verlag Ullstein GmbH,
Frankfurt/M – Berlin
Titel der Originalausgabe:

Aus dem Russischen von
Otto Janik, Annelore Nitschke
und Ingrid Tinzmann

Ungekürzte Ausgabe

Umschlagentwurf:
Theodor Bayer-Eynck
Foto: John Butler/
The Image Bank
Alle Rechte vorbehalten
© 1982 by Verlag Ullstein
GmbH, Frankfurt/M – Berlin
Printed in Germany 1993
Druck und Verarbeitung:
Ebner Ulm
ISBN 3 548 23169 1

November 1993

Gedruckt auf alterungsbeständigem
Papier mit chlorfrei
gebleichtem Zellstoff

Vom selben Autor
in der Reihe
der Ullstein Bücher:

Der Weisheitszahn (22769)

Die Deutsche Bibliothek –
CIP-Einheitsaufnahme

Sevela, Efraim:
Der Papagei, der Jiddisch konnte:
Erzählungen / Efraim Sevela. [Aus dem
Russ. von Otto Janik . . .]. – Ungekürzte
Ausg. – Frankfurt/M; Berlin: Ullstein,
1993
    (Ullstein-Buch; Nr. 23169)
    ISBN 3-548-23169-1
NE: GT

INHALTSVERZEICHNIS

Wissen Sie eigentlich, was Seekrankheit ist? Ich versichere Ihnen, das Symptom dieser Krankheit ist keineswegs der Wunsch, auf die Weiten des Meeres hinauszufahren. Nein, ganz im Gegenteil, das ist, wenn Ihnen vom Meer übel wird. Das heißt, vom Meeresschaukeln.

Wenn ein normaler Festlandsmensch auf dem schaukelnden Deck steht, das Deck aber schaukelt, weil auf dem Meer Wellen aufgekommen sind und mit dem Schiff wie mit einem Spielzeug spielen, wenn Sie nicht mehr wissen, wo der Boden Ihrer Kabine ist und wo die Decke, welche Wand die rechte ist und welche die linke, dann beginnen bei einem normalen Festlandsmenschen alle Innereien ins Freie zu drängen, er muß sich in einer fürchterlichen Fontäne übergeben, und die Matrosen, die hinter ihm all das wegputzen, was er noch auf festem Boden gegessen hat, fluchen so unflätig, wie nur Matrosen fluchen können, und ihnen wird auch schlecht.

Folglich müssen Wellen sein, muß Sturm herrschen auf dem Meer, wenn Sie die Seekrankheit überkommen soll.

Was sagen Sie aber nun, wenn ich Ihnen einen Fall beschreibe, in dem Menschen bei absoluter Windstille an Seekrankheit litten, als das Meer so glatt wie meine Glatze war, ohne eine einzige Falte auf der Wasseroberfläche, wie ein gut gebügeltes Tischtuch? Den Menschen aber war es sowohl an Deck als auch in den Kabinen übel, und sie kotzten einträchtig auf alle Gegenstände, die ihnen in den trüben Blick kamen.

»So was kommt bei normalen Menschen nicht vor«, sagen Sie, und ich will nicht anfangen, mit Ihnen darüber zu diskutieren. Aber ich spreche doch von Juden. Kann man das Leben eines Juden etwa normal nennen? Und wenn Sie das tun, dann erklären Sie mir unwissendem Tor, was ein normales Leben ist.

Doch zuerst will ich ein paar Worte dazu sagen, um was für Juden es sich da handelt.

Es sind nicht irgendwelche Juden. Es sind deutsche Juden. Natürlich nicht jene echten deutschen Juden, die deutscher aussehen und sich deutscher geben als die Deutschen selbst. Solche sind in Deutschland kaum am Leben geblieben. Sie, besser gesagt, ihre Nachkommen, kann man noch in Israel oder in Amerika antreffen. Sie sind diszipliniert und pünktlich und gleichen sogar, wenn sie müßig umherschlendern, marschierenden Soldaten.

Die deutschen Juden, von denen hier die Rede ist, sprechen gebrochenes Jiddisch in der vollen Überzeugung, daß dies die deutsche Sprache sei. Könnten Goethe oder, sagen wir, Schiller hören, was für ein Deutsch da manchmal auf den Straßen Westberlins, Münchens oder Frankfurts gesprochen wird und sogar auf den Straßen der kleinen Stadt Offenbach, wo solche Juden in besonderer Konzentration anzutreffen sind, sie würden sich nicht nur einmal im Grabe umdrehen.

Diese Juden sind erst vor kurzem Deutsche geworden. Bis dahin aber waren sie russische, sowjetische Juden und hätten sich als nichts anderes vorstellen können. Auf den jüdischen Friedhöfen der Städte und Städtel im westlichen Teil Rußlands, sofern diese Friedhöfe wie durch ein Wunder vor den Händen der Antisemiten verschont blieben und nicht mit Planierraupen eingeebnet wurden, auf diesen Friedhöfen ruhen ihre Vorfahren seit zehn Generationen.

In Deutschland hat bekanntlich Hitler eine kapitale Judensäuberung durchgeführt und sein Vaterland »judenfrei« gemacht. Aber kann denn irgendein Land lange ohne Juden leben? Nein, ausgeschlossen. Die Einheimischen fühlen sich irgendwie unbehaglich, vom Schicksal übergangen. Sagen wir mal, wenn es einen in den Händen juckt und man brennend gerne jemanden schlagen, entzweihauen oder abstechen möchte, es im Lande aber, und wenn man noch so heulte, keinen einzigen Juden gibt, dann müßte man ja seine eigenen Mitbürger schlagen, das aber nähme dem Schlagen das Aroma, jenen ungewöhnlichen Genuß, den das Krachen jüdischer Schädel bereitet.

Ein heiliger Ort pflegt nicht verlassen zu sein.

Gleich nach dem Krieg, als das von Juden gesäuberte Deutschland in Trümmern lag und der Brandgeruch noch nicht verflogen war, erschienen dort bereits die ersten Juden. Polnische. Von jenen, die aus irgendeinem Grunde in Polen übriggeblieben waren. Und sie flüchteten vor ihren polnischen Antisemiten, die Kommunisten geworden waren, zu den Deutschen, die sich schämten, sich daran zu erinnern, daß sie Faschisten gewesen waren.

Viele Jahre später machten sich die russischen, die sowjetischen Juden auf den Weg. Wohin? Nach Israel. In die historische Heimat.

Aus Sowjetrußland wird niemand herausgelassen. Wie aus dem Gefängnis. Nein, ich lüge. Aus dem Gefängnis entläßt man einen doch, wenn die Haftzeit abgelaufen ist. In der UdSSR schmachtet die ganze Bevölkerung – Russen, Ukrainer, Tataren – in lebenslänglicher Haft. Nur für die Juden machte man eine Ausnahme – so stark war das Verlangen, sie loszuwerden. Und sie gingen nach Israel, bis aufs letzte Hemd ausgeplündert, doch außer sich vor Glück, daß sie wenigstens ihren Kopf in Sicherheit bringen konnten.

Nachdem irgend so ein jüdischer Emigrant in die Freiheit entkommen war und sich nach allen Seiten umgesehen hatte, war er zu der Erkenntnis gelangt, daß in Israel nur Juden leben, in Deutschland dagegen gar keine. Dieses Land blüht und gedeiht, sogar mehr als Amerika. Warum also sollte ein Jude nicht ein kleines bißchen vom deutschen Wohlstand kosten? Und man drängte nach Deutschland. Ohne um Erlaubnis zu bitten.

Deutschland ließ die Juden nicht sehr gerne zu sich herein, obwohl man sich vor Liebe für sie und vor Schuldgefühlen ihnen gegenüber wegen der Vergangenheit überschlug. Von den Juden, die deutsche Staatsbürger werden wollten, verlangte man, daß sie schriftlich oder im Beisein von Zeugen bestätigten, daß sie wenigstens irgendeine Beziehung zu Deutschland besitzen. Sagen wir, in den Adern fließt ein klein wenig deutsches Blut... Oder man ist in einer Atmosphäre von deutscher Kultur aufgewachsen.

Und die Juden aus Schitomir und Kiew, Minsk und Odessa logen frisch drauflos, dachten sich Geschichten aus und brachten Zeugen herbei, die bereit waren, alles Erdenkliche zu bestätigen.

Man hat mir von einem Juden erzählt, der so sehr von dem Verlangen besessen war, Deutscher zu werden, daß er den Behörden in Deutschland unter Eid versicherte, seine Mutter, seine jüdische Mutter, sei während des Krieges von einem deutschen Offizier (nicht etwa von einem Soldaten, nein, von einem Offizier!) vergewaltigt worden, und er sei das Resultat dieser erzwungenen Vereinigung. Und deshalb bäte er darum, ihn als Deutschen zu betrachten und ihm einen Paß der Bundesrepublik Deutschland auszuhändigen. Dieser »Halbdeutsche« nahm sich nicht einmal die Zeit, in seine Papiere zu gucken, wo das Alter seiner Mutter angegeben war. Aus diesen Papieren ging klar hervor, daß die Ärmste während des Krieges noch fast ein Wickelkind war und daß, selbst wenn ein deutscher Offizier es irgendwie fertiggebracht haben sollte, sie zu vergewaltigen, sie doch zumindest nicht so ein Rindvieh hätte empfangen und zur Welt bringen können.

Man sagt mir, daß man der Teufel weiß wer sein muß, um als Jude in Deutschland leben zu wollen, nach all dem, was dort mit den Juden geschah. Na, aber in der Ukraine zu leben, wo die ukrainische Polizei die Juden abschlachtete, ohne den Befehl dazu abzuwarten, sondern einfach zu ihrem Ergötzen? Oder in Polen, wo die schmutzige Arbeit bei der Judenliquidierung von den örtlichen polnischen Pogromhelden besorgt wurde?

So betrachtet, findet sich wohl auf der ganzen Welt kein Ort, wo ein Jude leben kann, ohne in Verlegenheit zu geraten.

Also kann man auch in Deutschland leben. Zumal es ein reiches und sauberes Land ist. Und den Paß geben sie einem fast sofort. Und ein deutscher Paß ist doch was wert.

Rußland verläßt man mit einer einfachen Fahrkarte. Von einer Rückfahrt kann nicht einmal andeutungsweise die Rede sein. Weder als Tourist noch zu Besuch, noch auf ein Telegramm vom Tod des nächsten Angehörigen hin. Man verläßt

Sowjetrußland für immer. Ohne das Recht auf Rückeinreise.

Fast jeder Jude hat dort Verwandte zurückgelassen. Manchmal auch Vater und Mutter. Den einen hat man wegen ihres Wertes für Rußland die Ausreise verweigert. Die anderen konnten sich selber um nichts in der Welt dazu entschließen. Die Gräber der Ahnen, die Erde, auf der man groß wurde... Na, und was macht's, daß die Juden hier nicht angesehen sind? Wo liebt man sie denn sonst schon besonders? Sie leben eben auch ohne Gegenliebe. Man kündigt ihnen die Arbeit? Die Kinder werden nicht zum Studium zugelassen? Doch einstweilen schlachten sie einen, Gott sei Dank, nicht ab, bringen einen nicht auf offener Straße um. Und so brachen die Familien entzwei, trennten sich die Menschen für eine Zeit, deren Dauer zu begreifen der Verstand sich weigert.

Es vergeht ein Jahr. Es vergehen zwei. Drei. Und plötzlich möchte man sie brennend gerne wiedersehen. Jedoch... es geht nicht. Ein Visum bekommst du nicht. Sitz da und blas Trübsal. Gib dich zufrieden mit Briefen, die voll von unverständlichen Andeutungen sind, und fieberhaft geführten Telefongesprächen, die fremde und feindselige Ohren mithören!

Mit einem deutschen Paß, so stellte sich eines Tages heraus, kann ein ehemaliger sowjetischer Jude den Boden seiner ehemaligen Heimat betreten. Bei Gott! Es geschehen doch Wunder auf der Welt!

Zuerst erschien dieses Gerücht so fantastisch, daß es niemand ernst nahm. Dann sickerten Einzelheiten durch, die schon etwas mehr Vertrauen einflößten.

Es erwies sich, daß ein gewisses deutsches Reiseunternehmen Kreuzfahrten auf der Ostsee mit Tagesaufenthalten in polnischen und skandinavischen Häfen organisierte. Und auch mit einem Abstecher in den sowjetischen Hafen Riga. Dort gehen die Passagiere an Land und sehen sich die Stadt an. Abends kehren sie jedoch wieder auf ihr Schiff zurück.

Auf einer solchen Touristenreise werden keine Visa verlangt. Und auch nach Riga kommt man ohne Visum. Da man aber kein Visum braucht, muß man auch den sowjetischen

Behörden keine ausführlichen Fragebögen mit der Angabe des Geburtsortes und des Zeitpunkts der Ausreise aus dem Land, in welchem man früher seinen ständigen Wohnsitz hatte, vorlegen. Folglich kann auch niemand darauf kommen, daß du von dort geflüchtet bist. Und daß du Jude bist, steht im deutschen Paß im Unterschied zum sowjetischen nicht geschrieben.

Es tat sich wirklich die unverhoffte Gelegenheit auf, wenn auch nur für einen kurzen Tag, einen Blick in das Land zu werfen, in dem man geboren war, und diejenigen wiederzusehen, die man dort zurückgelassen hatte. Jetzt ging es darum, die Angehörigen dahingehend zu verständigen, daß sie sich zum genau angegebenen Tag aus den verschiedenen Ecken Rußlands nach Riga aufmachen und bei der Ankunft des Schiffes schon am Hafen stehen sollten. Nicht als Empfangspublikum. Gott bewahre! Sondern einfach so, als Schaulustige, als neugieriges Publikum, das sich hier mal die Ausländer anschauen möchte. Das ist nach sowjetischen Gesetzen nicht verboten.

Wenn die Touristen an Land gehen, dann sollen die Deutschen ruhig nach Herzenslust mit den Fremdenführern zusammen die historischen Sehenswürdigkeiten von Riga besichtigen. Die ehemaligen sowjetischen Juden, die mit ihren deutschen Pässen von Bord gehen, kennen diese Sehenswürdigkeiten gut, und sie regen sie so auf wie der Schnee vom vergangenen Jahr. Sie würden sich, ein wenig abseits vom Hafen, in die Arme ihrer Lieben werfen, die um die Ecke wie im Hinterhalt auf sie lauern. Und weiter ginge es dann ins Restaurant... Kaviar... Champagner... und all das, was man nur für ausländische Währung bekommen kann. Und reden... reden... reden... dazwischen Küsse und Tränen. Ohne Ermüden und ohne Unterbrechung. Bis zum allerletzten Augenblick, bis zur Rückkehr aufs Schiff.

Die Angehörigen mußte man im voraus verständigen. Ihnen mitteilen, wann sie in Riga sein und am Hafen, Erregung und Tränen unterdrückend, ein müßig herumstehendes Publikum mimen sollten. Ein Telegramm schicken? Den Behörden das Geheimnis preisgeben. Einen Brief? Alle Briefe aus dem

Ausland werden dort durchgelesen, wo sie nicht gelesen werden sollen. Ein internationales Telefongespräch anmelden? Sie würden es abhören.

Na, sollten sie es doch hören, bis ihnen das Trommelfell platzte. Man mußte ja nicht unbedingt im Klartext sprechen. Wozu gibt es die Sprache Äsops? Die Anspielung? Gott sei Dank sind die Juden nicht die begriffsstutzigsten Menschen auf Erden, und in ihrem Gehirn gibt es zumindest nicht weniger Windungen als in dem anderer Völker.

Also, man durfte es nicht auf die lange Bank schieben, sondern mußte anrufen. Weil das Ticket schon bestellt war und das Schiff in ein paar Tagen auslief.

Und in den Wohnungen von Moskau, Kiew und Odessa klingelten die Telefone. Die Gespräche wurden zwar zwischen höchst unterschiedlichen Leuten geführt, besaßen jedoch eine auffallende Ähnlichkeit. Durch das Knacken der Störungen und das Schnaufen der abhörenden Vermittler hindurch.

Das hörte sich ungefähr so an:

»Hallo! Hallo! Mama?«

»Kommt drauf an, von wem. Wer spricht da?«

»Dein Sohn. Erkennst du mich nicht?«

»Nicht möglich! Jascha?«

»Mama, ich weiß selbst, wie ich heiße. Grüß dich. Und paß gut auf, was ich dir sage.«

»Jaschenka, Liebling, von wo rufst du denn an? Oi, das Herz will mir vor Freude zerspringen. Ich höre deine Stimme...«

»Du kannst mich nicht nur hören, sondern auch sehen.«

»Wie denn? Machst du Spaß?«

»Hör zu und versuch zu verstehen!«

»Was zu verstehen?«

»Du wirst mich sehen, wenn du an dem und dem Tag in Riga sein wirst.«

»Du kommst nach Riga?«

»Na, warum solche Fragen? Hör zu und präg's dir ein! Sei am Hafen! Da gibt's viele schöne Schiffe. Du schaust dir doch gerne Schiffe an, nicht wahr? Also: Ein Schiff wird ›Karl Moor‹ heißen.«

»Karl Marx?«

»Was für ein Karl Marx? Wieso Karl Marx? Ich sag's dir auf gut russisch – Karl Moor.«

»Jaschenka, ich versteh nicht, wer Karl Mo... oder wie man den ausspricht... ist. Hast du dich mit ihm angefreundet?«

»Karl Moor – das ist der Held aus einem Stück von Schiller, verstehst du...«

»Ein Held der Sowjetunion?«

»Nein. Der Held aus Schillers ›Räubern‹.«

Hinter dem eisernen Vorhang hervor tönt ein tiefer Seufzer herüber:

»Das ist mir eine schöne Bescherung... mit wem du dich da eingelassen hast. Ist das denn... nicht gefährlich?... mit diesen... diesen Räubern da?«

»Mama, ich hab mich mit niemandem eingelassen. So heißt das Schiff.«

»Wie ein Räuber? Du lieber Gott, wohin hat dich das Schicksal bloß verschlagen!«

»Glaubst du, ein Schiff ›Karl Marx‹ zu nennen – das wär besser?«

Pause.

Die abhörenden Typen beginnen lauter zu schnaufen.

Dann die versöhnliche Stimme von Mama:

»Was sollen wir uns streiten, Jaschenka? Jede Minute kostet Gott weiß wieviel, und Geld kriegt man nirgendwo geschenkt.«

»Hast du also verstanden, was ich dir sagen wollte?«

»Nichts hab ich verstanden, Jaschenka.«

Der Dampfer »Karl Moor« begab sich mit deutscher Pünktlichkeit auf die Ostseefahrt, genau nach Fahrplan und völlig ausgebucht. Alle Kabinen des Schiffes waren mit Passagieren vollgepfropft, im Restaurant konnte man unmöglich noch einen freien Tisch finden, an Deck ergingen sich die Touristen in großen Scharen. Dicht gesät zwischen den deutschen, teutonischen Gesichtern waren jüdische Physiognomien mit dem uralten Weltschmerz in den Augen, obgleich alles ringsum festlich gestimmt war.

Ein paar hundert Meilen Ostseewasser voraus schwebten in ihrer Vorstellung Riga und die lieben Gesichter der in Rußland zurückgelassenen Verwandten. Und selbst das nicht sehr günstige Wetter – stürmische See – konnte die Stimmung nicht trüben. Keiner der russischen Juden litt an Seekrankheit: Freudige Erregung über das bevorstehende Wiedersehen malte sich auf ihren Gesichtern. Einigen Deutschen wurde freilich schlecht. Ob vom Schaukeln an Bord oder vom ungewohnten Anblick einer solchen Fülle semitischer Gesichter oder von den Lauten der russischen Sprache, die keine guten Erinnerungen weckten, das sei dahingestellt.

Der erste Hafen, den sie anliefen, war das polnische Gdansk, ehedem zu deutsch Danzig genannt. Deshalb rief die Stadtrundfahrt bei den deutschen Touristen wehmütige Erregung hervor: Einer erkannte unter den schönen gotischen Gebäuden das Haus, in dem er geboren war und seine Kindheit verlebt hatte und aus dem ihn nach dem Zweiten Weltkrieg die Polacken unhöflich vertrieben hatten.

Die Juden ließ Gdansk gleichgültig. Von der Stadt war ihnen lediglich im Gedächtnis geblieben, daß es hier sagenhaft billigen Wodka gegen ausländische Währung zu kaufen gab, und sie kauften die Flaschen halbdutzendweise ein und schleppten sie im Vorgeschmack dessen, wie sie sie mit ihren Lieben in Riga leeren würden, aufs Schiff.

In Riga lief das Schiff an einem sonnigen Morgen ein, und der Anblick der Stadt mit ihren von der Zeit und den salzigen Meereswinden tiefgrün gewordenen Glocken- und Kirchtürmen brachte keine einzige Träne bei den russischen Juden hervor, die sich an der Reling drängten und angestrengt die Menschen auf dem Anlegekai auszumachen suchten.

Auf dem Anlegekai waren viele Menschen, in Uniform und in Zivil. Ohne Freude, aber mit dienstlich-undurchdringlichem Ausdruck auf den Gesichtern. Der Kapitän der »Karl Moor«, der nicht zum ersten Mal in diesen Hafen einfuhr, wunderte sich über die vielen Amtspersonen, die zur Mole gekommen waren. Weiter hinten aber, hinter einer eisernen Absperrung, die von bewaffneten Soldaten bewacht wurde, sah man Scharen zivilen Publikums, das beunruhigt und erregt und erstaunlich homogen war, was die nationale Zusammensetzung betraf – nämlich ausschließlich Juden.

Am Eingang zur Mole standen Milizautos und -motorräder. Ringsum sah man so viele bewaffnete Männer, daß man denken konnte, Riga habe sich darauf vorbereitet, die Landung feindlicher Truppen abzuwehren. Die Passagiere strömten von Bord mit deutschen Pässen in der Hand. Man ließ sie wie durch ein Sieb hinaus, wobei man sie unmerklich in zwei Gruppen aufteilte. In die eine gelangten ausnahmslos Deutsche, in die andere – die ehemaligen russischen Juden und jetzigen Besitzer deutscher Pässe. Die zweite Gruppe wurde sogleich von Männern in Zivil abgeriegelt.

Es kamen Touristenbusse. Die Deutschen stiegen fröhlich schwatzend ein und rollten mit ihren Sonnenbrillen, künstlichen Zähnen und blitzenden Brillantohrringen davon. Die Juden blieben in einer dichten Menge auf dem Anlegekai zurück.

Hinter der eisernen Absperrung fingen die Unheil witternden Abholer an, laut und besorgt durcheinanderzurufen.

Die angekommenen Juden wurden wie Arrestanten schweigend in einen Autobus verladen, die Türen wurden verriegelt, und eine junge russische Fremdenführerin wandte sich ohne ein Lächeln in makellosem Deutsch an sie; der Fahrer aber mit den ehernen Schultern eines aktiven Militärs betrachtete seine Passagiere grimmig im Rückspiegel über der Windschutzscheibe.

»Liebe Gäste«, sagte die Fremdenführerin, »wir freuen uns, Sie in Riga, der Hauptstadt der Lettischen Sowjetrepublik, zu begrüßen. Wir machen jetzt mit Ihnen eine Stadtrundfahrt, und Sie werden die historischen Sehenswürdigkeiten der schönen Stadt Riga bewundern können. Nach der Rundfahrt werden wir in den Hafen zurückkehren.«

»Entschuldigen Sie«, sagte, die Hand schüchtern wie ein eifriger Schüler hochstreckend, einer der Passagiere auf russisch. »Aber können wir in der Stadt aus dem Bus aussteigen?«

Nichts regte sich in dem wachsbleichen, slawischen Gesicht der Fremdenführerin. Ohne Verwunderung über die auf russisch gestellte Frage antwortete sie auf deutsch:

»Leider können wir Ihnen so eine Möglichkeit aus Zeitmangel nicht einräumen. Die Sehenswürdigkeiten von Riga werden Sie durch die Busfenster betrachten.«

»Und Mittag essen werden wir auch im Bus?« fragte eine andere Stimme gereizt auf russisch.

»Mittag essen werden Sie auf Ihrem Schiff«, antwortete die Fremdenführerin auf deutsch. »Wir werden Sie mit der Rundfahrt nicht ermüden. Genau zum Mittagessen werden wir in den Hafen zurückkehren.«

Der hermetisch verriegelte Bus brauste los, der Posten öffnete das Eisentor, und unter den sich zu beiden Seiten der Straße drängenden Menschen vermochten die Passagiere die ihnen so teuren Gesichter ihrer Freunde und Verwandten zu erkennen, die zu schmerzhaft vertrauten Flecken verschwammen. Der Bus fuhr mit großer Geschwindigkeit in die Stadt. An ihn heftete sich, ihn überholend und zurückbleibend, eine Kette von Personenwagen – Privatautos und Taxis. In diesen Autos jagten die außer sich geratenen Verwandten hinterher, die die Fahrer inständig beschworen, den Touristenbus nicht aus den Augen zu verlieren.

Die Fremdenführerin murmelte fade und lange auswendig gelernte Texte auf deutsch ins Mikrofon und empfahl den Passagieren, mal nach links zu schauen und mal nach rechts. Der Bus blieb nicht stehen, verlangsamte lediglich die Fahrt bei den Sehenswürdigkeiten der Stadt, von denen die Fremdenführerin monoton berichtete.

Straßen und Boulevards flogen vorüber, die viele Passagiere des Busses aus früheren Zeiten, als sie noch Sowjetbürger waren, in Erinnerung hatten. Nach Riga war man aus allen Ecken Rußlands gereist, um den Urlaub an der Rigaer Bucht zu verbringen oder in den Rigaer Geschäften einzukaufen, weil Riga eine für ausländische Touristen offene Stadt und deshalb besser als andere Städte mit Waren versorgt war.

Jetzt waren sie selber ausländische Touristen. Aber besondere Touristen, die nicht unbedingt der staatlichen Gastfreundschaft wert waren, und deshalb verkorkte man sie im Bus, karrte sie wie in einem Käfig durch die Stadt und pries ihnen auf deutsch die Reize des Landes, das sie gerade mit Ach und Krach verlassen hatten.

Der Busfahrer spielte mit den ihm nachjagenden Autos Katz und Maus. Mal beschleunigte er, mal bog er plötzlich ab und entschwand dabei zeitweilig dem Blick seiner Verfolger. In den Autos erhob sich Geschluchze und Gestöhn, das verstummte, wenn sie den Touristenbus wieder eingeholt hatten.

So fuhren sie kreuz und quer durch die Stadt. Mit Tränen in den Augen derer, die im Bus saßen, mit lautem Weinen in den Personenwagen, die versuchten, nicht zurückzubleiben.

Doch alles hat einmal ein Ende. So war es auch bei dieser Verfolgungsjagd. Zur Touristenroute gehörte der Pflichtbesuch des Rigaer Friedhofs, eines der schönsten Friedhöfe der Welt, berühmt durch seine erstaunlichen Grabmäler und seine wundervoll angelegten Alleen und Rasenflächen. Schöner als dieser Friedhof ist wohl nur noch einer auf der Welt, der in der italienischen Stadt Genua.

Auf einem Friedhof darf man, versteht sich, nicht im Bus herumfahren. Deshalb wurden die Passagiere vor dem Tor ausgeladen und im Gänsemarsch in den Schatten der alten Linden und Kastanienbäume geführt, zu den Reihen der Marmor- und Granitgrabsteine, die im Grün der gestutzten Sträucher versanken.

Die Fremdenführerin brabbelte mechanisch auf deutsch weiter, doch kein Mensch hörte ihr zu. Durch das Friedhofstor kamen jammernd und weinend die Verwandten der Touristen hereingerannt – die Schwestern, Mütter und Großmütter, die Kinder an der Hand zerrten. Da stoben die Touristen nach allen Seiten auseinander. Sie rannten hin und her auf der Suche nach ihren Angehörigen, und wenn sie sie gefunden hatten, faßten sie sie ohne Küsse und Umarmungen an den Händen und eilten ins Innere der Alleen, weg von der verdatterten Fremdenführerin.

Rasch waren alle verschwunden. Sie verkrümelten sich zwischen die Gräber. Legten sich ins Gebüsch und versteckten sich dabei hinter den Marmor- und Granitkreuzen. Auf fremden Gräbern, auf der blanken Erde und auf Bänken drückten sich die Juden gegenseitig, erstickten einander beinahe vor Freude, schluchzten im Chor und lachten laut um die Wette, verteilten Geschenke und leerten sogar in aller Eile ein Gläschen polnischen Wodka, aßen dazu Piroggen und Brötchen, die trocken und hart waren, weil man sie sorglich schon zwei Tage zuvor gebacken und der Teufel weiß von woher nach Riga gebracht hatte, damit sich das liebe Söhnchen oder die Tochter wieder an den Geschmack von Mamas hausgemachtem Gebäck erinnerte.

Die Fremdenführerin und der Fahrer rannten kreuz und quer durch die Alleen und befahlen – nun nicht mehr auf deutsch, sondern auf russisch – laut, die Hände als Schalltrichter vor den Mund haltend, daß alle zum Bus zurückkehren sollten.

Dann kam ein Auto voller Miliz. Auf dem ganzen Friedhof machte man Jagd auf die Juden, zertrampelte das Gras auf den Gräbern und warf die Blumentöpfe um. Die Jüdinnen jammerten und kratzten, als die Milizionäre versuchten, sie von den Touristen wegzureißen. Und russische Flüche ausstoßend, wobei die der Männer derber waren als die der Frauen, ergaben sich auch die Touristen nicht.

Zwei Stunden lang ächzte und stöhnte der Rigaer Friedhof, bis es gelang, alle Touristen in den Bus zu scheuchen, ihn zu verriegeln und nach Abzählen der Passagiere mit Höchstgeschwindigkeit zum Hafen zu befördern.

Diesmal verfolgten keine Privatwagen den Bus. Die Verwandten schleppten sich mit tränenverquollenen Augen vom Friedhof fort, noch immer schluchzend, so daß entgegenkommende Spaziergänger sie für Familien hielten, die gerade einen nahen Angehörigen beerdigt hatten. Allerdings wunderten sie sich etwas, als ihnen einfiel, daß es ja ein christlicher Friedhof war, auf dem überhaupt keine Juden bestattet wurden. Und noch größer wurde ihr Erstaunen, als sie sich besannen, daß dort schon seit Jahrzehnten überhaupt niemand mehr bestattet wurde und man nur die schönen Grabmäler den Besuchern zeigte.

Am Abend lief die »Karl Moor« aus dem Hafen von Riga in die Ostsee aus. Es herrschte völlige Windstille. Der Atem ging leicht und frei. Den Menschen in den Kabinen und an Deck aber war übel. Vom Wiedersehen mit der Heimat. Als litten sie wirklich an Seekrankheit. Die Menschen hingen über der Reling und kotzten über Bord, geradewegs ins Meer. Und die Möwen tauchten schreiend und dicht an den tränenblinden Gesichtern vorbeischießend hinterher.

Bekanntlich können die russischen Juden das rollende »R« nicht aussprechen. Nicht ums Verrecken. Das ist eben unsere nationale Eigenschaft, an der uns die russischen Antisemiten mit Leichtigkeit erkennen.

Das rollende »R« konnte in unserer Stadt nur die Obrigkeit tadellos aussprechen. Weil sie eben russisch war, diese Obrigkeit. So wie die Holzhauer, die mit Äxten und Sägen in die Höfe kamen und sich zum Holzspalten verdingten. Auch sie waren slawischer Herkunft.

Die übrige Bevölkerung kam auch ohne das rollende »R« ganz gut zurecht. An den Revolutionsfeiertagen – am 1. Mai und am 7. November – gab es in unserer Stadt wie in allen anderen Städten der Sowjetunion große offizielle Demonstrationen, und von der Tribüne grüßte die russische Obrigkeit die vorbeimarschierenden Kolonnen:

»Es lebe der Kommunismus!«

Wie aus einem Munde riefen die Massen »Hurra!«, und selbst das musikalischste Ohr hätte in diesem Ruf kein »R« vernommen.

Durch die Stadt floß die Beresina, berühmt nicht nur dadurch, daß ich an ihrem Ufer das Licht der Welt erblickte. Einst hat hier Napoleon den Kutusow geschlagen und später Kutusow den Napoleon. Hier schlug Hitler den Stalin und später Stalin den Hitler.

An der Beresina wurde immer irgend jemand geschlagen. Und darum ist es nicht verwunderlich, daß eine Straße unserer Stadt Invalidenstraße hieß. Heute ist sie zu Ehren von Friedrich Engels, dem Begründer des wissenschaftlichen Marxismus, entsprechend umbenannt, und man könnte glauben, daß in dieser Straße nicht ich, sondern Friedrich Engels geboren wurde.

Doch wenn ich an diese Straße und die Menschen zurückdenke, die in ihr gelebt haben und die es dort nicht mehr gibt, so heißt sie für mich immer noch die Invalidenstraße. Und von ihren Bewohnern kommt mir zuallererst mein Onkel in den Sinn, wer weiß warum.

Sein Name war Simcha. In unserer Sprache, auf jiddisch, bedeutet »Simcha« Fest, Heiterkeit, Freude, was immer man will – aber nichts, was auch nur das geringste mit meinem Onkel Simcha zu tun gehabt hätte.

Vielleicht hatte man ihn so genannt, weil er angeblich bei seiner Geburt einmal hell aufgelacht hatte. Doch sollte er damals wirklich gelacht haben, so war es das erste und letzte Mal in seinem Leben. Kein Mensch, weder ich noch die, die ihn vor meiner Geburt gekannt haben, hat Simcha je lachen hören. Er war – Friede seiner Asche! – ein sauertöpfischer, langweiliger Mann, wenn auch still und gutmütig.

Auch sein Nachname wollte überhaupt nicht zu ihm passen: Kavaliertschik. Nicht etwa Kavalier oder notfalls Kavalierski – nein: Kavaliertschik. Warum? Was hatte er verbrochen? So weit ich zurückdenken kann, ist er niemals ein Geck gewesen. Immer trug er den einen einzigen, ausgeblichenen und von Tante Sarah an allen möglichen Stellen geflickten Anzug. Ausschauen tat er so alltäglich wie jedermann, und nach Eau de Cologne hat er, weiß Gott, niemals geduftet.

Möglich, daß einer seiner Ahnen im »Städtele« als Dandy galt. Und da seine ganze Sippe mickrig und schmalbrüstig war, mag wohl zu der Zeit, da man den Juden die Nachnamen verpaßte, dem zaristischen Standesbeamten boshafterweise Kavaliertschik – also »Kavalierchen« – als passender Name eingefallen sein.

Simcha Kavaliertschik. So hieß mein Onkel. Egal, ob es einer schön findet oder nicht. Aber gebe Gott, daß jeder sein Leben so lebt, wie Simcha Kavaliertschik das seine gelebt hat.

In unserer Straße gab es keinen, der körperlich schwach war. Nicht umsonst nannte man uns in den anderen Straßen »Akssons«, also Bullen, was soviel bedeuten sollte wie: Rekken, Riesen.

Und wirklich: Woher sollten bei uns Schwächlinge herkommen? Allein die Luft in unserer Straße hätte aus einem Küken ein Fohlen gemacht. So weit ich zurückdenken kann, roch unsere Straße immer nach Dill und Heu. Auf allen Höfen gab es Kühe und Pferde, Dill aber wuchs nicht nur in den Gemüsegärten, sondern auch wild, entlang den Zäunen. Und dieser Geruch hielt sich sogar im Winter. Heu wurde tagtäglich auf Schlitten herangefahren, der Schnee auf dem Fahrdamm und auch auf den Gehwegen war übersät mit seinen duftenden Halmen.

Und Dill? Ja, im Winter wurden doch in den Kellern die Fäßchen und Fässer mit eingelegten Gurken und Tomaten geöffnet, und die waren gut zur Hälfte mit Dill gefüllt und verströmten einen so starken Duft, daß dem ahnungslosen Fremden, der zufällig in unsere Straße geriet, ganz schwindlig wurde und schwach in den Beinen.

Die meisten Männer in unserer Straße waren Balagulen. Das sind Lastwagenkutscher. Aber ich glaube, Sie wissen trotzdem nicht, was das bedeutet.

Heutzutage gibt es weit und breit keine Balagulen mehr. Die Rasse ist ausgestorben, wie etwa die Mammuts. Und wenn einst die Archäologen auf die Massengräber des Zweiten Weltkriegs stoßen, irgendwo an der Wolga oder dem Dnjepr oder an der Oder in Deutschland, und wenn sie zwischen normalen menschlichen Knochen auf ausladende Nackenwirbel und nilpferdartige Schienbeine stoßen, so brauchen sie sich dafür keine lateinischen Namen oder sonstige Spitzfindigkeiten auszudenken. Ich helfe ihnen: sie sind auf die Überreste von Balagulen gestoßen, die vor dem Krieg in unserer Straße gelebt haben.

Die Balagulen hielten sich ihre eigenen Pferde, und auch die waren besonderer Art: mächtige Lastgäule mit dicken, zottigen Beinen, mit bulligen Hälsen und so breiten Hintern, daß wir Kinder zu fünft darauf sitzen konnten. Doch waren die Balagulen keine Cowboys, sie setzten sich nicht rittlings aufs Pferd, sie hatten Mitleid mit ihm. Diese Gäule mußten manchmal auf ihren Planwagen bis zu fünf Tonnen schwere Lasten ziehen. Wie sollte man nach solch mühevoller Arbeit dem Pferd auch noch das eigene Gewicht aufbürden? Wenn im Winter die Straße eisglatt war und so ein Pferd zur Tränke gebracht werden sollte, so hätte jeder Balagul seinen Schwerstarbeiter am liebsten auf den Schultern getragen. Reiten – das fehlte noch!

Bald nach der Revolution bekamen die Juden die Chance, in leitende Positionen aufzusteigen, und auch einige Balagulen konnten der Verlockung nicht widerstehen: sie wurden Trainer für Schwerathleten, Rekorde zu brechen war für sie ein Kinderspiel. Der Champion der Schwarzmeer-Flotte im klassischen Zweikampf, Jan Strishak, stammte aus unserer Stadt. Sein Vater, der Balagul Chaim Kaznelson, hatte in unserer Straße gewohnt und die Karriere seines Sohnes nicht gebilligt. Darum hat wohl Jan Strishak unserer Stadt niemals einen Besuch abgestattet.

Nun stellt sich die berechtigte Frage: Wollte man nur einen Augenblick lang auch nur einem meiner Worte glauben, wie sollte dann in unserer Straße ein körperlich so schwacher Mann wie Simcha Kavaliertschik beheimatet gewesen sein?

Darauf habe ich folgendes zu sagen: Erstens stammte Simcha Kavaliertschik nicht aus unserer Straße und nicht einmal aus unserer Stadt, sondern aus irgendeinem Städtele. Zweitens, wenn man schon der Wahrheit die Ehre geben will, war er gar nicht mein Onkel. Er wurde mein Onkel, indem er meine Tante Sarah heiratete. Tante Sarah aber, zum Lobe der Juden sei es gesagt, konnte noch mit siebzig hundert Doppeleimer Wasser von der Pumpe ins Haus tragen, um den Gemüsegarten zu gießen, und danach hat sie noch mit dem Beil Brennholz gespalten.

Doch wir sind reichlich vom Thema abgekommen. Ich wollte doch von meinem Onkel Simcha erzählen. Und seine Geschichte hat nichts mit physischer Kraft zu tun. Es geht um die Seele eines Menschen. Ein großer Dichter hat gesagt, die Augen seien der Spiegel der Seele. Simchas Augen waren klein wie er selbst, aber so gütig und so ehrlich, daß ich sie heute noch vor mir sehe. Wahrscheinlich waren es diese Augen, die das Herz meiner Tante Sarah erobert hatten.

Das war kurz nach der Revolution. Der Bürgerkrieg tobte,

und unsere Stadt geriet, wie man so sagt, von einer Hand in die andere. Mal wurde sie von den Weißen besetzt, mal von den Roten, mal von den Grünen, mal von Deutschen, mal von Polen. Freilich, Pogrome hatten wir nicht. Hätte es einer gewagt, die Juden in unserer Straße zu überfallen – der hätte einpacken können. Restlos. Der Krieg wäre im Eimer gewesen. Da hätten auch Artillerie und Maschinengewehre nichts geholfen.

Meine Tante Riva hat mir erzählt, wie einmal in jener Zeit (und sie war damals ein sehr hübsches junges Mädchen) ein polnischer Offizier sie vom Tanzen nach Hause begleitet hat. Einer von der Besatzungsmacht. Mit Sporen, mit einem Säbel, auf dem Kopf die viereckige Militärmütze mit dem weißen Adler, die Brust umrankt von weißer Achselschnur. Ein Schmuckstück von einem Offizier. Vor unserem Hoftor blieb er noch einen Augenblick stehen. Nicht, daß er sich was Unziemliches gestattet hätte. Nein, er wollte einfach das Vergnügen, in Tante Rivas Gesellschaft zu sein, länger genießen. Doch meinem Onkel Jakov, ihrem Bruder, kam auch das schon reichlich kühn vor. Er nahm eine Schaufel frischen Kuhmist, hob sie über den Zaun und entleerte sie über dem Kopf des Offiziers. Direkt auf die viereckige Militärmütze und die schmucke Achselschnur.

Die Polen sind stolz, das weiß man. Und ein polnischer Offizier erst recht. Er zog den Säbel aus der Scheide und wollte Onkel Jakov in Stücke hauen. Obwohl Onkel Jakov noch nicht mal flügge war, er zählte erst dreizehn Lenze. Und was meinen Sie, was geschah? Wie einem Kind entriß Tante Riva dem Offizier den Säbel und versetzte ihm damit – mit der Breitseite, versteht sich – einen solchen Schlag auf den Hinteren, daß er schnurstracks davonlief, wobei der von Mütze und Achselstücken herabkleckernde Kuhmist seinen Fluchtweg markierte. Und er ward nie wieder bei uns gesehen.

Dieser Säbel lag später bei uns auf dem Dachboden herum, und ich spielte Krieg damit. Auf dem Säbelgriff war in lateinischen Buchstaben etwas eingraviert, und später, als wir in der Schule Fremdsprachen lernten, konnte ich es entziffern. Es war der Name seines Besitzers. Pan Borowski. Sollte er noch am Leben sein, wo auch immer, könnte er meinen Bericht bestätigen.

Also – es war Bürgerkrieg. Simcha Kavaliertschik war damals achtzehn. Schmalschultrig, mit eingefallenem Brustkorb, saß er tagein, tagaus über den Schusterleisten gebeugt in der Kellerwerkstatt seines Brotherrn und sah die Welt durch die Fensterluke unter der Decke. Diese Welt bestand aus Beinen und Schuhwerk. Etwas anderes war durch die Fensterluke nicht zu erblicken. Er sah die abgetretenen, mit Bindfäden zusammengebundenen Stiefel der Roten, die bäuerlichen Strohpantoffeln und die gestohlenen Lackstiefel der Grünen, die schweren, genagelten Stiefel der Deutschen, die blankpolierten, elegant geformten Stiefel der Polen.

Das alles bot sich seinen Blicken dar, wenn er sie für einen Moment von der Arbeit löste, um sie gleich wieder zu senken und mit dem Hammer die Sohlen unter die alten, abgetretenen Schuhe der örtlichen Bevölkerung zu nageln, einer Bevölkerung, die im Laufe des Krieges gänzlich auf den Hund gekommen war.

Simcha war, wie ich schon sagte, schwächlich und still, er konnte weder lesen noch schreiben und interessierte sich nicht für Politik. Er war nur darauf bedacht, sich ein Stück Brot zu verdienen und so selten wie möglich auf die Straße zu gehen, wo alles ungewiß war und furchterregend, wo jeder ihn hätte verprügeln können, denn jeder war stärker als er – und blutrünstig waren sie alle.

Und so wäre es wohl sein ganzes Leben lang geblieben, hätte er nicht eines Tages, als er die entzündeten Augen vom Leisten hob, in der Fensterluke ganz ungewöhnliche Stiefel erblickt, die seine Neugier aufs äußerste reizten. Und über einen Mangel an Neugier kann, wie Sie wissen, ein Jude nicht klagen. Simcha war da keine Ausnahme. Er hob zufällig den Blick und erstarrte. So etwas hatte er noch nie gesehen. Staubbedeckt prangten da vor seinen Augen chromlederne Stiefel, den Rand des Schaftes keß nach unten geklappt. Kreuz und quer waren über das ganze Leder Offizierskokarden verteilt: die reinste Kokarden-Ausstellung.

Sein gerade von der Straße hereinkommender Brotherr, ein

bösartiger Geizkragen, den Simcha fürchtete wie nichts auf der Welt, klärte seine Untergebenen über die Besitzer der absonderlichen Stiefel auf.

Die Stadt war von der 25. Tschongarsk-Kavalleriedivision besetzt worden, einer der grausamsten in Budjonnys Erster Reiterarmee. Diese Reiter rissen, kaum daß sie in der Schlacht einem weißen Offizier den Kopf vom Rumpf getrennt hatten, die Kokarde von dessen Mütze und hefteten sie an den eigenen Stiefelschaft, so daß die Anzahl der Kokarden der Anzahl der enthaupteten Feinde entsprach. Außerdem, erzählte der Brotherr, sei an die Bevölkerung der Befehl ergangen, sich auf dem Hauptplatz zu versammeln, wo ein »Meeting« stattfinden sollte. Er selbst würde natürlich nicht hingehen, er sei doch nicht blöd, und auch seinen Untergebenen würde er davon abraten, sofern ihnen ihr Leben lieb sei.

Simcha verabscheute seinen Quälgeist, den Brotherrn, zutiefst, und so groß war sein Verlangen, ihm eins auszuwischen, daß er seinen Ratschlag mißachtete, ihm zum ersten Mal den Gehorsam verweigerte. Und dieses eine Mal bestimmte sein Schicksal.

Er stieg aus dem Keller hinauf in den hellen Tag, atmete mit der eingefallenen Brust tief die frische Luft ein und schaute sich nicht ohne Furcht um.

Auf der Straße kreischten Akkordeons, der Lärm war ohrenbetäubend, das Durcheinander unvorstellbar. Die roten Kavalleristen mit hohen Backenknochen und dreisten Schlitzaugen, die Kosakenmütze schräg auf den Haarschopf gestülpt, tanzten mit den jüdischen Mädchen, und diese schienen – obwohl sie wie immer kicherten, erröteten und sich zierten – nicht die geringste Angst zu haben. Das hatte es noch nie gegeben. Die Reichen waren wie weggepustet, nur das arme Volk füllte die Straße, lachte und johlte mit den Reitern, und auch das hatte Simcha noch nie gesehen. Etwas änderte sich im Leben. Die Luft roch nach Neuem und Unbekanntem.

»Alle Menschen sind gleich! Arm und reich soll es nicht mehr geben! Ob Juden, ob Russen – alle sind nur Werktätige, *eine* Klasse, *eine* Familie! Friede den Hütten, Krieg den Palästen!«

Simcha hörte die heiseren, flammenden Reden, ihm dröhnte der Kopf. Und er glaubte alles, inständig und ein für allemal, mit der ganzen Inbrunst einer reinen, naiven Seele, die nach Gerechtigkeit lechzt.

In den Keller zu seinem Brotherrn kehrte er nie mehr zurück.

Als die Schwadronen der 25. Tschongarsk-Division im aufwirbelnden Staub aus unserer Stadt hinaus an die Front trabten, erblickten die Leute inmitten der Kavalleristen, die forsch ihre tänzelnden Rosse zügelten, eine groteske Jammergestalt, die sich nur mit Mühe auf dem Pferd zu halten vermochte. Das war Simcha Kavaliertschik. Ein jüdischer Junge, schwächlich und dürr. Dem alles auf der Welt Angst einjagte – die Menschen, die Pferde. Außer sich, wie in Trance, hatte er sich als Freiwilliger zur Budjonny-Armee gemeldet, und keiner jagte ihn fort, niemand lachte ihn aus. Man sagte »Genosse« zu ihm, verpaßte ihm einen schweren Säbel, stülpte ihm eine zottige Mütze auf, die ihm fast auf die Nase rutschte, und dann erklomm er zum ersten Mal im Leben den Rücken eines Pferdes, rutschte hilflos im Sattel umher, verfehlte die Steigbügel, verkrallte sich in die Zügel und vom Staub umhüllt, vom Johlen und Pfeifen angefeuert, verschwand er mit der Reiterlawine, die aus unserer Stadt gen Westen zog, um gegen die polnischen Legionen des Marschalls Pilsudski zu kämpfen.

Kaum zu glauben – mein Onkel ging dabei nicht drauf. Sonst hätte ich ja nichts weiter über ihn zu berichten. Als der Bürgerkrieg verebbte, kehrte er in unsere Stadt zurück. Er kam wie aus dem Jenseits, als schon keiner mehr an ihn dachte.

Wieso er überlebte, wieso er heil geblieben war – das weiß Gott allein. Als Erzähler war er eine Niete, es war unmöglich, von ihm etwas Brauchbares zu erfahren. Außerdem hatte der Krieg ihn der Stimme beraubt. Wenn ich ihn richtig verstanden habe, hat er die Stimme gleich bei der ersten Kavallerieattacke verloren. Inmitten der anderen raste er auf seinem Pferd dahin, schwenkte den Säbel und sah gar nichts. All seine Kräfte brauchte er, um nicht vom Pferd zu fallen. Fast irre vor

Angst stieß er gemeinsam mit allen Reitern gellende, wilde, tierische Schreie aus. Doch schrie er wohl lauter als alle anderen, denn seine Stimmbänder blieben für immer geschädigt, lange Zeit konnte er überhaupt kaum reden, und bis ans Lebensende brachte er nur seltsam heisere Töne heraus, wenn er den Mund auftat.

Er war nicht für einen Sechser kräftiger geworden im Krieg. War genauso schwächlich und dürr geblieben, nur daß er nun obendrein krummbeinig war wie alle Reiter. Und in den weiten ledernen Reithosen, in denen er heimkehrte, sahen seine Beine aus wie ein Rad. Außer steinharten Schwielen auf den dürren Gesäßbacken, durch falsches Sitzen im Sattel erworben, brachte er von der Front noch ein knappes Dutzend russischer Wörter mit – sowohl gepfefferte Flüche als auch so wunderliche Gebilde wie »Kommunismus«, »Marxismus«, »Expropriation«. Die Flüche legte er bald wieder ab, da er sanftmütig war und niemanden zu kränken vermochte; die wunderlichen Wörter aber gebrauchte er häufig, wenn auch nicht immer an richtiger Stelle, und seine Augen bekamen dabei einen so fiebrig entrückten Glanz, daß niemand ihm zu widersprechen wagte.

Zurückgekehrt war er als hundertprozentiger Bolschewik. An den Kommunismus glaubte er so glühend, wie kein Rabbiner an seinen Talmud. Für ihn existierte sonst nichts auf der Welt. Essen, Trinken, Schlafen – auf alles war er bereit zu verzichten, wenn nur der Kommunismus gesund bliebe und keinen Schnupfen bekäme. Keine Mutter liebt ihr Kind so innig, wie er seine Idee liebte. Er hätte jeden erklärten Gegner bei lebendigem Leibe gefressen, obwohl er doch, ich sagte es schon, keineswegs blutrünstig, sondern gütig und rechtschaffen war. Freilich so rechtschaffen, daß es fast zum Verzweifeln war. Und in erster Linie für seine Familie, das heißt für meine arme Tante Sarah, die ihn geheiratet hatte, ich weiß nicht warum. Vielleicht wegen der schicken Reiterhosen, vielleicht, weil nach dem Krieg die Freier dünn gesät waren und sie Angst hatte sitzenzubleiben. Möglicherweise, ich schließe es nicht aus, waren da auch ein paar Hintergedanken im Spiel. In Rußland hatten nun einmal die Bolschewiken die

Macht in den Händen, Simcha aber war ein Bolschewik reinsten Wassers, mit unbezweifelbaren Verdiensten, und Tante Sarah konnte, wenn sie ihn heiratete, durchaus damit rechnen, gesellschaftlich etwas Besseres zu werden und dem Kuchen näher zu sein, den die Sieger unter sich aufteilen würden.

Ich weiß es nicht. Das alles sind Vermutungen, Hypothesen. Tante Sarah war in so erbärmlicher Armut aufgewachsen, daß sie natürlich etwas Licht für ihr Stübchen ersehnte. Der Bolschewik Simcha Kavaliertschik aber hätte wie kein anderer dieses Licht entzünden können. Die neue Macht war seine Macht, er selbst war diese Macht.

Rundherum blühte langsam das Leben wieder auf, das heißt, es begann der Aufbau der ersten Phase – der Aufbau des Sozialismus. Die Menschen rappelten sich auf, hoben die Köpfe, witterten Morgenluft.

In unserer Straße lebte ein gewitztes Völkchen. So sehr auch die neue Macht versuchte, es mit Steuern auszunehmen, es wurde nicht viel daraus. Wenn der Finanzinspektor auch nicht in unserer Straße wohnte – ein Mensch war er doch. Steckte man ihm gelegentlich was in die Pfote, drückte er gern mal ein Auge zu, wenn nicht gar beide. Nicht umsonst heißt es: Zum Fahren brauchst du Wagenschmiere, zum Leben den Betrug. Und die Leute lebten. Und wurden sogar reicher. Und bauten neue Häuser. Und kauften Möbel. Und die breiten Nacken der Balagulen wurden immer röter, und die Hüften ihrer Frauen nahmen Ausmaße an, daß den Neidern die Galle überlief.

Simcha Kavaliertschik baute sich kein Haus. Und kaufte keine Möbel. Wovon auch? Als einziger in unserer Straße betrog er seinen sowjetischen Staat nicht und lebte nur von seinem kargen Gehalt. Dabei nahm er einen Posten ein, von dem die anderen in der Invalidenstraße nur träumen konnten. Er war der stellvertretende Direktor des Fleischkombinats, das Fleischkombinat aber war das erste sozialistische Unternehmen in unserer Stadt und blieb lange Jahre hindurch der einzige bedeutende Wirtschaftsbetrieb. In dieser Position verharrte Simcha sein ganzes Leben lang – sowohl vor dem

Zweiten Weltkrieg als auch danach. Der Vertreter des Direktors.

Man hätte ihn liebend gern zum Direktor gemacht, doch haperte es bei ihm bis ans Ende seiner Tage am Lesen und Schreiben. Ihn zurückzustufen, ihm diesen Posten zu nehmen, wäre so frevelhaft gewesen, als wollte man der ganzen bolschewistischen Partei ins Gesicht spucken. Denn es gab in unserer Stadt keinen anderen Bolschewiken wie Simcha Kavaliertschik, und es wird ihn auch sicher nie wieder geben. Außerdem war er nicht nur Bolschewik, er war auch ein absolut ehrlicher Mann, für den die Arbeit sein ein und alles war.

Wollte man sagen, Simcha hätte das Fleischkombinat mehr geliebt als Frau und Kind, so wäre damit gar nichts gesagt. Ich irre mich kaum, wenn ich behaupte, außer dem Fleischkombinat existierte für ihn nichts auf der Welt. Allenfalls gab es zwei Ausnahmen: die Lage der Werktätigen in den kapitalistischen Staaten, die er sich sehr zu Herzen nahm, und die Weltrevolution, auf die er tagtäglich wartete und die zu erleben ihm, wie man heute weiß, nicht vergönnt war.

Das Fleischkombinat war, wie es so schön in den Zeitungen heißt, sein liebstes Kind. Und obwohl Simcha dort zur Obrigkeit gehörte, die Obrigkeit aber, wie sattsam bekannt, in der Chefetage zu residieren pflegt, hat nie jemand Simcha am Schreibtisch gesehen. Wie ein gewöhnlicher Arbeiter packte er überall mit an. Er schaufelte Gruben aus, schlug Pfosten ein, schichtete Ziegel auf, wenn Mauern errichtet wurden, er stemmte mit seinen schmalen Schultern tonnenschwere Maschinen mit hoch, wenn man sie – »Hau ruck!« – in den Hallen aufstellte, und jedesmal blieb ihm das Herz stehen vor Angst, es könnte aus Schlamperei ein winziges Schräubchen an der Maschine abbrechen – wurden doch diese Maschinen im Ausland gekauft, für Gold, und dabei war doch jeder staatseigene Groschen dem Simcha unendlich viel kostbarer als sein eigener.

Eigene Groschen waren bei Simcha auch gar nicht vorhanden. Denn das, was er am Monatsende nach Hause brachte, war kein Geld – es waren die reinsten Tränen. Und auch die so spärlich, daß man ihr Salz kaum zu schmecken bekam.

Damals gab es im Kombinat noch keine Kantine, und in der Mittagspause holten die Arbeiter das von zu Hause mitgebrachte Essen hervor und aßen direkt am Arbeitsplatz. Während sie an ihren Hühnerschenkeln knabberten und aus der Flasche Milch dazu tranken, hörten sie mit träger Höflichkeit den Reden meines Onkels zu. Er selbst aß in der Mittagspause gar nichts. Was hätte er denn von daheim auch mitbringen können? Die Löcher von der Brezel, wie man so sagt, oder die Ärmel von der Weste. Simcha, mit leerem, vor Hunger knurrendem Magen, benutzte die Mittagspause zu Propaganda und Agitation. In Budjonnys Erster Reiterarmee hatte er so viele flammende Reden gehört, daß er einiges davon für sein ganzes Leben behielt, und erzählte jetzt – hungrig, heiser, stimmlos, aber mit leidenschaftlicher Begeisterung – den behaglich kauenden Arbeitern von der lichten Zukunft, die sie alle im Kommunismus erwartete, von jener herrlichen Zeit, da es alles im Überfluß geben wird und alle Menschen Brüder sein werden.

Die in bäuerlichen Bastschuhen und gediegenen Joppen dasitzenden Erbauer des Kommunismus kauten mit kräftigen Zähnen ihren privat erworbenen Speck und ihre privat gezüchteten Hühner, tranken gluckernd direkt aus der Flasche die privat gemolkene Milch, und – es ist kaum zu fassen – sie glaubten ihm. Sie glaubten nicht so sehr an das, was er sagte, wohl aber glaubten sie ihm, dem Simcha Kavaliertschik persönlich. Denn es wäre unmöglich gewesen, nicht an die kristallklare Ehrlichkeit dieses Skeletts mit den glühenden Augen zu glauben.

Meine Tante Sarah, die als einzige von den Schwestern eine anständige Partie gemacht hatte, indem sie einen Bolschewiken heiratete, wurde zur unglücklichsten Frau der Welt. Das jedenfalls pflegte meine Mama zu sagen und mit ihr die ganze Invalidenstraße.

Urteilen Sie selbst: Alle rundherum bauen, schaffen sich Möbel an, leben ein menschenwürdiges Leben und wünschen der Revolution viele glückliche Jahre, denn unter dem Zaren gab es nur privaten Besitz, da konnte man nicht so leicht klauen und sich was aneignen, jetzt aber herrschte Freiheit –

greif zu, schaff's weg, nur sei kein Narr und laß dich nicht erwischen. Und Tante Sarah? Ein eigenes Haus? Nicht einmal in eine Wohnung im mehrstöckigen »Haus der Kommune«, ausschließlich für Familien der Bolschewiken bestimmt, hat sie einziehen dürfen. Ihr Mann Simcha Kavaliertschik hatte es kategorisch abgelehnt, den Antrag auf eine Wohnung in diesem Haus zu stellen. Er sagte meiner Tante, er müßte vor Scham vergehen, wenn er sich darin einnisten würde. Im Lande gäbe es noch viele, die keine Bleibe hätten, und erst wenn alle ein Dach über dem Kopf hätten, würde er als allerletzter eine solche Wohnung beziehen. Anderenfalls – so erklärte mein Onkel seiner törichten Frau – hätte es ja keinen Sinn gehabt, Revolution zu machen und sich diese Suppe einzubrocken.

Und so wohnten sie zur Miete in einem Haus in unserer Straße und zahlten für das eine einzige Zimmer einen beträchtlichen Happen vom kargen Gehalt des Onkels. Was blieb danach noch für das tägliche Leben? Ich sagte es bereits – Tränen. Doch Simcha Kavaliertschik ließ sich nicht beirren. Er zeugte sogar Kinder. Zwei. Einen Sohn und eine Tochter. Meinen Vetter und meine Kusine. Und auf den ausdrücklichen Wunsch ihres Vaters, des Kommunisten, bekamen sie Namen, die die ganze Invalidenstraße noch lange danach nur mit Achselzucken und Augenrollen zu nennen pflegte. Der Junge wurde Marlen genannt und das Mädchen Jeanne. Zu Ehren der Revolution. Im Namen Marlen vereinigen sich, wenn auch in gekürzter Form, die beiden Führer des Weltproletariats: Marx und Lenin. Mar-Len. Das Mädchen aber nannte er Jeanne zu Ehren der französischen Kommunistin Jeanne Labourbe, die den Aufstand der französischen Marinesoldaten in Odessa während des Bürgerkrieges angeführt hatte.

Ungeachtet dieser großen Namen mußten Marlen und Jeanne etwas zum Essen und zum Anziehen haben. Das hatte Simcha nicht bedacht. Nicht, daß er ein schlechter Vater gewesen wäre – er hatte einfach keine Zeit.

Der Aufbau des Sozialismus trat in eine neue Phase. Die Kollektivierung der Landwirtschaft setzte ein. Das bedeutete folgendes: Man nahm den Bauern ihr Land und ihr Vieh und deklarierte es zu deren gemeinsamem Besitz, damit keiner den anderen ausbeuten und alle das gleiche glückliche Leben führen könnten. Doch die Bauern verstanden das nicht und klammerten sich fest an ihr eigenes Stückchen Erde. Also mußte man es ihren Klauen entreißen, auch wenn es Blut kostete. Das Blut floß auf dem Lande in Strömen. Die Kommunisten erschossen die unbotmäßigen, dickschädligen Landbesitzer, die seltsamerweise am glücklichen Leben in der Kolchose nicht teilnehmen wollten, und diese ihrerseits schossen hinterrücks auf die Kommunisten, schnitten ihnen nachts die Kehlen durch, erschlugen sie mit Knüppeln und Äxten.

Man kann sagen: Es waren lustige Zeiten.

Die Kommunisten in den Städten wurden zum Kampf gegen die uneinsichtigen Bauern aufs Land geschickt. In unserer Straße lebte nur ein einziger Kommunist – Simcha Kavaliertschik. Und er war einer der ersten, die zur Kollektivierung auszogen. Freiwillig. Keiner jagte ihn hin. Von ganzem Herzen wünschte Simcha den Ärmsten der Bauern ein glückliches Leben und begab sich, mit einem Revolver versehen, ins tiefste Innere des Landes, in die entlegensten Dörfer, um die Bauern dort zu überreden, der Kolchose beizutreten und endlich glücklich zu sein.

Russisch radebrechend, mit fürchterlichem jüdischen Akzent und heiserer Stimme, erschien Simcha in gottverlassenen Nestern, in denen man schon alle Kommunisten, die vor ihm da waren, ermordet hatte. Mit dem Revolver herumfuchtelnd, ging er von Kate zu Kate, trieb die Leute zusammen und hielt ihnen in verräucherten, stickigen Stuben flammende bolschewistische Reden.

Stellen Sie sich mal folgendes Bild vor:

Eine Bauernkate. Aus Balken aufgeschichtete Wände, die niedrige Decke aus schweren Bohlen. Eisüberzogene kleine Fenster. Draußen heulender Schneesturm und ächzende Wälder, die kilometerweit das Dorf umzingeln. Die Bauern sitzen dicht bei dicht, Männer und Frauen. Sie sitzen in ihren Schafpelzen da, qualmen billigen Tabak, blicken unter den zottigen Pelzmützen feindselig auf den spillrigen Mann mit der jüdischen Nase, den Ungläubigen, der da vor der Ikone des

Heiligen Nikolaus herumzappelt, während sein unruhiger Schatten, den das trübe, vor der Ikone hängende Öllämpchen erzeugt, über ihre schwitzenden, vor Hitze und Wut geröteten Gesichter geistert.

In dieser abgelegenen Öde war schon zur Zarenzeit ein Jude gar kein richtiger Mensch, und Kommunisten haßte man wie die Pest. Und da zwang man sie nun, sich dieses wirre, unrussisch klingende Gefasel anzuhören, einen Juden und Kommunisten in einer Person zu ertragen.

Die Bauersfrauen aber sehen die begeistert glühenden Äuglein des Onkels, hören seine heiseren, holprigen Reden vom glücklichen Leben in der Kolchose, das sie erwartet, wenn sie seine, Simcha Kavaliertschiks Worte und die Vorschriften der Partei befolgen – und weinen, weinen vor Mitleid. Sie wissen ja ganz genau, was diesen gläubigen Narren, diesen wunderlichen Gerechten erwartet, sobald er schweißüberströmt aus dem Haus in die frostige Nacht tritt: eine Axt in den Rücken oder ein Knüppel über den Schädel. Er wäre ja nicht der erste, mit dem man hier so verfährt. Und seine Vorgänger waren richtige Kerle, voll Saft und Kraft, nicht so einer zum Umpusten.

Ein entzückendes Bild, werden Sie sagen, so richtig zum Gruseln. Und er? Hatte er keine Angst? Darauf muß ich erwidern: Nein. Ob Sie's mir glauben oder nicht: Er hatte keine Angst. Denn hätte er Angst gehabt, er wäre nicht lebend davongekommen. Und wäre nicht einmal erschlagen worden, sondern vor Angst gestorben.

Er hatte keine Angst, weil er an nichts anderes dachte, als daß er ein Kommunist sei und den Auftrag der Partei zu erfüllen habe. Koste es, was es wolle. Auch um den Preis seines Lebens, das ihm nichts galt, wenn es um die Sache der Revolution ging. Verstehen Sie es jetzt?

Einen ganzen Monat lang war er spurlos verschwunden. Einen ganzen Monat lang lebte er wie unter Wölfen. Schlief in diesen Katen unter einem Heiligenbild und träumte seine kommunistischen Träume: Wie unter den dunkel verräucherten Decken die elektrischen Birnen, damals Lenin-Lichter genannt, aufflammen, wie auf den Feldern die Traktoren rattern, wie glückliche Bauern auf den grünen Matten ihre Reigen tanzen würden.

Um ihn herum heulte der Sturm, ächzten die Wälder. Und die Axt, für ihn bestimmt, war geschliffen und scharf.

Sie werden's kaum glauben: Er kehrte lebendig heim. Und mehr als das: In jenem Dorf wurde eine Kolchose gegründet, und daß sie nicht nach ihm benannt wurde, lag, so meine ich, nur daran, daß sich sein Name so gar nicht dazu eignete. Die Kolchose wurde nach Stalin benannt, und die Bauern, die mein Onkel zu überreden vermochte, warten bis auf den heutigen Tag auf das glückliche Leben, das mein Onkel ihnen so reinen Herzens versprach.

Freilich, mit der Zeit ist das eine oder das andere von dem Versprochenen in Erfüllung gegangen. Es brennen die Lenin-Lichter, es rattern die Traktoren, und sogar die Reigen werden getanzt, wenn es die Obrigkeit befiehlt. Das Glück aber... tja, das hat es nicht gegeben, das gibt es auch heute nicht. Doch daran ist nicht mein Onkel schuld. Er hatte die beste Absicht, alle glücklich zu machen. Aber man weiß ja: Nicht einmal Karl Marx, von dem man doch etwas mehr Weitblick hätte erwarten können als von meinem Onkel, hat alles voraussehen können.

Simcha kehrte heim, und schon am nächsten Tag, als wäre nichts gewesen, hielt er wieder seine krächzenden Reden im Fleischkombinat. Die Jahre gingen dahin. Die Kinder wuchsen heran. Tante Sarah lebte schlechter als alle anderen, wir pumpten ihr Geld und bestanden nicht auf Rückzahlung. Alle hatten Mitleid mit ihr und den Kindern, hielten Simcha für meschugge und warteten gespannt, wie alles wohl enden würde.

Während all dieser Jahre trug Simcha die Kleidung, in der er aus dem Bürgerkrieg heimgekehrt war. Die Schuhe waren an die hundertmal besohlt, Rock und Hose über und über gestopft und geflickt. Doch ihn störte das nicht. Er merkte nicht einmal, was er am Leibe hatte, und hätte es sicher noch weitere zwanzig Jahre getragen, wäre der Zweite Weltkrieg nicht ausgebrochen und Simcha eingezogen worden. Da hatte man ihm, wie sich's gehört, eine Uniform verpaßt, er mußte sich endlich von seinen Lumpen trennen und sah ganz passabel aus.

Er kam an die Front, und während der vier Jahre, die der Krieg dauerte, wußte er nicht, wo seine Familie war und wie es ihr ging. Er wußte jedoch, daß die Deutschen alle Juden totschlagen, und da die Deutschen unsere Stadt besetzt hatten, mußte er annehmen, daß seine Frau und die Kinder nicht mehr am Leben waren. Zu behaupten, er hätte nicht um sie getrauert, wäre nicht richtig. Er war Ehemann und Vater, und überhaupt ein gütiger Mensch. Doch sein ganzes Wesen war durchdrungen von Sorgen um Größeres, hinter denen alles Persönliche zurückstehen mußte: Er vermochte sich nicht mit der Vorstellung abzufinden, die Sowjetunion könnte besiegt werden und die Sache der Revolution für immer verloren sein. So blieb ihm für den Kummer um die Familie keine Zeit.

Das Ende des Krieges erlebte Simcha Kavaliertschik in Berlin im Range eines Majors. In der Armee erteilte er politischen Unterricht und drückte sich nicht in der Etappe herum, sondern war immer an der vordersten Front, an den gefährlichsten Abschnitten, war bei Sturmangriffen mitten unter den einfachen Landsern, obwohl er sich als Major doch in der Nähe des Stabes hätte aufhalten können. Ich denke, daß die Soldaten ihn mochten – trotz seiner Schwierigkeiten beim Lesen und Schreiben (vielleicht aber gerade deshalb), trotz seines stark jüdischen Akzents und der heiseren, tonlosen Stimme (doch vielleicht rief eben das ihre Anteilnahme, wenn nicht gar ihr Mitleid hervor).

Heil und gesund kehrte er in unsere Stadt zurück, in einer neuen Offiziersuniform aus feinstem englischen Tuch, den Rock bestückt mit so vielen Medaillen und Orden, daß sie auf seiner schmalen Brust kaum Platz fanden und sich übereinanderschoben. Um es gleich zu sagen: Alle seine Ehrenzeichen nahm er sofort ab und trug sie nie wieder. Er tat es aus Bescheidenheit, und mir hat er später einmal gesagt, man dürfe sich mit Ehrenzeichen nicht brüsten; er sei am Leben geblieben, während andere gefallen sind, und seine Orden könnten die Witwen betrüben.

Seine Familie fand er unversehrt, was ihn äußerst erstaunte

und natürlich erfreute. Nach dem Krieg herrschte große Wohnungsnot, und wieder hausten sie in Untermiete und beengt.

Der Krieg hatte meinen Onkel nicht im mindesten ernüchtert. Er baute sein zerbombtes Fleischkombinat wieder auf und wurde wieder der stellvertretende Direktor. Das Kombinat stellte eine erstklassige Dauerwurst her, doch bekam man sie in Geschäften nie zu Gesicht: Es war Exportware. Und auch Simcha, der eigentliche Betriebsleiter, brachte niemals auch nur ein Scheibchen dieser Wurst nach Hause. Mir hat er später gestanden, daß er sie nur einmal des Geschmacks wegen probieren mußte, als er Mitglied der Prüfungskommission war.

Das Leben in der Stadt normalisierte sich allmählich. Die Leute bauten, kauften Möbel und griffen nach allem, was ihnen unter die Finger kam. Nur mein Onkel ernährte sich ausschließlich von seinen Ideen.

Im Fleischkombinat klauten alle. Unter den Hemden, den Hosen, den Mützen trugen die Arbeiter Wurstringe, Fleischstücke, Innereien davon. Die bewaffnete Wachmannschaft durchsuchte vor dem Tor jeden, der das Kombinat verließ. Manche Diebe – und es waren meist Kriegerwitwen und Kriegsinvaliden – wurden entdeckt, abgeurteilt, nach Sibirien verbannt. Doch es half nichts. Fleisch und Wurst verschwanden weiterhin. Dann stellte sich heraus, daß auch die Wachmannschaft stahl.

Für Simcha Kavaliertschik geriet die Welt ins Wanken. Ewig hungrig, dürr und ausgemergelt, beschwor er die Leute drohend und flehentlich, ihr menschliches Antlitz nicht zu beschmutzen, nicht mehr zu stehlen, ehrlich zu sein. Er sagte, man brauche nicht mehr lange zu warten, bald hätten wir den Kommunismus erbaut und dann verschwänden alle Probleme von selbst, alles würde es in Hülle und Fülle geben und die Arbeiter würden ihm dankbar sein, daß er sie rechtzeitig vor dem Diebstahl bewahrt hatte.

Es half nichts.

Der Staat baute Kraftwerke und Fabriken, er brauchte immer mehr Geld, jedes Jahr wurde eine Staatsanleihe durchgeführt, und die Arbeiter sollten so ohne weiteres, quasi für Gottes Lohn, ein Monatsgehalt dem Staat geben. Natürlich wollten die Arbeiter das nicht. Und um mit gutem Beispiel voranzugehen, zeichnete mein Onkel in die Liste der Anleihen eine Summe in Höhe von drei Monatsgehältern ein.

Seine Familie hungerte. Tante Sarah hatte bereits alle Hoffnung aufgegeben. Die Leute in ihrer Umgebung hatten, wenn auch nicht üppig, ihr Auskommen. Sie aber kannte keinen einzigen frohen Tag. Die Kinder waren herangewachsen, und es war schier unmöglich, sie satt zu bekommen und anzukleiden. Simcha selbst trug immer noch seine Uniform aus dem englischen Tuch, und sie hielt nur darum noch halbwegs zusammen, weil Tante Sarah so meisterhaft neue Flicken über die alten zu zaubern verstand.

Doch meinen Onkel berührte das alles nicht.

Abends kam er von der Arbeit heim, setzte sich in dem engen Zimmerchen ans Fenster und entfaltete die Zeitung, während seine Frau, mit dem Rücken zu ihm am Ofen stehend, nörgelnd das Essen aufwärmte.

Wenn er Zeitung las, entspannte sich sein zerfurchtes, eingefallenes Gesicht und hellte sich auf. Die Zeitungen schrieben von neuen Siegen an der Arbeitsfront und vom Aufblühen des ganzen Landes. Und das ließ ihn glauben, daß sich alles vorzüglich entwickelte und nur vereinzelte Schwierigkeiten entstünden, und auch die allenfalls in der Stadt, in der er lebte.

»Sarah«, sprach er mit unerwarteter Zärtlichkeit zu seiner Frau, »Sarah, hör doch mal.«

»Was ist?« Mit finsterem Gesicht drehte sie sich zu ihm um und begegnete seinem begeisterten, strahlenden Blick.

Seiner Frau krampfte sich das Herz zusammen aus Angst, die aufkeimende Hoffnung könnte wieder einmal trügen. Was hatte er? War vielleicht eine Geldprämie verteilt worden? Und hatte er sie etwa gar unangetastet nach Hause gebracht?

»Na, was ist?« fragte sie schon etwas versöhnlicher gestimmt.

»Sarah!« verkündete der Onkel feierlich, während er sorgfältig die Zeitung faltete. »Am Ural wurde ein neuer Hochofen in Betrieb genommen! Das Land bekommt jetzt eine Million Tonnen Gußeisen mehr!«

Sicherlich hätte meine Tante Sarah, eine Frau von kräftiger Statur und hartem Charakter, ihn manchmal am liebsten erdrosselt. Doch nach so vielen Jahren gemeinsamen Lebens verstand sie besser als andere, daß er nun einmal so war, wie er war. Und daß er sich nicht ändern konnte. Nicht ums Verrecken. Wofür ihn also umbringen.

Er wollte die Realität nicht sehen. Die Realität vertrug sich nicht mit seiner Vorstellung vom Leben, warf ihm Knüppel zwischen die Beine, blockierte seinen Weg zum Kommunismus. Und so ignorierte er sie. Beinahe bewußt. Als lästiges Hindernis.

Ich weiß nicht, was Simcha Kavaliertschik gedacht haben mag, als Stalin Tausende von Kommunisten erschoß, nachdem er sie zu Feinden des Volkes erklärt hatte, obwohl es dieselben Leute waren, die die Sowjetmacht gegründet und ihn, Stalin, an ihre Spitze erhoben hatten. Man muß wohl annehmen, daß er alles glaubte, was in den Zeitungen stand, daß auch er diese Leute für Volksfeinde hielt. Denn hätte er es nicht geglaubt, so würde er es auch laut gesagt haben, denn angepaßt hat er sich nie, und nie hat er um seine Haut gezittert. Hätte er aber Zweifel geäußert, so wäre er dem Schicksal der anderen Kommunisten nicht entgangen.

Er hörte nicht auf zu glauben. Blindlings. Ungeachtet dessen, was um ihn herum vorging. Was da aber vorging, wurde immer zwielichtiger. Und kroch langsam auch auf ihn zu.

Man begann, die Juden aufs Korn zu nehmen. Da hätte er doch eigentlich aufhorchen müssen. Seine eigene Tochter Jeanne, so genannt zu Ehren der Revolution, hatte die Schule beendet und wollte studieren. Sie wurde zum Studium nicht zugelassen, obwohl sie alle Examen bestand. Und man scheute sich nicht, ihr den Grund zu nennen: »Sie sind Jüdin.«

Daheim wurde geweint und gezetert. Tante Sarah flehte ihn an:

»Geh hin. Sprich mit ihnen. Du bist doch ein alter Kommunist. Hast so viele Verdienste. Hast du für deine Tochter das Recht auf Studium nicht redlich verdient?«

Simcha hörte sich alles mit steinernem Gesicht an.

»Nein!« Er ließ seine kleine trockene Faust auf den Tisch sausen. »Das ist alles nicht wahr. Sie ist einfach schlechter gewesen als die anderen. Meine Tochter soll keinerlei Vorrechte haben. Gleich unter gleichen.«

Das Geld regiert bekanntlich die Welt. Für großes Geld konnte man sich sogar vom Antisemitismus loskaufen.

Im Jahr darauf wurde Jeanne zum Studium der Pädagogik zugelassen. Die Verwandten hatten vereint mit Ach und Krach für Tante Sarah eine große Summe zusammengescharrt, und die hatte sie jemandem zugesteckt, der dafür zuständig war.

Als Jeanne nach dem Examen jauchzend ins Haus gestürzt kam, war mein Onkel der erste, der ihr von ganzem Herzen gratulierte.

»Siehst du, Sarah«, meinte er strahlend, »was habe ich gesagt? Die Wahrheit siegt immer.«

Da wandte sich seine Familie von ihm ab. Er wurde einsam und fremd in dieser Welt, die ein ganz anderes Leben lebte – ein Leben, das er nicht zur Kenntnis nahm. Doch war es so, daß er seine Einsamkeit gar nicht empfand. Er sah das ersehnte Ziel vor sich – den Kommunismus. Auf den ging er schnurstracks zu in der Meinung, alle anderen im Gefolge zu haben. Doch ging er allein, in der seligen Unkenntnis seines Alleinseins.

Und es war sein eigener Sohn Marlen, so genannt zu Ehren der Führer des Proletariats Marx und Lenin, der sich ihm in den Weg stellte. Mitten in seinem Marsch gestoppt, brach mein Onkel zusammen.

Marlen war nach der Mutter geraten – groß und kräftig, ein Kerl wie eine Eiche. Für diesen Burschen mußte nun eine Arbeit gefunden werden, und Tante Sarah bat ihren Mann, ihn beim Fleischkombinat unterzubringen.

Mein Onkel willigte ein.

»Gut. Aber keinerlei Privilegien. Auf gleicher Stufe mit allen. Fängt als einfacher Arbeiter an, lernt von der Pike auf, wird ein vollwertiger Mensch.«

Bald darauf merkte Simcha, daß die Kost auf seinem Tisch

immer reichhaltiger wurde. Er aß schmackhaftes Fleisch, schnitt sich leckere Scheibchen von der Dauerwurst ab. Und ließ bei Tisch wortreiche Betrachtungen vom Stapel.

»Da siehst du's, Sarah. Das Leben wird mit jedem Tag besser und schöner. Schau dir diese Wurst an.« Er hob die Gabel mit der aufgespießten Wurstscheibe hoch in die Luft und sah sie verliebt an. »Wir machen sie nur für den Export, jetzt aber ist sie auf meinem Tisch. Also hat man sie in den Handel gebracht. Und bald wird es in unserem Land alles im Überfluß geben.«

Seine Frau, der Sohn und die Tochter starrten auf ihre Teller und blickten nicht auf.

Aus Achtung vor dem Vater wurde sein Sohn Marlen von der Wache am Ausgang nie kontrolliert. Wie könnte man, Gott behüte!? Nun wurde aber anstelle eines Wächters, der wegen Diebstahls vor Gericht stand, ein neuer eingestellt; der kannte sich noch nicht aus und durchsuchte Marlen wie alle anderen. Sie werden sich denken können, was sich seinen staunenden Blicken bot. Aus den Hosenbeinen Marlens – so genannt zu Ehren der Führer des Proletariats Marx und Lenin – schüttelte der Wächter etliche Kilo von der guten, harten Exportwurst heraus. Just diese Wurst hatte mein Onkel Simcha Kavaliertschik, der hundertprozentige, orthodoxe Kommunist, bei sich daheim, nichts Böses ahnend, gegessen und in dieser Tatsache die lichte Morgenröte des aufgehenden Kommunismus erblickt – gleich dem Rabbiner, der sich an fettem Schweinefleisch delektiert im ahnungslosen Glauben, es handele sich um ein koscheres Huhn.

Als mein Onkel davon erfuhr, sagte er gar nichts. Er fiel um und starb. Auf der Stelle. Ohne überflüssige Worte.

Nur aus Respekt vor den Verdiensten des Vaters wurde Marlen nicht vor Gericht gestellt, sondern fristlos davongejagt.

Simcha Kavaliertschik wurde sehr feierlich mit großem Pomp begraben. Eine Menge Leute haben erst am Tage der Beerdigung gesehen, wie viele Orden und Medaillen er sich im Laufe seines der Revolution gewidmeten Lebens verdient hatte. Sie wurden einzeln, Stück für Stück, auf purpurroten

Kissen vor dem Sarg hergetragen, und die Prozession der Kissenträger zog sich über einen halben Häuserblock hin.

Das war aber auch alles, was er verdient hatte. Es war keine Kleidung da, in der man ihn hätte bestatten können. Unmöglich konnte man dem Toten die über und über geflickten und gestopften Lumpen anziehen, die er seit Kriegsende getragen hatte. Anderes aber war nicht vorhanden.

Und zum ersten Mal in seinem Leben – nein, erst, als er es nicht mehr erleben konnte – bekam Simcha einen neuen, modischen Anzug. Auf Staatskosten. Das Fleischkombinat hatte sich nicht lumpen lassen und aus den Mitteln der Gewerkschaftskasse einen schwarzen Rock und eine schwarze Hose beigesteuert. Dazu ein weißes Hemd. Und sogar einen Schlips.

Da lag er nun in seinem roten Sarg und verschwand fast in dem neuen Anzug. Denn mein Onkel war ja schon bei Lebzeiten klein von Wuchs. Der Tod aber macht den Menschen noch kleiner. Andererseits aber hatte man beim Kauf des Anzugs nicht gegeizt, und so war er viel zu groß ausgefallen. Die Ärmel reichten weit über die auf der Brust gekreuzten Hände hinaus, und die Enden flatterten im Luftzug wie schwarze Flügel, als der offene Sarg durch die Stadt gefahren wurde.

Eine Blaskapelle spielte einen Revolutionsmarsch. Die Menschen folgten dem Sarg in Scharen. Und vorneweg gingen die Kombinatsfleischer mit ihren roten, feisten Nacken. Ebenjene, die Simcha, ohne sich im geringsten zu schonen, sein ganzes Leben lang zu seinem Glauben zu bekehren versucht hatte. Die er beschwor, nicht zu stehlen, sondern den Gürtel enger zu schnallen in Erwartung der lichten Zukunft. Sie aber wollten leben, und zwar heute, in der Gegenwart. Und konnten sich nicht bezwingen, trotz aller Achtung vor der Redlichkeit meines Onkels. Und klauten weiter. Tag für Tag.

Jetzt liefen ihnen heiße Tränen über die dicken roten Backen.

Und die Blaskapelle schmetterte dröhnend revolutionäre Märsche.

Was bleibt da noch zu sagen?

Wohl gar nichts.

An der Front hat die Luftwaffe nachts Ruhepause.

Mit dem Einbruch der Dunkelheit eilen die Flugzeuge, die alle Bomben abgeworfen und alle Munition verschossen haben, zu ihren Feldflugplätzen zurück, um noch bei Helligkeit zu landen, und die Flieger legen sich bis zum Morgengrauen ruhig aufs Ohr. Sogar die Flakartilleristen sinken in süßen Schlummer, obwohl sie ihren Posten an den mit dem Lauf in den dunklen Himmel gerichteten Geschützen und MGs nicht verlassen, weil sie wissen: Bis zum ersten Morgengrauen haben sie nichts zu tun – die feindlichen Flieger schlafen zu dieser Zeit ebenfalls.

An der Front hat die Luftwaffe nachts Ruhepause.

Nicht so an der Nordfront.

Im Norden sind im Sommer die Nächte weiß. Diese Nächte unterscheiden sich durch nichts vom Tage. Es ist genauso hell. Und auch die Sonne scheint genauso. Freilich, ganz niedrig, gerade eben über dem Horizont. Das ist der Polartag, der sich nicht bloß über vierundzwanzig Stunden erstreckt, sondern über halbe Jahre. Danach bricht die Polarnacht herein, und es wird rund um die Uhr dunkel; das dauert dann auch ein halbes Jahr.

Deshalb hat nur im Norden die Luftwaffe nachts keine Ruhe. Die Nächte bleiben hell, und die Flugzeuge starten und landen sowohl dann, wenn im Süden Tag, als auch dann, wenn im Süden Nacht ist. Die ganzen vierundzwanzig Stunden lang.

Im Norden gibt es aber nicht gerade viele Flugzeuge. Die Front gilt nicht als Hauptkampflinie, sondern als zweitrangige Linie. Die gesamte Luftwaffe ist im zentralen und südlichen Abschnitt der sowjetisch-deutschen Front konzentriert. In der

Tundra aber, in ihren endlosen, bis zur Schwermut eintönigen Weiten ohne ein einziges Bäumchen, auf deren nie vollständig aufgetautem Frostboden nur spärliches Moos wächst, trifft man nur selten auf einen Militärflugplatz. Normalerweise ist das eine Startbahn, die zwischen zur Seite gewälzte, kahle Granitfindlinge, »Hammelstirnen« genannt, gelegt ist. Mit denselben, noch in der Eiszeit glattgeschliffenen Steinen sind auch die Wände der Splitterboxen ausgemauert, in denen die vom Einsatz zurückgekehrten Flugzeuge rasch unter Tarnnetze gefahren werden und aus denen sie auf das Alarmsignal hin auf die Startbahn hinausrollen. Die »Hammelstirnen« schützen die tief aus dem aufgetauten Grund ausgeschachteten Unterstände zuverlässig von oben vor den Bomben: Dort hausen die Piloten und das Bodenpersonal. Mechaniker, die dafür zu sorgen haben, daß die Flugzeuge startklar sind, Soldaten, die die MG-Magazine mit Patronen und die Laderahmen der Geschütze mit Granaten füllen, Leute, die die Einschüsse auf den Tragflächen und im Rumpf der Maschinen flicken, und die Ärzte und Krankenschwestern, die ebenfalls zu flicken haben, allerdings die Piloten, wenn eine Kugel durch die Kanzelwand bis zu ihnen vorgedrungen ist. In getrennten Unterständen haben sich die Flaksoldaten eingerichtet, die den Himmel gegen die Angriffe der feindlichen Luftwaffe schützen. Und noch weiter abseits liegen unter »Hammelstirn«-Buckeln die in den Boden gegrabenen Unterkünfte des FWB, des Flugplatzwartungsbataillons. Und dort steht auch unter freiem Himmel, nicht einmal von Tarnnetzen überdeckt, der Fuhrpark: Traktoren, Planierraupen und Lastwagen.

Dahinter die Tundra. Ringsum. Mit Mulden grünender Sümpfe und felsigen Hügelkuppen. Bis zur nächsten Ansiedlung sind es fünfzig Kilometer auf zerstörter, oft unbefahrbarer Straße. Auf dieser Straße gelangt der Nachschub zum Flugplatz: Treibstoff, Munition und Lebensmittel. Die Lkw's fahren in Kolonnen, damit festgefahrene Wagen angeschoben und herausgezogen werden können. Sie fahren mit laut aufheulenden Motoren, mit im Schlamm durchdrehenden Rädern, während Achsen und Kardanwellen kreischend über Felsbrocken schleifen.

Von der Startbahn aber fliegen spitznasige Jagdflugzeuge mit roten Sternen auf den Tragflächen in den Himmel davon. Sie fliegen paarweise: Führender und Geführter. Sie sind schön anzusehen, wie Leuchtspurkugeln, wenn sie sich so in den Himmel schrauben. Sie verschwinden hinter dem grauen Horizont. Die Verbindung zu ihnen hält dann der Flugplatz über Funk. Helfen kann man ihnen nicht. Man kann nur um sie bangen und hoffen, daß alles gutgeht.

Manchmal ist das auch der Fall. Beide kehren zurück, sowohl der Geführte als auch der Führende. So leicht, als hätten sie die Hälfte ihres Gewichts verloren. Mit dem letzten Tropfen Treibstoff. Die ganze Munition verschossen. Mit ein paar Durchschüssen in Rumpf und Tragflächen. Ein solcher Tag gilt auf dem Flugplatz schon als Erfolg. Wenn aber im Rapport ein abgeschossenes Flugzeug des Gegners verzeichnet wird, dann ist das natürlich ein hervorragender Tag. Und der Verpflegungschef, Hauptmann Feldman, gibt dem gesamten Flugplatzpersonal, sogar den Soldaten des Wartungsbataillons, auf Anordnung des Geschwaderkommandeurs und zweifachen Helden der Sowjetunion, Oberst Sofronow, zehn Kubik Schnaps, der zur Hälfte mit Wasser verdünnt ist, zusätzlich über die festgelegte Norm hinaus aus.

Es kommt jedoch vor, daß nur einer zurückkehrt. Der Geführte ohne den Führenden. Oder umgekehrt. Und er kommt nicht beschwingt zurück, sondern schleppt sich mühsam nach Haus. Und setzt schräg auf, reißt bei der Landung das Fahrwerk ab, manchmal auch die Tragfläche.

Auch in solchen Fällen wird auf dem Flugplatz getrunken. Hauptmann Feldman gibt dann nur den Piloten zusätzlichen Schnaps aus, und die gedenken, mit einem Zug ihre Gläser leerend, des nicht vom Kampfeinsatz zurückgekehrten Kameraden.

So fließt das Flugplatzleben dahin. Eintönig und langweilig wie die Tundra rings um den Flugplatz. Die Flieger führen irgendwo weit weg von ihrer Basis Krieg und kehren lediglich zurück, um ein wenig zu essen und zu schlafen, und steigen von neuem in die Luft auf. Über das Gefecht selber schreiben sie nur einen kurzen Bericht und erzählen den Technikern vom Bodenpersonal in der Kantine:

»Ich ihn so... Und er mir in die Seite... und ich ihm ins Heck, er aber, dieser Hundesohn, im Steilflug nach oben... Ich ihn...«

Das ist die ganze Geschichte.

Der Hauch des Krieges streift den Flugplatz nur dann, wenn einer aus dem gelandeten Flugzeug nicht mehr selbst herausklettern kann, wenn man den nun schlaff gewordenen Körper vorsichtig herausziehen muß, während an seinen Hosen und Pelzstiefeln ein Brei aus Glassplittern und Blut herunterläuft.

Genauso landete einmal, schwankend und umkippend wie ein Betrunkener, der Oberleutnant Mitrochin, der älteste Pilot im Geschwader, dessen Schläfen schon ergraut waren. Seine Maschine war von Kugeln zerschossen und durchlöchert wie ein Sieb. Die Mechaniker weigerten sich danach, sie zu flicken, und sonderten sie zum Schrott und ins Ersatzteillager aus. Mitrochin setzte dieses Sieb auf. Stellte sogar den Motor ab. Selber aber kletterte er nicht aus der Kanzel. Alle liefen herbei. Sie klappten die Haube auf. Mitrochin war noch am Leben. Doch ganz in Blut gebadet. In Brust und Bauch getroffen.

Die Hauptsache aber, beide Hände waren durchschossen. Und doch hatte er den Steuerknüppel nicht losgelassen. Ohne Hände, kann man sagen, hatte er das Flugzeug hergeflogen und normal aufgesetzt. Kommandeur Sofronow hatte auf die durchschossenen Hände geschaut:

»So etwas«, sagte er, »ist in der Geschichte der Luftwaffe noch nicht passiert. Wie bist du denn ohne Hände zurechtgekommen, Mitrochin?«

Mitrochins Augen waren bereits nicht mehr von dieser Welt, sie schielten schon ins Jenseits. Aber er antwortete dem Kommandeur:

»Genosse Oberst, ich habe vier Kinder. Ich darf einfach nicht sterben. Also bin ich hergeflogen.«

Und starb noch dort in seiner Kanzel.

Dann brachte die Frontzeitung einen Artikel mit seinem Porträt, in dem stand, daß ihm nur die Liebe zur Heimat geholfen habe, das Flugzeug ohne Hände auf seiner Basis zu landen.

Wegen der weißen Nächte ist die Belastung des Fliegers im Norden doppelt so groß. Starte und starte in einem fort! Rund um die Uhr. Sieh nur zu, daß du das eine oder andere Stündchen zwischen den Flügen schlafen kannst. Das Flugzeug ermüdet, hält diese Überbelastung nicht aus. Das Gerät muß ausgetauscht werden. Der Mensch aber hat mehr Ausdauer. Er hält durch. Und klagt nicht. Und fügt seinem Ikonostas Orden und Medaillen hinzu – nach der Anzahl der abgeschossenen gegnerischen Flugzeuge. Solange er nicht selbst abgeschossen wird und mit seinem Körper auf den auch im Sommer gefrorenen Boden der Tundra aufschlägt.

Während der ganzen vier Kriegsjahre verschob sich die Front im Norden nicht. Sie rückte nicht von der Stelle. Deshalb mußten die Flieger nicht die Flugplätze wechseln. Auf den Feind trafen sie am Himmel. Maschine gegen Maschine. Sie umkreisen sich, schießen. Einer fängt an zu qualmen, geht wie ein Stein zu Boden und zerschellt auf der Erde. Und einer schleppt sich in seine Basis nach Hause. Den ganzen Krieg lang blickte man hier keinem Deutschen ins Gesicht. Nur Flugzeuge mit Hakenkreuzen sah man. So kam es, daß nicht Menschen gegen Menschen Krieg führten, sondern Maschinen gegen Maschinen.

Dem Menschen fällt es schwer, sich an die weißen Nächte zu gewöhnen, daran, daß es die ganze Zeit über nicht dunkel wird, sondern ringsum alles in helles Licht getaucht ist. Du gehst einher wie im Halbschlaf, schaust in den fahlweißen, dunstigen Himmel – und es ergreift dich eine solche Melancholie, daß du am liebsten wie ein Wolf heulen möchtest.

Wie überall auf der Erde so hatte man auch hier seine Juden. Zwei waren es auf dem ganzen Flugplatz. Der Verpflegungschef des Geschwaders, Hauptmann Naum Feldman. Immer in einer neuen Uniform direkt vom Lager. Die Fliegeruniform der Luftwaffe saß an ihm so perfekt wie an einer Schaufensterpuppe. Mehr als alle übrigen Offiziere glich Feldman einem erfahrenen Kämpen. Die Fliegerkokarde an der Mütze und die kleinen, goldenen Luftwaffenflügel auf seinem Uniformrock sahen an ihm besonders forsch aus. Vielleicht, weil er kein einziges Mal mit einem Kampfflugzeug in die Luft aufgestiegen war.

Die Kampfpiloten, diejenigen, die jeden Tag ihr Leben aufs Spiel setzten, begegneten Feldman ohne besondere Zuneigung, doch sie zeigten auch keine Feindseligkeit. Vom Verpflegungschef konnte man immer ein Gläschen Schnaps über die zugeteilte Norm hinaus ergattern. Welcher normale Mensch würde gegen eine solche Bekanntschaft Abscheu empfinden?

Dafür stand der andere Jude beim Geschwader in hohem Ansehen. Sascha Krug. Ähnlich einem Zigeuner hatte er den ganzen Kopf voller schwarzer Ringellocken. Eine gebogene Nase. Eine Adlernase. Und strahlend weiße Zähne. Ebenfalls Hauptmann. Pilot. Einer der Geschwaderveteranen. Kein einziges Mal abgeschossen. Auf sein Konto aber kamen siebzehn gegnerische Flugzeuge. Im Einzelkampf abgeschossene. Diejenigen nicht mitgerechnet, die er im Gruppengefecht, wo man nicht genau bestimmen konnte, wessen MG-Salve die entscheidende war, in Brand geschossen hatte.

Auf seinem Uniformrock, den er anzog, wenn er vom Einsatz zurückkam, glänzte der Goldene Stern eines Helden der Sowjetunion. Er besaß so viele Orden und Medaillen, daß er sie nicht mehr anlegte, sondern stapelweise in seinem Koffer aufbewahrte.

Beide Juden waren miteinander befreundet, obwohl sie so verschieden waren wie Tag und Nacht im Süden. Sascha war ein Rüpel, ein Streithammel und Zecher, Naum ein Mensch von musterhaftem Betragen, schüchtern, und was den Schnaps betraf, so nahm er keinen Tropfen in den Mund; dabei führte er doch die Aufsicht über das Proviantlager.

Doch wenn es auf Hunderten von Kilometern Tundra nur zwei Juden gibt, so zieht es sie, so verschieden sie auch sein mögen, unweigerlich zueinander hin.

Ihre Freundschaft hatte vor langer Zeit begonnen. Sascha Krug war damals noch Leutnant und hatte in einem anderen Geschwader, einem Bombergeschwader, gedient, und zwar als SB-Pilot – im Schnellbomber mit einer dreiköpfigen Besatzung. Dessen Flugplatz hatte weit entfernt von dem der Jagdflieger gelegen, auch in der Tundra, jedoch weiter südlich.

Mit Naum Feldman hatte Sascha Krug Bekanntschaft geschlossen, als es sein Flugzeug, von der Flak angeschossen, nicht mehr zur eigenen Basis schaffte und auf einem fremden Flugplatz, eben bei den Jagdfliegern, notlanden mußte. Während die aus ihrem Geschwader herbeigeholten Mechaniker des Bodenpersonals den Bomber in Ordnung brachten, genoß die Besatzung die Erholung, als sei sie in ein Sanatorium geraten. Der Verpflegungschef Hauptmann Feldman freute sich so über die Begegnung mit einem anderen Juden, der auch von der Luftwaffe war, noch dazu ein Kampfflieger, daß er nicht geizte und alle drei fremden Piloten gastfreundlich bewirtete.

Sascha Krug – groß, hager, einem jederzeit flugbereiten Habicht gleichend – entpuppte sich als Prachtkerl, fröhlich und verschmitzt, und die Jagdflieger, die gerade keinen Einsatz hatten, zogen in großer Schar mit aufgestellten Ohrenklappen hinter ihm her. In diesen wenigen Tagen, die er bei ihnen zubrachte, gelang es Sascha nicht nur, das gesamte Flugpersonal zu erobern, sondern auch die uneinnehmbare Festung des Flughafens, die Krankenschwester Era, auf die Leutnant Bondarenko aus einem Übermaß an unerwiderten Gefühlen einen Pistolenschuß abgefeuert hatte und die er dennoch nicht hatte gewinnen können. Sascha eroberte Era mit ungewöhnlicher Leichtigkeit und flog dann alsbald mit seinem reparierten Bomber wieder davon, Era in Tränen und den ganzen Flugplatz in Verwirrung zurücklassend. Weil mit seinem Abflug das lustige Leben irgendwie aufhörte und der langweilige Alltag wieder begann.

Doch Sascha verschwand nicht für immer. Er gewöhnte sich daran, auf dem Rückweg vom Kampfeinsatz – und sei es auch nur für ein, zwei Stündchen – auf diesem Flugplatz, weit von der vorgeschriebenen Route abweichend, eine Zwischenlandung zu machen. Mal ging ihm der Treibstoff aus, und er mußte nachtanken, mal fing einer seiner Motoren an zu stottern, und das hätte ja, wenn er keine Notlandung versuchte, den Untergang der ganzen Besatzung bedeutet. Die Besatzung aber spielte mit – ihren Kameraden und Piloten ließ sie nicht im Stich.

Bei den Bomberpiloten war es Mode, daß die Besatzung die Motorgondeln ihres Flugzeugs in einer bestimmten Farbe anstrich. Bei Sascha waren die Gondeln rot. Deshalb erkannten alle seinen Jagdbomber schon, wenn er über dem Fliegerhorst auftauchte und einen Kreis zog, bevor er zur Landung ansetzte. Hauptmann Feldman erteilte eilig der Kantine die Weisung, ein Mahl für die Besatzung zu richten, und die Krankenschwester Era rannte, noch während das Flugzeug mit den roten Gondeln am Himmel kreiste, Hals über Kopf aus dem Sanitätsunterstand über den ganzen Flugplatz in den für Hauptmann Feldman allein eingerichteten Unterstand, und der ging ergeben hinaus, nachdem er ihr die Schlüssel überlassen hatte.

Nach der Landung schnallte Sascha sofort die Fallschirmgurte ab, kletterte auf die Tragfläche hinaus, nickte den herbeigelaufenen Mechanikern zu und eilte auf langen Stelzbeinen zu Feldmans Unterstand, wo Era schon im Schlafsack auf ihn wartete. Dann aß er, wenn es die Zeit erlaubte, mit seinem lieben Freund Naum in der Kantine und flog, nachdem er eine Flasche Schnaps als Geschenk in Empfang genommen hatte, davon, wobei er mit seinen roten Gondeln einen Abschiedskreis über dem gastfreundlichen Flugplatz der Jagdflieger beschrieb.

Bodenpersonal und Piloten blickten, die Köpfe zum Himmel gereckt, dem Bomber mit den roten Gondeln nach, und auf ihren Gesichtern lag Begeisterung und Verehrung für diesen verwegenen Flieger.

Einmal hatte Sascha, als er wieder einen Abstecher bei ihnen gemacht hatte, eine solche Nummer abgezogen, daß sich alle Jagdflieger den Bauch vor Lachen hielten, der Verpflegungschef Hauptmann Feldman aber um ein Haar ins Lazarett gekommen wäre.

Es war des stillen Verpflegungschefs Traum, einmal einen Kampfeinsatz zu fliegen. Um wenigstens irgendwie die Luftwaffenkokarde an seiner Mütze zu rechtfertigen und die goldgestickten Flügel auf seinem Uniformrock. In einem Jagdflugzeug konnte man nicht mitfliegen. Das ist ein Einsitzer, in der Kanzel hat nur der Pilot Platz. Ein Bomber war etwas anderes. Und Sascha war noch dazu sein bester Freund. Zudem Jude. Der würde ihn nicht auslachen.

Feldman bat Sascha, und Sascha sagte nicht nein. Mit ernster Miene klagte er vor den Augen der Besatzung, daß er sich freuen würde, im Flugzeug sei aber jeder Zentimeter berechnet, es gebe kein freies Fleckchen. Es ginge nur, wenn der Hauptmann einverstanden wäre, sich in den Bombenschacht zu legen. Der sei jetzt frei, die Bomben hätten sie über der Stellung des Gegners abgeworfen. Wenn er die Arme entlang den Schweißnähten ausstrecke und keinen besonderen Komfort verlange, so könne Hauptmann Feldman durchaus in dem hermetisch verschlossenen Schacht Platz nehmen, der Sauerstoff würde reichen, bis das Flugzeug wieder zur Basis zurückkehre.

Der aufgeregte Verpflegungschef erklärte sich auf der Stelle bereit, und Saschas Besatzung half ihm, von unten durch die weit geöffnete Luke des Bombenschachtes in den Flugzeugbauch zu kriechen, und schloß die Schachtklappen.

Dann heulten die Motoren auf, und das Flugzeug begann wie im Fieber zu zittern. Alle, die nicht auf Wache waren, rannten zu dem vibrierenden Bomber, und nur wegen des Motorengeheuls konnte der arme Verpflegungschef das donnernde Gelächter nicht vernehmen. Etwa eine halbe Stunde wurde Hauptmann Feldman im Bombenschacht durchgerüttelt. Er war überzeugt, hoch über der Erde zu schweben, und bemühte sich, nicht zu kotzen, wie es, das wußte er, Neulingen beim Fliegen leicht passierte. Dann drückte Sascha auf den Knopf des Bombenwerfers. Die Klappen des Bombenschachts öffneten sich krachend unter dem Verpflegungschef, und er fiel anstelle der Bombe hinaus – Richtung Erde. Das war es, was der Verpflegungschef gerade noch denken konnte, und er schaffte es sogar noch, vom Leben Abschied zu nehmen.

Er flog ganze zweieinhalb Meter. Weil das Flugzeug die halbe Stunde lang mit laufendem Motor auf der Erde gestanden hatte, während die Besatzung zum Trost verdünnten Schnaps auf das Wohl des ruhmreichen Verpflegungschefs Feldman trank. Der Hauptmann Feldman brachte es während seines Zweieinhalbmeterflugs fertig, das Bewußtsein zu verlieren und augenblicklich an Durchfall zu erkranken. Als man ihn an Ort und Stelle unter dem Flugzeug wieder zu sich brachte, konnte selbst der scharfe Salmiakgeruch nicht den Gestank übertäuben, der aus der breiten Reithose des Verpflegungschefs drang.

Hauptmann Feldman verzieh Sascha. Weil er nicht seinen besten Freund loswerden wollte. Und ihn des Antisemitismus zu bezichtigen, war ebenfalls unsinnig. Sascha Krug war ja selbst Jude, noch dazu mit der typischen Physiognomie. Nur eben ein übermütiger, draufgängerischer Jude, der vor nichts zurückschreckte und für den das Leben kein Leben war, wenn er nicht irgendeine Nummer abzog.

Die Sache endete damit, daß der Geschwaderkommandeur, der ruhmreiche Sofronow, den verwegenen Piloten mit dem Jagdbomber nicht fortlassen wollte und mit den hohen Instanzen übereinkam, Leutnant Krug von den Bombern zu den Jagdfliegern zu versetzen.

Der ruhmreiche Sofronow hatte ein sicheres Auge. Als Jagdflieger machte Sascha Krug dem Geschwader mit siebzehn abgeschossenen gegnerischen Flugzeugen große Ehre und setzte auf die Liste der Asse des Geschwaders noch einen Ritter des Goldenen Sterns.

Er und Hauptmann Feldman blieben Freunde. Wenn Saschas Jäger in den Himmel aufstieg, wurde Feldman, sonst ein sehr akkurater und disziplinierter Offizier, zerstreut und gab unpassende Antworten, und das dauerte so lange, bis das spitznasige Flugzeug mit den siebzehn kleinen Sternen am Rumpf wieder auf der Landebahn aufsetzte, die Geschwindigkeit drosselte und schließlich am Ende der Bahn mit abgestelltem Propeller stehenblieb, bis die Plexiglashaube über der Kanzel zurückklappte und unter einer Fliegerkappe Saschas Habichtsprofil erschien.

Die Romanze mit der Krankenschwester Era aber endete prosaisch. Mit der Heirat. Era wurde schwanger, und Hauptmann Krug hielt es als ordentlicher Mann aus einer anständigen jüdischen Familie für seine Pflicht, sich mit der breitgesichtigen Sibirierin standesamtlich trauen zu lassen. Era wurde unverzüglich aus dem Dienst entlassen und fuhr, den gewölbten Bauch vor sich hertragend, unter Tränen in ihre Heimatstadt Tomsk ab. Der Hauptmann aber blieb im Geschwader, flog weiter über die Tundra und wartete ungeduldig auf die Nachricht aus Sibirien von der Geburt seines Sohnes.

Doch während er darauf wartete, kam eine ganz andere Nachricht.

Sascha hatte Familie. Die Mutter, den Vater. Brüder und Schwestern. In der Ukraine. Und seitdem die Deutschen jenes Städtchen eingenommen hatten, wußte er nichts mehr über das Schicksal seiner Angehörigen. Sascha hatte es noch vor dem Krieg in den Norden verschlagen, und dort hatte er etliche Jahre mit Glück und Erfolg gekämpft, war kein einziges Mal abgeschossen worden und heil und unversehrt aus den scheinbar ausweglosesten Situationen hervorgegangen.

Als seine Heimatstadt im Süden befreit worden war, begann er an die alte Adresse zu schreiben und erhielt schließlich Antwort. Von einer fremden Hand geschrieben. Die Nachbarn berichteten Sascha, daß niemand aus seiner Familie überlebt habe. Alle seien von den Faschisten umgebracht worden. Und seine Sippe ruhe nun in einem Massengrab, in dem auch die übrigen Juden dieser Stadt lägen.

Da gab es im Geschwader keinen fröhlichen und erfolgreichen Piloten Sascha Krug mehr. Seine Augen waren erloschen. Das Gesicht war dunkel geworden. Vom Bart überwuchert. Hauptmann Feldman, der als einziger die jüdischen Bräuche kannte, versuchte den anderen Piloten zu erklären, daß Sascha, der aufgehört hatte, sich zu rasieren, einem uralten Brauch zum Gedenken verstorbener Angehöriger folge.

Geschwaderkommandeur Sofronow stellte ihn von den Kampfflügen zurück, obwohl jeder Pilot Gold wog. In diesem Zustand hätte Sascha das erste Luftgefecht verloren. Der Kommandeur versuchte ihm ins Gewissen zu reden, ihn zur Vernunft, zur Besinnung zu bringen. Ohne Erfolg.

»Entlaß mich zur Infanterie, Kommandeur«, bat Sascha, und in seinen Augen standen Tränen.

»Wie könnte ich dich zur Infanterie entlassen«, rang Sofronow die Hände. »Dafür würden sie mich ja erschießen, und auch das wär noch zu wenig, wenn ich so einen Falken, so einen erstklassigen Piloten zur Infanterie ließe. Das könnte nur der Feind zulassen, um uns zu schwächen. Du, Bruder, wirst noch fliegen. Und für das Blut deiner Angehörigen wirst du mehr als ein faschistisches Scheusal zur Hölle schicken.«

»Nein«, rief Sascha und schüttelte seinen Lockenkopf, auf dem sich die ersten weißen Haare zeigten. »Am Himmel schlage ich Flugzeuge. Aber ich brauche Blut! Von Angesicht zu Angesicht brauch ich den Feind! In die Augen will ich ihm schauen und dann erst zuschlagen und sehen, wie er sich krümmt, wenn er verreckt. Laß mich zur Infanterie, Kommandeur!«

Der Geschwaderkommandeur kam Saschas Bitte nicht nach. Er befahl ihm, sich nicht vom Flughafen zu entfernen, und wies seine Kameraden im Unterstand an, ihn nicht aus den Augen zu lassen. Der Mann war verzweifelt. Leicht konnte ein Unglück geschehen.

Danach gab es ein Luftgefecht. Unweit des Flugplatzes. Von den Unsrigen waren weniger am Himmel als vom Feind. Die übrigen Besatzungen waren schon vorher zu einem Einsatz geflogen. Nur das eine Flugzeug von Hauptmann Krug war unter dem Tarnnetz in Reserve geblieben. Oberst Sofronow schlug alle Bedenken in den Wind und schickte den vom Gram vergifteten Hauptmann den Seinen zu Hilfe.

Nie zuvor hatte Hauptmann Krug so gekämpft. Ohne sich abzusichern, brach er blindwütig in den Verband der feindlichen Flugzeuge ein und sprengte ihn auseinander; ein Flugzeug schoß er mit einer MG-Salve in Brand. Einem anderen setzte er nach, sich dabei weit vom Schauplatz des Kampfes entfernend. Er war dem Gegner an Erfahrung überlegen. Jagte ihn über den Himmel wie der Habicht den Sperling. Er selbst schoß rationell, sparte sich die Munition auf. Jener aber verausgabte sich so, daß er alles, was er besaß, unnütz verpulverte, ohne auch nur ein einziges Mal Saschas Maschine zu treffen.

Das eben hatte Hauptmann Krug beabsichtigt. Der Gegner

war entwaffnet, und er konnte nur noch versuchen, mit höchster Geschwindigkeit durch die Frontlinie zu den Seinen in den Schutz der Flakbatterie auszureißen.

Sascha ließ ihn nicht fort. Doch er versetzte ihm auch nicht den Todesstoß. Er drückte ihn zur Erde hinunter, trieb ihn im Tiefflug zu unserem Flugplatz. Mit ausgefahrenem Fahrwerk dicht über der durchsichtigen Haube der Pilotenkanzel, ja fast auf dem deutschen Flugzeug reitend, zwang er es, auf der Betonbahn zu landen, und setzte selbst gleich nach ihm auf; beide Maschinen rollten auf dem Boden hintereinander her, als würde das mit den Sternen das mit den Kreuzen abführen.

Der Deutsche bremste ab; Saschas Jäger überholte ihn, fuhr noch hundert Meter weiter und blieb ebenfalls stehen. Der Deutsche klappte die Haube zurück und kletterte aus der Kanzel über die Tragfläche auf den Beton, warf den Fallschirm ab und nahm die Hände hoch.

Von allen Seiten des Flugfeldes rannten Russen auf ihn zu. Techniker des Bodenpersonals. Soldaten des Flugplatzwartungsbataillons. Das hatte es auf dem Flugplatz noch nicht gegeben, daß ein lebendiger Deutscher landete und sich in Gefangenschaft begab. Jeder wollte das unerhörte Ereignis mitbekommen, ließ alles liegen und stehen und stürmte mit vor Neugier weit aufgerissenen Augen zu dem Flugzeug. Sogar der Geschwaderkommandeur Sofronow rannte herbei, unter seinem Übergewicht keuchend und mit seinen zwei Goldenen Sternen eines Helden der Sowjetunion klingelnd.

Allen voran jedoch, er war ja auch näher dran, eilte Sascha Krug zu dem deutschen Flugzeug. Er rannte schwerfällig in seinen hohen Pelzstiefeln, hatte vergessen, den Fallschirm abzuwerfen, und der schlug, an den Leinenriemen baumelnd, gegen sein Hinterteil. Mit der rechten Hand suchte er in den Seitentaschen seines Overalls herum und zog, als er bereits bis auf etwa fünfzig Schritte bei dem Deutschen war, heraus, was er suchte – eine schwarze TT-Pistole.

Der deutsche Flieger stand reglos da, den Rücken an den fleckigen Tarnanstrich seines Flugzeugs gepreßt, und rechts von ihm, zum Heck hin, dort, wo auf den russischen Flugzeugen die Sterne sind, machte sich drohend das gedrungene Balkenkreuz breit. Der Flieger zog seine Kappe ab und blickte, mit den weißblonden Wimpern blinzelnd, wie gebannt auf Sascha Krug, der sich ihm schwer atmend näherte und bei jedem Schritt die Pistole höher hob.

Das Gesicht des Deutschen war bleich. Von derselben Farbe wie die hellblonden, schweißverklebten Haare auf seiner Stirn. Seine Augen, die farblos waren wie der Himmel über der Tundra, wurden starr vor Entsetzen – einem Entsetzen, wie es den Menschen nur angesichts des unausweichlichen, unvermeidlichen Todes ergreift. Dieser Tod kam ihm in der runden, schwarzen Pistolenmündung entgegen, die gleichmäßig im Takt der schweren, plumpen Schritte des russischen Fliegers schwankte.

Sascha lief nicht mehr, sondern näherte sich dem Deutschen mit ruhigen Schritten. Nicht, weil er müde war. Er betrachtete das Gesicht seines Feindes. Ein normales, menschliches Gesicht. Einfach das Gesicht eines erschrockenen Jungen. Der Deutsche war viel jünger als er. Ohne die Kappe, nur mit dem zerzausten, verschwitzten Haar, hätte man ihm keine zwanzig Jahre gegeben. Und die flammende Wut, die in ihm gewesen war, solange er ihn am Himmel jagte und noch als er mit der Pistole in der Hand über die Startbahn rannte, begann sich rasch zu verflüchtigen; bei den letzten Schritten, die ihn von dem anderen trennten, hatte Sascha schon die Pistole verlegen auf den Schenkel gesenkt.

Breitbeinig in den hohen Pelzstiefeln baute er sich vor dem Deutschen auf. Noch waren sie mit sich allein. Die Leute, die von allen Seiten losgerannt waren, hatten das deutsche Flugzeug noch nicht erreicht. Und als er in das weiche, noch ganz unmännliche Gesicht des deutschen Fliegers blickte, den er noch vor Minuten bereit war zu zerreißen, da wurde Sascha verlegen und lächelte. Der Deutsche klammerte sich an dieses Lächeln wie ein Ertrinkender an einen Strohhalm und lächelte ebenfalls, wobei er noch immer mit den rötlichen Wimpern zwinkerte. In sein Gesicht traten Sommersprossen, eine Menge Sommersprossen, die vorher unter seiner Totenblässe verschwunden waren.

Da wurde Sascha endgültig verlegen und platzte los:

»Also los, wechseln wir die Stiefel.«

Und klopfte mit der flachen Hand auf den Pelzschaft seines hohen Stiefels.

Der Deutsche verstand nichts. Er lächelte noch breiter und entblößte dabei sein unregelmäßiges, jungenhaftes Gebiß.

Um sie herum verdichtete sich rasch die nach dem Lauf heftig schnaufende Menge der Techniker und Soldaten von der Bodenabwehr. Die Mechaniker steckten in verschmierten, schmutzigen Arbeitsanzügen, die Soldaten in nicht gerade nagelneuen, wattierten Steppjacken und Matrosenkitteln mit Löchern und Flecken. Als sich der später als die anderen herbeigerannte Geschwaderkommandeur vorboxte und vor Aufregung nicht recht wußte, was er sagen sollte, schrie er seine Leute deshalb streng an:

»Wie seht ihr denn aus! Nicht wie Soldaten, sondern weiß der Teufel was! Eine schöne Meinung wird sich der Gegner von euch machen.«

Der »Gegner« aber schloß nach der massiven Gestalt und den zwei Goldenen Sternen auf dem Uniformrock, daß dieser Mann der Ranghöchste auf dem Flugplatz war und sein Schicksal jetzt von ihm abhing, und saugte sich mit den Augen an dem schlaffen, gefurchten Gesicht des Obersten fest. Sofronow schaute den Deutschen unter seinen streng zusammengezogenen Brauen hervor flüchtig an und lächelte schief.

»Bürschchen. Vom Fliegen verstehst du nichts«, sagte er und streckte ihm die breite, fleischige Hand hin:

»Na, guten Tag, Zugvogel... willkommen also als Gast.«

Der Deutsche umfaßte überrascht seine Hand mit beiden Händen und ließ sie so lange nicht los, bis der Kreis aus Soldaten und Mechanikern in gutmütiges Gelächter ausbrach.

»Ruhe!« Oberst Sofronow geriet noch mehr in Verwirrung. »Nach unserer russischen Sitte muß man dem Gast zuallererst etwas zum Essen vorsetzen.«

Und sie marschierten über den ganzen Flugplatz im bunten Haufen zur Fliegerkantine. Mittendrin der völlig verdatterte Deutsche. Rechts Sascha Krug, der immer noch nicht den

Fallschirm und die Fliegerkappe abgelegt hatte. Er war größer als der Deutsche und hatte die Hand auf dessen Schulter gelegt, als halte er ihn fest und wolle damit allen zu verstehen geben, daß dies seine, Sascha Krugs, Beute war. Doch gleichzeitig war Saschas Hand auf der Schulter des Deutschen das sicherste Zeichen für eine ganz und gar nicht feindliche, sondern eher familiäre Haltung dem Gefangenen gegenüber. Links stapfte, schwer keuchend und schnaufend, der wohlbeleibte Oberst Sofronow, der sorgenvoll überlegte, wie er mit dem Deutschen weiter verfahren sollte, denn er war zum ersten Mal mit einer derartigen Situation konfrontiert.

In der Kantine plazierten sie den Deutschen zwischen Sascha und Sofronow. Die neugierigen Techniker und Soldaten wurden nicht über die Schwelle gelassen. Am Tisch nahmen nur Offiziere, Piloten und natürlich der Verpflegungschef, Hauptmann Feldman, Platz. Vor Aufgeregtheit über das Vorgefallene sprachlos, schleuderte er den etwas tranig servierenden Soldaten nur mit den Augen Blitze zu.

Einer der Offiziere hatte ein bißchen Ahnung von der deutschen Sprache; den hatte man gegenüber plaziert, damit er dolmetschte. Da erfuhren sie auch den Namen des Deutschen – Walter, und alle sagten der Reihe nach, wie sie hießen, und tauschten dabei einen Händedruck mit ihm aus. Der Deutsche saß schweißgebadet mit töricht-glücklichem Ausdruck auf seinem sommersprossigen Gesicht da.

Man stopfte ihm den Bauch voll. Der Verpflegungschef förderte aus seinen Verstecken die schmackhaftesten Dinge zutage, die für besondere Anlässe aufbewahrt wurden: geräucherte Kalbszungen in amerikanischen Konserven, Lachs, den die Fischer den Fliegern zum Geschenk gebracht hatten, und sogar roten Keta-Kaviar aus dem Fernen Osten.

Der Deutsche aß über den Hunger und trank über den Durst. Doch solange er noch auf der Bank sitzen konnte, gestützt auf die Schultern der Nachbarn, versuchte ihm Sascha mit Hilfe des Dolmetschers, aber doch mehr mit Gesten klarzumachen, was für Schnitzer er aus Unerfahrenheit am Himmel gemacht habe und auf welche Weise er, Sascha Krug, ihn gezwungen habe, seine ganze Munition unnütz zu verpulvern, und ihn danach zum Landen zu nötigen, das sei überhaupt eine Bagatelle gewesen.

Der Deutsche nickte zu allem zustimmend mit dem Kopf und grinste dümmlich und betrunken. Als aber Sascha, der auch kräftig angeheitert war, plötzlich ernst wurde und er Walter stockend, die Worte mühsam hervorpressend, mitteilte, weshalb er ihn lebendigen Leibes zum Landen gezwungen habe und danach mit der Pistole zu ihm gerannt sei, als er erzählte, was mit seiner Familie geschehen war, hörte der Deutsche, obwohl betrunken, zu lächeln auf, seine Brauen wanderten kummervoll nach oben, er fiel an Saschas Schulter und begann seine Backe daran zu reiben. Sascha umarmte ihn und schlug ihn auf den Rücken. Der Verpflegungschef aber, der einen amerikanischen Fotoapparat mit Magnesiumblitz besaß, knipste sie in dieser Pose. Den düster dreinschauenden Sascha und den an ihm lehnenden Walter mit schlaff herabhängender Lippe.

Am Schluß des Gelages mußte der Deutsche vom Tisch weggeschleift werden. Beim Tankwagen neben der Kantine fiel er auf die Knie und mußte sich übergeben. Die Flieger sahen nachsichtig und verständnisvoll zu. Oberst Sofronow, vom Schnaps gerötet, meinte verächtlich:

»Schwach...«

Aber Sascha trat für ihn ein:

»Ein kleiner Junge... Was kann man schon von ihm verlangen?«

Am Abend trafen Offiziere vom SMERSch ein. Vom Spionageabwehrdienst. Aus Murmansk. Sie kamen, um den Deutschen zu holen, der im Offiziersunterstand friedlich auf Sascha Krugs Feldbett schlief. Sascha baute sich auf der Schwelle des Unterstands auf und sagte, daß dieser Deutsche ihm gehöre und er ihn niemandem geben würde, und wenn sie, die Abwehrleute, so dringend einen deutschen Flieger benötigten, dann sollten sie doch eben versuchen, ein Flugzeug zum Landen zu zwingen und den Piloten lebendig festzunehmen.

Sie redeten auf Sascha ein und drohten ihm. Er aber – nicht um die Welt. Oberst Sofronow selbst trat mit ihm in Verhandlung und stimmte ihn auch nicht um.

»Mein Deutscher«, wiederholte Sascha starrköpfig. »Ich geb ihn nicht her.«

»Besoffen«, entschuldigte ihn Sofronow mit resignierender Geste. »Er wird seinen Rausch ausschlafen, dann wird's ihm leid tun.«

So gingen die Abwehrleute unverrichteter Dinge zum Abendessen.

Die Nacht brach herein. Es war so hell wie zuvor. Und die Sonne wanderte nicht hinter den Horizont, sondern hing ganz niedrig als fahles, ausgewaschenes Fünfkopekenstück darüber. Matt schimmerten rings um den Flughafen die steinernen Flanken der »Hammelstirnen«.

Hauptmann Krug hatte sich an die Schwelle des Unterstandes gesetzt und war eingeschlafen, ohne sich auszuziehen. Die Abwehrleute, bemüht, keinen Lärm zu machen, gingen um ihn herum, weckten den nichts begreifenden, schlaftrunkenen Walter und führten ihn weg. Als sie an dem schlafenden Sascha vorbeikamen, erkannte ihn der Deutsche und riß sich los. Sie preßten ihm jedoch den Mund zu und drehten ihm die Arme auf den Rücken.

Sie brachten Walter nach Murmansk, verhörten ihn, wie es sich gehörte, und steckten ihn in ein Kriegsgefangenenlager, das hinter Stacheldraht in der Tundra am Rand der Stadt Montschegorsk lag. Und Walter wurde wie die anderen Deutschen ein gewöhnlicher Kriegsgefangener. In der grauen, konturlosen Kolonne führten ihn die begleitenden Wachsoldaten zur Arbeit: die Straßen in der Tundra auszubessern, Schotter auf den beim Tauen abgesunkenen Grund aufzuschütten und Schotter durch Zerkleinern der grauen Findlinge mit einem schweren Hammer zu gewinnen.

Die weißen Nächte hielten an. Auf den Wachttürmen wurden nicht einmal die Scheinwerfer eingeschaltet. Die Posten konnten alles zum Greifen deutlich sehen. Und wenn die anderen Gefangenen auf ihren doppelstöckigen Pritschen in der Baracke schliefen, ging Walter ins Freie und schlenderte in dem gespenstischen Licht an den Pfählen mit dem Stacheldraht entlang, was die Posten zu unzufriedenen Anschnauzern veranlaßte.

Er spähte in die Tundra und die schmale unbefestigte Straße hinunter, auf der tiefe Fahrspuren zum verschwommenen Horizont hin verliefen. Er spähte hinaus, als warte er auf jemanden. Wartete und wurde für sein Warten belohnt.

Eines Nachts, als alles im Lager schlief und Walter wie immer zum Stacheldraht gegangen war, erblickte er einen über die Schlaglöcher holpernden Lastwagen auf der Straße. Als das Auto näher kam, begann Walter zu strahlen und wie ein kleiner Junge herumzuhüpfen. Auf dem offenen Lastwagen standen, mit dem Ellbogen auf das Fahrerhaus gestützt, drei russische Flieger, und in einem von ihnen erkannte Walter sofort Hauptmann Krug.

Die Flieger verhandelten, mit Orden und Medaillen auf ihren Uniformröcken klappernd, mit der Lagerleitung, und Walter wurde zu ihnen vor den Stacheldraht hinausgelassen. Sie umarmten sich sogar wie alte Freunde, und da sie keinen Dolmetscher bei sich hatten, verständigten sie sich mit Ausrufen und Gesten.

Sie setzten sich im Kreis auf die Steine. Die Flieger schnürten ihre Rucksäcke auf, holten Proviant heraus, schlitzten die Konservendosen mit ihren Messern auf und tranken reihum verdünnten Schnaps aus der Flasche, Walter trank auch, verschluckte sich und erstickte fast am Husten. Die Flieger klopften ihm laut lachend mit den Fäusten auf den Rücken und erklärten ihm, daß er ungeniert essen solle, sonst käme er von der Lagerration allein doch gänzlich auf den Hund.

Beim Abschied steckten sie ihm Konserven zu, eine Tafel Schokolade und ein paar Zwiebeln, die in der Tundra eine besondere Delikatesse sind.

Jenseits des Stacheldrahts drängten sich, als hätten sie die Speisen gewittert, die aus den Baracken hervorgekrochenen Gefangenen in ihren umgehängten, graugrünen Soldatenmänteln.

»Iß es selbst!« befahl Hauptmann Krug Walter streng. »Gib diesen Scheusalen keinen Bissen!«

Mit bösen Augen musterte er die Gefangenen hinter dem Stacheldraht.

»Kapiert? Geh und hau rein! Wir kommen bald wieder. Warte!«

Und der Lastwagen mit den drei Fliegern rollte in die vom fahlen Licht der weißen Nacht übergossene Tundra davon.

Seither ging Walter jede Nacht zum Stacheldraht wie auf Posten. Sogar die Posten auf den Wachttürmen schauten dorthin, wo er hinschaute, nämlich auf die Straße. Sie, die Posten, erblickten den Lastwagen zuerst.

»He, Fritz!« schrien sie Walter zu. »Deine Leute kommen!«

Hinter dem Fahrerhaus des Lasters standen diesmal nur zwei Flieger. Hauptmann Sascha Krug war nicht dabei. Und der Beifahrersitz im Fahrerhaus war leer.

Die Flieger setzten sich auf die Steine und begannen die Rucksäcke aufzuschnüren. Walter aber fragte unruhig etwas auf deutsch, und obwohl sie kein Wort verstanden, errieten sie sofort, daß er wissen wollte, warum Sascha Krug nicht gekommen sei.

»Sascha lebt nicht mehr«, seufzte ein Flieger. »Verbrannt.«

Das war auf russisch gesagt worden. Doch Walter hatte verstanden. Er hatte verstanden und erstarrte. Dann schob er langsam die Konservendosen von sich weg, stand vom Stein auf und ging mit gebeugtem Rücken zum Stacheldrahtzaun. Fiel mit dem Gesicht gegen einen Pfosten und rührte sich nicht.

Über ihm hing die weiße Polarnacht. Diffuses, fahles Licht ergoß sich über die Tundra, und die »Hammelstirnen« schimmerten matt mit ihren basaltenen Flanken.

Sind Sie schon einmal einem Juden mit einem so urtypischen russischen Namen wie Polubojarow begegnet? Einem Namen, der in der Erinnerung sogleich ungute Assoziationen wachruft: bärtige Kosakenfratzen über schnaubenden, dampfenden Rössern, Reiter, die säbelschwingend unglückliche Juden durch die krummen Gassen der Dörfer jagen. Einem Namen, der kilometerweit nach Pogrom riecht. Nach Antisemitismus.

Ich kannte einen Juden mit diesem Namen. Arkadi Polubojarow war ein Moskauer Kunstmaler und Retuscheur, der sich hauptsächlich auf Porträts politischer Führer spezialisiert hatte; er verstand es, ihnen mit seiner meisterlichen Hand über die satten, strengen Gesichter zu fahren und mit ein paar leichten Strichen und Punkten ein würdigeres, feierlicheres Aussehen zu verleihen.

Ein achtbares, zudem ein ziemlich einträgliches Gewerbe. Weil die Nachfrage nach Porträts der politischen Führer, genau wie die nach Zucker und Brot, in der Sowjetunion niemals nachläßt, sondern im Gegenteil immer weiter steigt, war auch für Arkadi Polubojarows tägliches Brot, sogar mit Wurst, bisweilen auch mit Kaviar belegt, gesorgt.

Besonders fest im Sattel saß er nach einem Vorfall, dessentwegen in Moskauer Zeitungsreporter- und Fotografenkreisen jedesmal beim Aufkreuzen Polubojarows ein ehrfürchtiges Raunen anhob:

»Er hat Breschnew die Augen geöffnet.«

Dem Führer des Sowjetvolkes. Dem Präsidenten der UdSSR. Zu dessen zahlreichen Tugenden ausgerechnet die Liebe zu den Juden nicht gehörte.

Und wer hat ihm die Augen geöffnet, ihm, diesem außergewöhnlichen, weltberühmten Mann, vor dem ausländische Premierminister und die letzten noch auf dieser Erde verbliebenen Könige erzittern? Arkadi Polubojarow, ein stiller, absolut unauffälliger Jude, der von Politik nicht die Bohne versteht und als ziemlich schüchterner Mensch auch keineswegs darauf erpicht ist, etwas davon zu verstehen.

Trotzdem war es niemand anders als Arkadi Polubojarow, der Leonid Iljitsch Breschnew die Augen geöffnet hat. Und zwar in der einzigen für ihn – und sonst für niemanden – denkbaren Art und Weise. Ausgenommen natürlich einige Berufsretuscheure, doch war von diesen just in dem Moment, da sein Stern, Arkadi Polubojarows Stern, aufging, glücklicherweise niemand zur Stelle.

Breschnew hatte irgendwo wieder einmal eine seiner üblichen Reden gehalten. Die auf gebührende Distanz an die hohe Tribüne herangelassenen Pressefotografen hatten alle ihre Filme wie zum Trotz überbelichtet. Nur von einem einzigen wie durch ein Wunder noch verwendbaren Negativ gelang es, ein halbwegs annehmbares Foto des vor der Menge sprechenden Führers herzustellen.

Alles hatte darauf seine Richtigkeit, sogar das künstliche Gebiß wirkte ganz echt. Mit einer Ausnahme: die Augen. Just in dem Moment, als der Fotograf auf den Auslöser drückte, hatte Breschnew geblinzelt, so daß seine Augen auf dem einzigen pressetauglichen Foto halb geschlossen waren – wie die eines Toten.

Den Zeitungsredakteuren lief es beim Anblick dieses Fotos eiskalt über den Rücken. Breschnews Rede mußte in der nächsten Ausgabe erscheinen, aber ein anständiges Foto des Redners war nicht vorhanden. Geradezu körperlich spürten die Leute, wie ihnen die Redakteurssessel unter den Hintern wegrutschten.

Das war die Sternstunde des Arkadi Polubojarow.

Es ergab sich, daß er rein zufällig in der Redaktion der bedeutendsten Zeitung vorbeischaute und dort das Stöhnen aus den Zimmern der Redakteure vernahm. Als er erfuhr, was los war, bat er, sich das Porträt des »Dornröschenschläfers« ansehen zu dürfen. Zitternde Hände hielten dem Retuscheur das Foto unter seine wachen Augen und erstarrten in Erwartung des Urteilsspruchs. Jetzt lag das Schicksal der Redakteure vollständig in den Händen dieses Juden, den sie bisher nicht einmal zu grüßen beliebt hatten, wenn sie ihm gelegentlich in den Redaktionsfluren begegneten.

Arkadi Polubojarow schmatzte mit seinen dicken, schlaffen Lippen, so daß diese die Spitze seiner langen Nase berührten, und sprach Worte, die später die Runde durch alle Zeitungsredaktionen Moskaus machen sollten:

»Ich öffne ihm die Augen.«

Die Redakteure faßten wieder Mut. Zeugen berichteten, daß einer von ihnen, ein eingefleischter Antisemit, Arkadi vor aller Augen umarmte, ihn an seine fette Brust drückte und sogar schluchzte.

Arkadi schloß sich im Labor ein, nachdem er vorher alle gebeten hatte, es zu verlassen. Alle hohen Chefs drängten sich im Flur zusammen, hielten den Atem an und wiesen jeden grob zurück, der es wagte, sich der Türe zu nähern, hinter der ihr Retter seine Zauberkünste spielen ließ.

Freilich war die Hoffnung auf Rettung sehr gering. Was kann ein Retuscheur schon tun? Vielleicht die Zähne ein wenig aufhellen. Oder die Runzeln glätten. Aber geschlossene Augen öffnen?

Am nächsten Tag erschien in allen Zeitungen neben der Rede Breschnews auch sein Porträt mit geöffneten Augen. Nicht einmal Spuren der Fälschung waren zu erkennen. Ein Meisterwerk aus dem Repertoire eines Retuscheurs. Die dankbaren Chefs wiesen Arkadi auf der Stelle das doppelte Honorar an und zweigten für ihn aus dem Prämienfonds Geld für einen Kuraufenthalt ab.

Aber damit hatte es sich auch schon. Als Arkadi von der Kur zurückkehrte, braungebrannt von der südlichen Sonne, mit einer rosaroten Nase, die sich schälte und wie eine junge Kartoffel aussah, verfielen die Chefs in den alten Trott: man versagte ihm wieder die Anerkennung, und wenn man ihm in den Redaktionsfluren begegnete, vergaß man, ihn zu grüßen.

Doch kehren wir zum Anfang unserer Geschichte zurück.

Wie kommt ein Jude zu diesem, gelinde gesagt, unjüdischen Familiennamen? Polubojarow. Woher der Name Arkadi stammt, ist klar. Es ist der leicht modernisierte jüdische Vorname Abram. Arkadis gibt es in Rußland wie Sand am Meer. Aber Polubojarow – so etwas kann beim allerbesten Willen niemand aus einem jüdischen Familiennamen zusammenbrauen. Zu stark ist hier die russische Wurzel.

Dennoch gibt es da nicht viel zu raten. Natürlich war das nicht Arkadis eigentlicher Familienname. Seinen Vater Abram Perelman kannten die Leute unter eben diesem Namen, und so stand er auch schwarz auf weiß in den Urkunden: Perelman. Und auch Arkadi schleppte, solange er noch nicht verheiratet war, diesen schon sehr jüdischen Familiennamen wie einen Buckel mit sich herum. Obgleich seine melancholischen Augen und seine lange semitische Nase auch ohne diesen Namen niemanden an seiner jüdischen Herkunft hätten zweifeln lassen, selbst den dümmsten Hausmeister nicht.

Es gab in Moskau einst einen Chauffeur, Aljoscha Polubojarow. Ein ganz gewöhnlicher Bursche wie tausend andere. Er saß am Steuer seines Lkw, lieferte den Lohn pünktlich seiner Frau Klawa ab, und was darüber hinaus anfiel, behielt er für sich und versoff es in Gesellschaft seiner Chauffeurskumpane.

Nie im Traum wäre es Aljoscha Polubojarow eingefallen, daß er einst der Ahnherr einer ganzen Polubojarowschen Sippschaft werden könnte, von Leuten, mit denen ihn keinerlei Blutsbande jemals verbanden oder verbinden konnten.

Als erste erhielt diesen im heutigen Rußland ziemlich seltenen Namen seine gesetzlich angetraute Ehefrau Klawa. Als sie Aljoscha heiratete, tauschte sie selbstverständlich ihren Mädchennamen Kurgapkina gegen den repräsentativeren Namen des Mannes ein: Polubojarowa.

Aljoscha, in dessen Adern Kosakenblut floß, pflegte, sobald er etwas getrunken hatte, dem Willen seiner Hände gerne freien Lauf zu lassen. Klawa prügelte er regelmäßig. Nach jedem Lohnempfang, manchmal sogar auch schon vorher.

Wenn er einmal in Schwung war und Klawa nicht finden konnte, weil sie sich bei Nachbarn versteckt hielt, begann er, Fremde zu belästigen. Von denen bezog er dann selbst Prügel. Einmal schlugen sie ihm bei einem Streit im Suff mit der Anlasserkurbel seines Lkw den Schädel ein, worauf Polubojarow im Ersten Städtischen Krankenhaus seine Seele dem lieben Gott empfahl, ohne noch einmal das Bewußtsein erlangt zu haben.

So blieb die junge sympathische Witwe Klawa Polubojarowa, geborene Kurgapkina, allein in Moskau zurück. Außer dem Familiennamen verblieb ihr als Hinterlassenschaft ihres Mannes nur noch die Vorliebe für Alkoholisches, was später vor Gericht als Grund für ihre Scheidung von Arkadi eine Rolle spielte.

Arkadi, von den Frauen nicht gerade verwöhnt, heiratete Klawa – zum nicht geringen Erstaunen seiner Bekannten. Es war eine offensichtliche Mesalliance. Zwar waren im Arbeiter- und Bauernstaat bereits mit der Revolution von 1917 alle Klassenunterschiede beseitigt und alle Bürger für gleichberechtigt erklärt worden, doch galt die Heirat zwischen einem Zeitungsmenschen, das heißt, einem Journalisten, auch wenn er nur Retuscheur war, und einer einfachen Kellnerin, die obendrein noch gerne einen trank, in niemandes Augen als passende Verbindung. Um so mehr, als Arkadi Jude war, Klawas Name dagegen verdächtig antisemitisch klang.

Doch war es gerade dieser Name, der in Klawas Mitgift Arkadis Herz am höchsten schlagen ließ. Das Standesamt betrat er mit der noch nüchternen Klawa am Arm als Arkadi Perelman; als er es verließ, führte er sie immer noch am Arm, aber da hieß er bereits Arkadi Polubojarow. Er hatte den Namen seiner Frau angenommen. Zwar geschieht so etwas recht selten, aber das Gesetz ist nicht dagegen.

Von nun an wurde Arkadi ein absolut russischer Mensch. Wenn nur seine Physiognomie nicht gewesen wäre, sie ließ seine Herkunft in verräterischer Weise erkennen. Und dann war da auch noch dieser Vermerk im Paß, Punkt fünf, wo als Antwort auf die Frage: Nationalität? wie hingespuckt nur ein kurzes, giftiges Wort stand: Jude.

Die Leute, mit denen Arkadi zu tun hatte, konnten sich nicht genug darüber wundern, wie dieser Jude zu dem so seltenen russischen Namen Polubojarow gekommen war. Als Träger dieses Namens war nur ein General der Panzertruppen bekannt, der im Zweiten Weltkrieg zu Ruhm und Ansehen gelangt war. In den im ganzen Land feierlich über den Rundfunk verbreiteten Siegesmeldungen des Oberkommandierenden Generalissimus Stalin tauchten fast jeden Tag die Panzersoldaten des Generals Polubojarow auf.

Gediente Soldaten, die öfter mit Arkadi stritten, begannen einen leisen Verdacht wegen der möglicherweise nicht ganz sauberen Herkunft des berühmten russischen Generals zu hegen. Einige drangen voller Neugier in Arkadi: er möge ihnen doch sagen, welches Verwandtschaftsverhältnis zwischen ihm und dem anderen berühmten Träger desselben Namens bestehe. Worauf Arkadi, keineswegs darauf versessen, sein Licht unter den Scheffel zu stellen, ausweichende Antworten gab, mit den Achseln zuckte und bescheidenverschämt dreinblickte. Was etwa heißen sollte: Erspart mir bitte Einzelheiten, ich möchte mich nicht in fremdem Ruhm sonnen. Versteht alles einfach so, wie ihr es selbst für richtig haltet. Am besten, wir breiten einen Schleier darüber. Wer klug ist, begreift's auch so, die Dummen brauchen es ohnehin nicht zu wissen.

Nach der Scheidung von Klawa behielt Arkadi seinen Namen Polubojarow. Als er eine zweite, allerdings fiktive Ehe einging, schenkte er diesen Namen einer weiteren Frau, die in allen Urkunden, darunter auch im Ausreisevisum zum Verlassen der UdSSR zwecks Seßhaftwerdung in Israel, als Bürgerin Polubojarowa figurierte.

Doch davon später und ausführlicher, denn die Geschichte dieser zweiten Ehe, einer Scheinehe, hält auch Arkadi selbst für das finsterste Kapitel seines Lebens.

Der vielleicht größte, beharrlichste Wunsch im Leben dieses Mannes hatte darin bestanden, sich irgendwie aus der grauen Masse herauszuheben, Aufmerksamkeit zu erregen, das Interesse der Umwelt auf sich zu lenken. Mit allen nur erdenklichen Mitteln. Die Sache mit Breschnews geschlossenen Augen, die er für die Leser der sowjetischen Zeitungen weit geöffnet hatte, konnte Arkadis Eitelkeit nur kurze Zeit befriedigen, überdies war der Fall nur einem engen Kreis von Journalisten bekannt. Millionen Leser ahnten nicht einmal, welcher Operation die Augen des Präsidenten unterzogen worden waren, und um so weniger konnten sie wissen, wer diese Operation ausgeführt hatte.

Es gab Leute mit militärischen Verdiensten, davon zeugten Orden und Medaillen, die sie sich an Festtagen an die Brust hefteten. Arkadi konnte sich dessen nicht rühmen. Und es gab welche, die geschäftlich ins Ausland fuhren und in engem Kreis wundersame Geschichten vom dortigen Leben erzählten, Dinge, die man in keiner Zeitung las, und man hörte diesen Erzählern mit offenem Mund und mit Augen zu, die vor Begeisterung und Neid ganz rund wurden. Arkadi hatte nicht ein einziges Mal ins Ausland reisen dürfen, deshalb besaß er nichts, womit er die Phantasie seiner Zuhörer hätte entsprechend anregen können. Schließlich gab es die Adonisse, die Unwiderstehlichen, um sie herum lagen stapelweise gebrochene Frauenherzen. Sich selbst konnte Arkadi jedoch nicht zur ruhmreichen Kohorte der Herzensbrecher zählen.

Er war ziemlich groß, ging aber gebeugt, hatte dicke Lippen und eine lange Nase. Zu allem Überfluß prangte auf seiner Oberlippe eine Warze von beträchtlicher Größe; angesichts einer solchen Zierde hätte es schon einer gehörigen Portion Mut bedurft, um seine Lippen wenigstens zu einem Kuß zu spitzen. Diesen Mut besaß Arkadi nicht.

Er wählte den einfachsten, bequemsten Weg zum Ruhm: Schweigen. Andeutungen, Geheimnistuerei. So verfuhr er, wenn sein Name Polubojarow im Gedächtnis einiger Leute Assoziationen zu dem berühmten Heerführer weckte. Er bestätigte nichts, bestritt aber auch nichts. Schlagt euch nur mit eurer quälenden Neugier herum.

Doch an den General Polubojarow erinnerten sich nur ausgediente Soldaten. Jüngere Menschen, vor allem Frauen, sind damit nicht zu beeindrucken. Es mußte etwas sein, das stark und nachhaltig wirkte.

Und Arkadi meinte das richtige Mittel gefunden zu haben.

In der Sowjetunion, das ist für niemanden ein Geheimnis, gehört die größte Macht im Staate nicht der Regierung, sondern dem KGB, dem Staatssicherheitskomitee, das unermüdlich, offen oder heimlich, jeden Bürger überwacht und dessen gesamtes Leben wie mit Röntgenaugen durchschaut. Das Schicksal jedes einzelnen befindet sich in der UdSSR in den Händen des geheimnisumwitterten, furchterregenden KGB, das offiziell eine recht romantische Bezeichnung trägt – Schild und Schwert der Revolution.

Arkadi gefiel die Idee, sich in den Strahlen des bedrückenden Ruhmes dieses Ungeheuers zu sonnen. Mit Andeutungen und halben Sätzen begann er, seine Beziehungen zu einigen einflußreichen Personen dieser Organisation ein wenig zu lüften. Personen, mit denen er angeblich ein freundschaftliches Verhältnis hatte und von denen er in ihrem Büro formlos, ohne Voranmeldung empfangen wurde.

Sobald die Leute den Sinn dieser Andeutungen erfaßten, wurden sie etwas blaß; sie fingen an, sorgfältig jedes Wort abzuwägen, das sie in seiner Gegenwart sagten, und versuchten angestrengt, sich zu erinnern, ob sie nicht schon früher irgend etwas Dummes dahergeplappert hatten.

»Erwartet ja nicht, daß man die angezogenen Schrauben wieder lockert«, tat Arkadi geheimnisvoll, wobei er nach der Tür hinüberschielte, ob nicht Fremde zuhörten. »Man wird die Schrauben sogar noch weiter anziehen... Es ist beabsichtigt, zahlreiche Verhaftungen vorzunehmen... Unter der schöpferischen Intelligenz.«

Er war sichtlich bestrebt, Eindruck zu machen. Und er machte Eindruck. Die Leute verstummten in seiner Gegenwart, bemühten sich, so gut sie nur konnten, ihm aus dem Weg zu gehen.

Er dagegen hatte erwartet, daß sie, sobald sie von seinen Verbindungen erführen, Freundschaft und Schutz bei ihm suchen würden, damit Arkadi Polubojarow in einem schwierigen Augenblick (und wer in der UdSSR ist gegen einen solchen gefeit?) wo und wann immer nötig ein gutes Wort für sie einlegen und sie vor weiteren Unannehmlichkeiten bewahren könnte.

Unannehmlichkeiten beschwor Arkadi jedoch nur über sich selbst herauf. Er mußte zum KGB. Allerdings nicht in der Rolle, die er sich in seinen Unterhaltungen mit Bekannten vorgestellt hatte. Man bat ihn höflich zum Verhör. Genauer gesagt, zu einem Gespräch. So heißt das in diesen letzten, liberaleren Jahren bei dieser Institution. Dort verprügelte man ihn wie einen Lausejungen, weil er mit seinem unverantwortlichen Geschwätz die ruhmreichen sowjetischen Sicherheitsorgane kompromittiert hatte, und zum Beweis dafür, daß diese Organe das Brot des Staates nicht umsonst essen, hielt man ihm eine dicke Mappe mit Spitzelmeldungen über alles, was er bereits zusammengeflunkert hatte, unter die Nase. Wort für Wort. Wie mitstenographiert.

Er zitterte wie Espenlaub, ließ alle Greuel, von denen er gehört oder in illegalen Schriften, die in Moskau von Hand zu Hand gingen, heimlich gelesen hatte, all die Mißhandlungen und Folterungen, die in den Kellern dieses Hauses jedem drohen, der nicht aus eigenem Willen dorthin gekommen ist, blitzartig Revue passieren.

»Verzeihung, Verzeihung«, stammelte er. »Ich war einfach dumm. Manchmal geht die Phantasie mit mir durch, wissen Sie.«

»Wir wissen, wie man jemanden von solchen Phantasievorstellungen kurieren kann.«

»Daran zweifle ich nicht... Aber... ich verdiene Nachsicht... Ich habe Verdienste...«

»Was für Verdienste?«

»Ich habe Breschnew die Augen geöffnet!«

»Waaas?«

Völlig aus der Fassung geraten versuchte Arkadi, von der Sternstunde in seinem Leben zu berichten, aber er wurde gerade an der interessantesten Stelle unterbrochen:

»Wagen Sie nicht, diesen für jeden Sowjetmenschen heiligen Namen mit Ihren schmutzigen Pfoten zu berühren. Ist das klar?«

»Klar und deutlich«, preßte Arkadi zwischen seinen erstarrten Lippen hervor, die ihm nicht mehr gehorchen wollten.

»Wenn wir einen Informanten benötigen«, bedeutete man

ihm zum Abschied brüsk, »dann holen wir uns einen gescheiteren. Jetzt gehen Sie! Und daß Sie ja nie wieder schwätzen! Auch nicht, daß man Sie hierher zitiert hat. Gehen Sie... Genosse Perelman.«

Man nannte ihn bei seinem längst vergessenen jüdischen Namen, den er nicht ohne Grund als seinen »Mädchennamen« ansehen durfte. Das roch nach Drohung. Nach einer antisemitischen Anspielung. Leicht zitternd und lautlos an seinen dicken Lippen kauend, verließ Arkadi die unfreundliche Behörde.

Doch das große Zittern bekam er erst, als die einzelnen Zeitungsredaktionen nacheinander auf seine Dienste als Kunstmaler und Retuscheur verzichteten. Man hatte ihnen entsprechende Weisungen erteilt.

Es stand schlimm um Arkadi – wie sollte es weitergehen? Er verdiente nichts zum Leben. Also mußte er nach und nach seine Sachen verkaufen. Bei seinen Streifzügen durch die Kommissionsgeschäfte stellte er bei gelegentlichen Gesprächen zu seiner Überraschung fest, daß in Rußland große Veränderungen vor sich gingen. Was die Juden betraf. Veränderungen, die er früher niemals für möglich gehalten hätte. Überhaupt hatte er sich stets bemüht, etwas Abstand zu den Juden zu halten. Mit einem Familiennamen wie Polubojarow.

Doch als er nun in der Klemme war, zog es auch ihn enger zu seinen Leuten hin. Sie hatten einen ganz schönen Tumult im Land angezettelt. Nach Israel wollen sie. In ihre historische Heimat. Sie haben es satt, in einem Land, wo man an allen Ecken und Enden die Gleichheit aller Völker hinausposaunt, Bürger zweiter Klasse zu sein. Also geben sie der Regierung Zunder: mit Streiks, egal ob mit leerem oder vollem Magen, mit Demonstrationen vor demselben KGB-Gebäude, um das sie früher vor lauter Angst einen kilometerweiten Bogen machten. Die sonst durch nichts zu beeindruckende Sowjetmacht wunderte sich und griff auf ihr gewohntes, stets erfolgreiches Mittel zurück: sie fing an, die Juden scharenweise ins Gefängnis zu stecken. Manch einer wurde sogar zur Höchststrafe, zum Tod durch Erschießen, verurteilt. Doch plötzlich zeigte sich, daß auch das nichts mehr half. Die Juden ließen nicht locker. Und in aller Welt unterstützten die ausländischen Juden einmütig ihre sowjetischen Stammesverwandten, als wollten sie sagen: Let my people go! Und man ließ sie ziehen. Zu Tausenden. Aus einem Land, das zu verlassen für andere bis heute undenkbar ist. Nur die Juden haben dieses Privileg errungen. Was die übrigen hundert Nationalitäten aus der eng verbundenen sowjetischen Völkerfamilie mit nicht geringem Neid erfüllte. Sogar verbissene Antisemiten begannen, blaß vor Neid und brennend vor Verlangen Mütterchen Rußland zu verlassen und dafür sogar lieber zum Teufel zu fahren, ihre stupsnäsige Physiognomie im Spiegel zu betrachten, in der Hoffnung, darin noch so verborgene semitische Züge zu entdecken. Wie einst nach der Revolution kamen Mischehen wieder in Mode. Und in russischen Landen kursierte ein geflügeltes Wort: Eine jüdische Frau oder ein jüdischer Mann, das ist kein Luxusgegenstand, sondern ein Fortbewegungsmittel. Das heißt, mit ihr oder mit ihm ist die Auswanderung garantiert.

Auch Arkadi spürte dieses unwiderstehliche Verlangen auszuwandern. Ins Ausland zu gehen. Wohin auch die Reise führt. Nur möglichst weit weg von diesem Land. Natürlich aber nicht nach Israel. Was war er denn schon für ein Jude? Noch dazu mit diesem russischen Namen. Am liebsten nach Amerika. In das reichste und freieste Land der Welt. Dort gibt es kein KGB, und wie man hört, werden dort die Juden auch nicht beleidigt. Eher umgekehrt – sie leben da sorgenlos und zufrieden. Ohne Angst, daß jemand in ihren Paß schaut, dort, wo der Punkt mit der Nationalität ins Auge sticht, und die Nase rümpft: Entschuldigen Sie, aber wir benötigen Ihre Dienste nicht. In Amerika gibt es überhaupt keine Pässe. Man lebt wie ein Vogel. Frei.

Was braucht ein Jude, um der UdSSR für immer Lebewohl zu sagen? Geduld. Und eine Einladung aus Israel. Von Verwandten. Von x-beliebigen Verwandten. Auch solchen, die gar nicht existieren. Weil alle Juden miteinander verwandt sind. Durch ihr Leid. Die Sowjetmacht betrachtet diesen offensichtlichen Schwindel durch die Finger. Wichtig ist nur, daß die Formalitäten erfüllt werden.

Wie aber kommt man an eine solche Einladung aus Israel heran? Man muß einen jener Glückspilze, die das Ticket nach Israel schon in der Tasche haben, bitten, dort an zuständiger Stelle auszurichten, da ist einer, Name sowieso, hundertprozentiger Jude, der gern in die historische Heimat möchte, er ist so und so alt und dort und dort geboren. Das genügt. Alles weitere besorgt die Maschinerie von selbst. Hat man aber erst einmal den Sprung ins Ausland geschafft, muß man nicht unbedingt nach Israel einreisen. Man kann sich auch ruhig nach Amerika absetzen. Über Rom. Das Weltjudentum wird ein bißchen aufstöhnen und – nicht besonders erfreut – alle Auslagen übernehmen, im Endeffekt aber den Ankömmling in New York in seine Arme schließen.

Arkadi wandte sich an die Juden. Damit sie ihm halfen, eine Einladung aus Israel zu organisieren. Doch die Juden rannten vor ihm in alle Windrichtungen davon. Ein Informant, hieß es. Speziell vom KGB geschickt. Arkadi schwört fast unter Tränen, das seien alles Erfindungen, reiner Quatsch. Aus lauter Dummheit habe er sich sogar selbst verleumdet. Aber keiner glaubt ihm. Man bemüht sich, auf Distanz zu bleiben.

Oh, was ist er durch Moskau gerannt! Wie von Hunden gehetzt. Ganz allein. Keiner, der ihn brauchte, kein Russe, kein Jude. Diesen Juden mit dem russischen Namen Polubojarow. Und mit dem unerfreulichen Ruf eines Informanten, der die Menschen mehr abstößt als die schlimmste ansteckende Krankheit.

Endlich erbarmte sich einer Arkadis, vielleicht nur, weil die Gerüchte noch nicht bis zu ihm vorgedrungen waren, ließ sich seine persönlichen Daten geben und versprach, für eine Einladung zu sorgen.

Es blieb nichts anderes übrig, als zu warten. Geduldig, ohne sich viel hervorzuwagen. Denn von Zeit zu Zeit steckte die Sowjetmacht immer wieder ein paar besonders aufdringliche Juden ins Gefängnis, um die anderen im Zaum zu halten. Und an einer solchen Perspektive konnte sich Arkadi nicht begeistern. Zu den besonders Tapferen hatte er sich ohnehin niemals gezählt. Warum also schlafende Hunde wecken in solch einem entscheidenden Augenblick seines Lebens, da man eine reelle Chance besitzt, der Welt des im Aufbau befindlichen Kommunismus zu entfliehen und in die verlockende Welt des faulenden Kapitalismus hinüberzuwechseln?

Sollen doch andere leichtfertig ihren Kopf riskieren und schöne, wohlklingende Worte sprechen, um dann später, hinter Gittern, stolz und traurig von schlechtretuschierten Porträts in der internationalen Presse auf die ganze Welt herabzublicken.

Doch Arkadi interessierte etwas anderes: Wie wird er dort leben in Amerika? Wovon? Wenigstens in der ersten Zeit, bis er gelernt haben wird, einigermaßen englisch zu radebrechen, und bis die Haie des Kapitalismus imstande sein werden, sein Talent und seine hohen Qualifikationen als Porträt-Retuscheur zu würdigen.

Aus Rußland darf er höchstens die Löcher von den gebackenen Kringeln und die Ärmel seiner Weste mitnehmen. Wertsachen läßt der Zoll nicht durch, außerdem war an so etwas nicht einmal zu denken. Mit einigem Erstaunen stellte Arkadi plötzlich fest, daß er während seines ganzen Berufslebens nichts erworben hatte, was wenigstens einen geringen Wert darstellte. Auch an Bargeld besaß er keinen roten Heller. Dabei war er schon über fünfzig. Geschuftet hatte er wie ein Ochse, hatte oft mehrere Aufträge gleichzeitig von verschiedenen Seiten angenommen. Und was ist dabei herausgekommen? Morsche, altersschwache Möbel, die ihm kein Trödler mehr abnimmt, dazu ein paar völlig abgetragene, längst aus der Mode gekommene Anzüge – das war alles.

Der einzige Wert, den er besaß, war die Hoffnung auf ein Ausreisevisum. Hinter alleinstehenden, unverheirateten Besitzern eines solchen Visums waren in Moskau nichtjüdische Damen her, die davon träumten, dem Sowjetland zu entfliehen, und die bereit waren, für eine Scheinehe auch etwas tiefer in die Tasche zu greifen. Eine solche Ehe genügte, um sich neben dem fiktiven Ehemann ins Visum eintragen zu lassen und gemeinsam mit ihm nach Wien oder Rom zu fliegen. Dort rechnet man miteinander ab, wie vorher abgesprochen, und geht freundschaftlich auseinander. Wie die Russen zu sagen pflegen: Man stößt sich mit dem Hinterteil gegenseitig ab und sieht zu, wer weiter springt.

Arkadi war Feuer und Flamme und ging sogleich daran, nach einer Braut für die Auswanderung Ausschau zu halten. Natürlich mußte es eine sein, die ihm seine Dienste auch entsprechend entlohnen konnte. Und zwar nicht zu knapp. Die Braut ließ nicht lange auf sich warten.

Arkadi wurde mit einer um etwa zwanzig Jahre jüngeren, leicht molligen Dame von auffälligem Äußeren zusammengebracht. Man hätte sie sogar als hübsch bezeichnen können, doch war es eine vulgäre Schönheit. Eine etwas beklemmende. Ja, sie bereitete einem sogar leises Unbehagen. Auch ihre Umgangsformen waren nicht gerade berückend, sie ließen auf eine längere Karriere als Kriminelle schließen.

Mit einem Wort, Alla – wenigstens stand dieser Name in ihrem Paß – war eines jener Vögelchen, auf die die sowjetische Miliz stets ein wachsames Auge hat und die sie oft hinter Gittern verschwinden läßt, bis ihre Kumpane genügend Geld beisammen haben, um sie freizukaufen.

Sie manövrierte mit größeren illegalen Summen; ihr Business, um es auf englisch zu sagen, bestand im wesentlichen darin, alte russische Ikonen und seltene Schmuck-Unikate ins Ausland zu verschieben. Mit Hilfe ausländischer Diplomaten und Journalisten, die am Reingewinn partizipierten. Ein gefährliches, riskantes Geschäft! Für das man auch sein ganzes Leben im Gefängnis verbringen und nach den strengen sowjetischen Gesetzen sogar die Todesstrafe erhalten konnte. Dafür verhieß dieses Geschäft hohe Gewinne, Summen, die sich in Zahlen mit vielen Nullen ausdrückten.

Die Brautwerbung war kurz und sachlich. Folgende Bedingungen wurden vereinbart: Arkadi geht mit Alla zum Standesamt, wo sie heiraten. Bis zur Aushändigung des Visums bleibt Alla mit ihrer kleinen Tochter, die von einem nicht näher bekannten Liebhaber stammt, bei ihm wohnen, damit die Behörden keinen Verdacht wegen einer eventuellen Ungültigkeit dieser Ehe schöpfen. Selbstverständlich schlafen sie getrennt, in der Nacht darf Arkadi keinen Anspruch auf seine

Rechte als Ehemann erheben. Als Gegenleistung für all dies verpflichtet sich Alla, ihn bis zur Abreise auszuhalten und ihm das Flugticket nach Rom zu bezahlen, wo er von den dortigen Juden übernommen wird. Außerdem hat Alla ihm in Rom als Entgelt zweitausend amerikanische Dollar in bar zu übergeben – und sich danach für immer zu verabschieden.

Arkadi nahm diese Bedingungen ohne weitere Verhandlungen an.

Alla verließ mit ihm das Standesamt als seine gesetzlich angetraute Gattin, mit Namen Polubojarowa – nach ihrem Mann. Auch ihre kleine Tochter ließ sie auf diesen Namen umschreiben. Arkadi hatte sie formell an Kindes Statt angenommen...

Somit besaß der verstorbene Chauffeur Aljoscha Polubojarow neue Nachfahren, darunter ein kleines Mädchen, das nun ganz bestimmt nie mehr erfahren würde, woher der Familienname stammte, den sie fortan mindestens bis zu ihrer Verehelichung zu tragen hatte.

Und nun erst erfuhr Arkadi, wie schwer das Leben sein kann, und wenn er an sein Dasein vor dieser Scheinehe zurückdachte, so erschien es ihm als eine märchenhafte, ja paradiesische Zeit.

Er wohnte im Viertel von Tschistyje Prudy in einer kleinen Einzimmerwohnung mit Extra-Küche in einer Ecke und mit Bad und Toilette, die er mit zwei benachbarten Familien zu teilen hatte.

In seinem Zimmer gab es nur einen einzigen Schlafplatz: ein breites Sofa, das für die Nacht aufgeklappt wurde. Ohne Arkadi zu fragen, nahm Alla mit ihrer Tochter das Sofa für sich, so daß ihm nichts weiter übrigblieb, als Nacht für Nacht das Feldklappbett, das er für späte Gäste zur Verfügung hielt, aus dem Schrank hervorzuholen, sich auf der harten Segeltuch-Unterlage ohne Matratze auszustrecken und mangels Gewohnheit darauf hin und her zu wälzen, bis ihn endlich ein unruhiger Schlaf übermannte.

Seine Träume waren in der Tat beängstigend. Alla war eine appetitliche, voll im Saft stehende Frau, aber in seiner Gegenwart benahm sie sich so, als wäre er ein Möbelstück und kein

Mann. Sie streifte ihre Kleider ab, ohne das Licht auszuknipsen, und hielt es überhaupt nicht für nötig, ihm den Rücken zuzuwenden. Sie zog sich splitternackt aus und bewunderte sich im Spiegel, schmierte sich mit Cremes ein und parfümierte sich von oben bis unten, daß dem armen Arkadi ganz schwindlig wurde.

Einmal hielt er es nicht mehr aus, schlich von hinten an sie heran, umfaßte sie mit beiden Armen und drückte ihr mit den Händen die Brüste platt zusammen. Alla schüttelte ihn ab, dabei traf sie ihn mit dem Ellbogen an der Nasenwurzel, daß es schmerzte und sich um sein linkes Auge ein violetter, blutunterlaufener Ring bildete. Und der violette Ring war noch nicht verschwunden, da hatte er schon einen zweiten am rechten Auge und noch dazu einen dunkelroten Fleck auf der linken Wange.

Diese stammten von Allas Liebhaber, einem Mann von kaukasischem Äußeren, bei dem sie sich über Arkadis rüpelhaftes Betragen beschwert hatte.

Dieser Mann war Allas Geschäftspartner. Jedesmal wenn er aus dem Kaukasus kam, zog er es vor, nicht im Hotel abzusteigen, sondern bei Alla. Er teilte mit ihr das Bett, auf dem er sich, von Kognakdünsten aufgeputscht, unermüdlich der Liebe hingab. In solchen Fällen trug Alla das schlaftrunkene Mädchen zu Arkadi aufs Feldbett, worauf sie in die Umarmungen ihres Liebhabers zurückkehrte.

Die Nächte wurden für Arkadi zum Alptraum. Aber auch die Tage brachten ihm keine Ruhe. Seine Arbeit hatte er verloren, deshalb ließ er sich von Alla aushalten und arbeitete das als Köchin, Kinderfrau und Mädchen für alles ab. Alla gab ihm Geld für die Einkäufe, und er quetschte sich mit Einkaufstaschen zwischen die Frauen in den langen Schlangen vor den Lebensmittelläden. Dann wieder kochte er auf der kleinen Herdplatte Suppen und diverse Ragouts, so wie es Alla für sich und das Kind bestellt hatte. Er selbst saß nicht am selben Tisch mit ihnen.

Es gab nur einen einzigen Menschen, der ihm Aufmerksamkeit schenkte – Allas kleine Tochter, die sich an ihn wie an ein Kindermädchen klammerte. Arkadi führte sie im benachbarten kleinen bescheidenen Park an der Hand spazieren, wo die Großmütter und die Kindermädchen vom Land mit den Kindern auf den Bänken saßen und über ihn, den einzigen Mann mit einem Kind, nicht ohne Wohlwollen und ohne Neid über das fremde Glück ihren Klatsch abspulten.

Mit dem Mädchen ging er oft und ausdauernd nicht nur deshalb spazieren, weil der Aufenthalt an der frischen Luft gesund ist. Allas Kumpane benutzten seine Wohnung gerne für ihre geheimen Zusammenkünfte: dort wurden Abschlüsse getätigt oder geschäftliche Operationen geplant, für die man gut und gerne zehn Jahre hinter Gitter kommen konnte. Der Wohnungseigentümer hatte wegen Begünstigung nicht weniger zu erwarten: »Beweise uns doch, daß du von alledem nichts gewußt hast.« Man setzte ihn ohne viel Federlesens aus der eigenen Wohnung auf die Straße, und damit es ihm nicht langweilig wurde, gab man ihm das Kind mit: »Geh nur schön spazieren, atme viel frische Luft, kauf dir Eis und Nüsse, die Auslagen bekommst du ersetzt.«

Arkadi litt so sehr unter der Angst, daß alles herauskommen und er genauso wie Alla wegen nichts und wieder nichts im Gefängnis landen könnte, daß er, als er endlich sein Ausreisevisum in der Hand hielt, vor Glück schluchzte. Seine Freude war jedoch von der Angst getrübt, die Behörden könnten es sich doch noch anders überlegen, ihm das Visum abnehmen und ihn anstatt nach Wien nach Sibirien schicken.

Man hatte ihnen zwei Wochen für die Reisevorbereitungen gegeben. Arkadi jedoch flehte Alla auf Knien an, sich zu beeilen, und bereits nach zwei Tagen konnten sie Moskau verlassen.

Erst in Wien, also schon im Ausland, holte Arkadi tief Luft. Hatte er vorher ganz ausdruckslos, wie ein verendender Fisch, dreingeschaut, so hellte sich sein Blick nun wieder auf. Ein Lächeln spielte auf seinen dicken schlaffen Lippen. Hier brauchte er niemanden mehr zu fürchten. Auch Alla nicht. Ihr Vertrag war abgelaufen. Mit der in der Sowjetunion ausgestellten Heiratsurkunde konnte man sich hier bestenfalls den Hintern putzen. Sie taten es nicht. Arkadi hielt sich für einen intelligenten Mann, Alla sah sich mehr als geschäftstüchtige Frau. Darum zerrissen sie das Papier in lauter kleine Fetzen und spülten sie in der Toilette hinunter. In einer römischen Toilette, denn sie waren aus Wien sogleich nach Rom weitergereist. Hier mußte Arkadi auf seinen Weiterflug nach Amerika warten, während Alla beabsichtigte, in Europa zu bleiben. So trennten sich ihre Wege endgültig. Es galt, nur noch die letzte Formalität zu erledigen: die versprochenen zweitausend Dollar, derentwegen er so viele Unannehmlichkeiten in Kauf genommen hatte, von Alla zu kassieren und diese selbst zu vergessen wie einen bösen Traum.

Doch gelang es ihm lange nicht, Alla loszuwerden. Jedesmal verschob sie die Auszahlung des Geldes auf einen neuen Termin und hielt damit Arkadi hin. Alla entfaltete in Rom eine rastlose Aktivität: sie holte die eintreffende illegale Ware ab, trieb Schulden ein. Und erneut umschwirrten sie südländische Männer, nur waren es nicht mehr Kaukasier, sondern Italiener, während Arkadi, solange die Mutter zu tun hatte, mit dem Mädchen durch Roms Straßen und Plätze schlenderte. Er erklärte dem Kind, was sie alles sahen, wobei ihm zugute kam, daß er aus seiner Schulzeit noch einige Daten aus der Geschichte des Altertums in Erinnerung behalten hatte.

Endlich aber war Arkadis Geduld erschöpft.

Er paßte einen Augenblick ab, als er mit Alla allein war, und verlangte das Geld, sonst...

»Sonst was? Was willst du mir antun?« blinzelte ihn Alla aus ihren stark geschminkten grauen Augen spöttisch an.

»Ich tu was«, stieß Arkadi mit vor Wut zitternden Zähnen hervor.

»Nichts tust du, Angeber. Wenn du so was sagst, sollte man dich davonjagen ohne eine einzige Kopeke! Aber ich bin eben zu gutmütig und trage dir nichts nach.«

Alla rückte kein Geld heraus, erklärte sich aber großzügigerweise einverstanden, ihre Schuld in Waren zu begleichen. Sie zeigte ihm eine russische Ikone – eine große dunkle Holztafel mit mehreren Rissen und einem zur Hälfte abgeblätterten Christusgesicht. Die Ikone war aus Moskau eingetroffen, in »Prawda«- und »Iswestija«-Zeitungspapier gewickelt, das gern zum Verpacken verwendet wird; und auf einer Seite war ein Porträt Breschnews, dasselbe, bei dem – wann war es doch gewesen? – Arkadi Polubojarow die Augen geöffnet hatte.

»Da, nimm die Ikone und verkauf sie. Sie ist mehr wert als zweitausend Dollar. Wenn du ein bißchen handelst, kannst du auch dreitausend herausschlagen. Nimm sie und erkenne meine Güte an.«

Das Folgende habe ich nicht selbst erlebt. Doch ein Bekannter schwor, dieses Bild mit eigenen Augen gesehen zu haben. In mörderischer Hitze bewegte sich eine skurrile Figur, von den Passanten mit staunendem Befremden betrachtet, über die schmalen, dampfenden Gehsteige Roms. Ein schon etwas älterer Jude mit traurigen Augen, hängender Nase und schlaffen, weichen Lippen, schweißgebadet, das Taschentuch als Sonnenschutz auf dem Kopf, schleppte unermüdlich ein schweres Brett, auf das ein Christus gemalt war, auf seinem Rücken herum. Das Zeitungspapier hing längst in Fetzen von den Rändern der Ikone, und von einem dieser Fetzen schaute der Sowjetführer Breschnew streng und unfreundlich auf die Italiener herab.

Arkadi schleppte die Ikone durch ganz Rom, von einem Ende zum anderen, verschnaufte nur in Antiquitätenläden. Dort zeigte er seine Ware vor und versuchte, sich in einem fürchterlichen Kauderwelsch aus Russisch, Italienisch und ein paar Brocken Jiddisch verständlich zu machen. Er bekam keine dreitausend Dollar, wie von Alla versprochen, nicht einmal die zweitausend, die sie ihm schuldete. Nur mit allergrößter Mühe gelang es ihm, für diese Ikone fünfhundert Dollar herauszuschlagen, und darüber war er glücklich, nicht nur, weil er überhaupt Geld bekam, sondern vor allem, weil er nun nicht mehr diese Last auf dem Rücken schleppen mußte, die ihm die Haut bis aufs Blut wundscheuerte und auf den Schulterblättern Geschwüre hinterließ.

Die größte Freude jedoch empfand er darüber, daß die Verbindung mit Alla endgültig gerissen und er nun wieder ein freier, nicht mehr verheirateter Mann war, der sich vor niemandem zu fürchten hatte. Er spielte wieder seine frühere Rolle als »Junggeselle« und »interessanter Bräutigam«, und auf seinen dicken Lippen erschien erneut das selbstgefällige, lüsterne Lächeln, das er stets dann zeigte, wenn er Frauen begegnete, die, sagen wir, nicht über vierzig waren.

In Rom konnte man sich endlich kleiden wie ein Mensch. Jeans, echte amerikanische Blue Jeans mit verschossenen Stellen an den Knien und am Gesäß, für die man in Moskau ein Vermögen anlegen mußte, um sie überhaupt unter der Hand, auf dem schwarzen Markt zu bekommen, wurden hier an jeder Straßenecke und gar nicht einmal teuer angeboten. Doch Jeans sind eher etwas für die jungen Burschen in Odessa oder Kiew. Arkadi Polubojarow, der Moskauer, der Intellektuelle, der gestandene Mann mit feinem, anspruchsvollem Geschmack kleidete sich betont elegant: Wildlederjacke mit ledernen Knöpfen (ein Leben lang hatte er davon geträumt), weiche Mokassins, leicht wie Handschuhe, Seidenschal im Kragenausschnitt des Hemdes (35 Prozent Baumwolle, 65 Prozent Polyester, knitterfest, kein Bügeln). Sein Haupt glänzte von Brillantine, und in dem dünnen schwarzen Schnurrbart, der schon ein wenig zu lang war, blitzten ein paar silbergraue Fäden. In Moskau hatte er Zigaretten geraucht, in Rom jedoch bevorzugte er eine dicke braune Zigarre. Allerdings rauchte er sie nicht: erstens bekam er sogleich einen dem Ersticken ähnlichen Hustenanfall, und zweitens hätte ihn das Zigarrenrauchen völlig ruiniert. Deshalb besaß er nur eine einzige Zigarre, eine dicke dunkelbraune Zigarre mit angequalmtem Ende. Niemals glomm sie, sie war immer aus. Er trug sie so, wie man eine Krawatte trägt, hielt sie lässig zwischen seine dicken Lippen gepreßt und achtete nur darauf, daß sie nicht mit Speichel in Berührung kam. Sie hätte feucht werden, sich auflösen können, und er würde ein Vermögen für eine neue ausgeben müssen.

Die Zigarre stand ihm gut. Er sah damit aus wie ein Lateinamerikaner. Wie ein Geschäftsmann aus Rio de Janeiro, der rasch mal nach Europa herübergejettet war, um sich ein bißchen zu amüsieren und nebenbei ein paar Verträge über, beispielsweise, Kaffeelieferungen zu unterschreiben.

In Erwartung seines Amerika-Visums flanierte Arkadi durch die Straßen Roms. Man sah ihn an der Via Veneto, an der Villa Borghese. Er drängte sich zwischen die Pilger auf dem Platz vor dem Petersdom, blinzelte kritisch nach den Nutten an der Piazza del Popolo. Aber er blinzelte nur. In Rom waren die Nutten ziemlich billig. Noch billiger allerdings war der Plunder in den Geschäften. Da mußte man schon geradezu verrückt sein, um für ein zweifelhaftes Vergnügen, noch dazu für ein einziges Mal, den gleichen Preis zu zahlen wie für ein schickes Paar Schuhe. Besser gleich onanieren. Das kostet keine Lira und bietet volle Garantie gegen Geschlechtskrankheiten.

Unter den Emigranten aus Rußland, die Rom so fest in ihrer Hand hatten, daß es gefährlich war, auf der Straße laut vulgäre Flüche auszustoßen – sicher war eine Frau in der Nähe, die sogleich entrüstet das Gesicht verzog –, hatte Arkadi mit seiner Absicht, eine Gratis-Zimmergenossin aufzutreiben, mit der er auf paritätischer Basis zusammenleben konnte (du hilfst mir, ich helfe dir – und damit wäre für beide auch gleich das sexuelle Problem gelöst), kein Glück. Obwohl es von alleinstehenden Jüdinnen, freilich solchen mit Kindern, die ihre russischen Ehemänner daheim zurückgelassen hatten, überall wimmelte, schaffte er es doch nicht, mit ihnen einen engeren Kontakt herzustellen, der dann im Bett enden würde.

Sowohl die Frauen als auch die Männer mieden ihn. So sehr, daß seine Chancen, selbst wenn er homosexuell gewesen wäre, gleich Null waren. Der Grund, weshalb seine früheren Landsleute ihm auswichen, war derselbe wie in Moskau: er schwätzte zuviel, seine »lange Zunge« hatte ihm schon einmal viel Kummer bereitet.

Um unter den Emigranten irgendwie aufzufallen und Aufmerksamkeit zu erregen, umgab er sich mit einer gewissen Geheimnistuerei, ließ ahnen, daß er etwas wußte, was nicht jeder wissen durfte. Was aber wollen russische Juden wissen, die in Rom wie in einer heißen Bratpfanne leben, ohne absolute Gewißheit, daß man sie ins gesegnete Amerika einreisen lassen wird? Im russisch-jüdischen Rom kursierten Gerüchte, daß ehemalige kommunistische Parteimitglieder nicht einmal auf Kanonenschußweite an Amerika herangelassen würden. Auch Komsomolzen nicht. Dabei war in Rußland doch fast jeder, dessen Bart nicht schon ergraut war, im Komsomol gewesen. Leute mit psychischen Defekten, genauer gesagt, Schwachsinnige wurden nach Israel geschickt. Nur dorthin. Nirgendwo sonst war man bereit, sie aufzunehmen: mochten sie doch in ihrer historischen Heimat, bei ihren Brüdern, den Juden, dahinvegetieren.

Arkadi deutete an, daß er mit einigen Amerikanern gut bekannt sei.

»Aus der Botschaft?«

»Dieses kleinkarierte Pack«, zuckte Arkadi die Schultern. »Es gibt Einflußreichere. Solche, die nicht alles wie eine Fahne vor sich hertragen. So was haben die nicht nötig. Dafür treffen sie die Entscheidungen – nur sie.«

Es war für die Leute nicht schwer zu erraten, wen Arkadi meinte. Er hatte seine Hand im CIA. Er war mit der amerikanischen Spionage befreundet. Und mit der Aufklärung. Lieber in seiner Gegenwart den Mund halten. Vielleicht bezahlt man ihn sogar dafür, daß er alle möglichen Informationen heranschafft. Er könnte herauskriegen, was man aus seiner Vergangenheit verschweigt – und aus ist der Traum. How do you do? Hier ist mein Bericht! Klar, mit wessen Geld er in Wildlederjacken herumläuft und dicke Zigarren raucht.

Wie damals in Moskau entstand auch in Rom um Arkadi herum ein Vakuum. Die russischen Juden mieden ihn. Männer und Frauen. Weshalb er wie ein Mönch schlief, sich nach den Nutten verzehrte und nachts sexuelle Alpträume hatte.

Doch wenn es nur das gewesen wäre! Das Schicksal kannte keine Gnade mit Arkadi.

Ein Fleischer vom Odessaer Markt wurde von den Amerikanern abschlägig beschieden, weil er in seinem Lebenslauf die nicht unbedeutende Tatsache verschwiegen hatte, daß er Mitglied der berühmten Partei der Kommunisten gewesen war. Ein Kommunist! Der schäbige Lump! Mit seiner kriminellen Fratze und den Gaunermanieren! Dem der Parteiausweis nur als Tarnung diente, um dahinter seine krummen Touren zu reiten und dadurch die Wirtschaft der UdSSR zu untergraben. Er hätte diesen Kommunismus nur allzu gerne im Grabe, mit weißen Schühchen an den Füßen, gesehen. In Amerika würde er sich fühlen wie ein Fisch im Wasser. Ein Gangster der reinsten Sorte! Jede Mafia wäre stolz darauf, ihn in ihre Reihen aufnehmen zu dürfen.

Nix da! Ein Kommunist! Entlarvt! Abgelehnt!

Schließlich erklärte Kanada sein Einverständnis, den Fleischer aus Odessa aufzunehmen. Sobald er sich beruhigt hatte, begann er in seiner freien Zeit zu überlegen, wer ihn den Amerikanern verpfiffen haben könnte. Wem war bekannt, daß er in Rußland unglücklicherweise Mitglied der Kommunistischen Partei gewesen war? In seiner Erinnerung tauchte verschwommen das Gesicht Arkadis auf, der mit den Amerikanern gut Freund war, weshalb der Fleischer in seiner Not bei ihm Rat gesucht hatte. Ein Informant! Ein Spitzel! Da breitet man vor ihm seine Seele aus, und er, der Schuft, meldet es dem CIA!

Als Arkadi nachts die ausgetretenen Stufen der berühmten Treppe am Spanischen Platz, die ihm noch aus dem vor Jahren einmal populären Film »Die Mädchen vom Spanischen Platz« in Erinnerung war, friedlich emporstieg, versetzte ihm jemand einen hammerschweren Fausthieb gegen den Kopf, so daß er die Treppe hinuntersauste, ihre Stufen, Stück für Stück, mit der Nase zählend, die zehnte, die zwanzigste, bis endlich unten sein gefühlloser Scheitel gegen den Rand des nicht minder berühmten Brunnens prallte, vor dem er liegenblieb.

Er erwachte von der morgendlichen Kühle, und anfangs schien es ihm, als hätte sich das alles nicht wirklich zugetragen, als würde er wieder den Film »Die Mädchen vom Spanischen Platz« sehen. Um so mehr, als einige Mädchen genau wie im Film laut lachend die Treppe herunterkamen. Als sie den nicht mehr ganz taufrischen Gentleman auf dem Pflaster ausgestreckt liegen sahen, stoben sie erschreckt auseinander. Das brachte Arkadi endgültig in die Wirklichkeit zurück. Er benetzte seinen Kopf mit Wasser aus dem Brunnen, wusch sich das geronnene Blut von Nase und Kinn. Nur seine Zigarre fand er nicht. Sie hatte sich in Krümel und Staub aufgelöst, als er die Stufen hinunterrollte. Es blieb ihm nichts anderes übrig, als eine neue Zigarre zu erstehen, sie anzustekken, wieder auszumachen und an ihren gewohnten Platz zu schieben, in den Mundwinkel.

Aber auch diese Zigarre sollte nicht lange zwischen seinen Lippen hervorragen. Arkadi verlor sie ebenfalls. Danach kaufte er keine weitere mehr. Er hatte kein Geld, und es war ihm auch nicht danach zumute.

Und das kam so.

Nach quälend langer Warterei ließ man ihn endlich wie alle anderen Emigranten zu einem Gespräch ins Konsulat kommen. Arkadi erschien dort in vollem Glanz, mit gereinigter Wildlederjacke, blankgeputzten Schuhen und frisch gesäubertem Halstuch, das er am Hals dick verknotete. Der Zigarrenstummel steckte wie ein Kurzrohrgeschütz zwischen seinen vor Aufregung völlig ausgetrockneten Lippen.

Man führte ihn in ein kleines Zimmer, in dem ein Safe und ein Schreibtisch standen. An dem Tisch saß ein Amerikaner mit genauso einer jüdischen Nase wie Arkadi. Er sprach mit ihm Russisch mit etwas eigenartigem Akzent. Man mußte nicht superschlau sein, um zu erraten, wer dieser Mann war. Ein CIA-Offizier. Denn wer sonst in Amerika spricht Russisch, sitzt bescheiden in dem entlegensten, winzigsten Zimmer des Konsulats? Selbst ein dreijähriges Kind wird sich da, sofern es regelmäßig das sowjetische Fernsehen sieht, nicht lange den Kopf zerbrechen.

Er lächelte. Auch Arkadi lächelte.

Er informierte sich höflich, warum Arkadi nicht in die historische Heimat der Juden, in den Staat Israel fahren wollte, sondern es vorzog, nach Amerika zu gehen. Worauf Arkadi genauso höflich fragte, warum er es mit einer solchen jüdischen Physiognomie vorziehe, unter der amerikanischen Flagge zu verbleiben, und nicht sein Talent als Mann der Aufklärung seinem Volk im Staat Israel zur Verfügung stelle.

Der Amerikaner hörte auf zu lächeln, doch Arkadi lächelte weiter. Das Lächeln klebte förmlich an seinen dicken, brennenden Lippen und verschwand selbst dann nicht, als ihm in vertraulichem Ton gesagt wurde:

»Nach uns vorliegenden Informationen haben Sie, Arkadi Polubojarow, der sowjetischen Geheimpolizei als Informant gedient.«

Arkadi lächelte immer noch, wobei er dem Amerikaner seine Zigarre entgegenstreckte, der Amerikaner beugte sich über den Tisch, knipste das Feuerzeug an und hielt die Flamme an das erloschene Zigarrenende. Arkadi sog den beißenden Rauch zusammen mit der Luft ein, hustete, erstickte fast und spuckte die stinkende Zigarre in den Aschenbecher, den ihm der Amerikaner hilfsbereit hinschob.

Arkadi bekam das Einreisevisum nach Amerika nicht. Wie versteinert verließ er das Konsulat, sogar seine Zigarre im Aschenbecher vergaß er.

Eine neue kaufte er nicht mehr. Als ihn Leute, die ihn von früher her kannten, jetzt in den Straßen Roms wieder trafen, völlig verwirrt durch das allenthalben über ihn hereinstürzende Unheil, schien es ihnen, als sähe er ohne Zigarre wie halb angezogen aus, geradeso, als hätte er seine Behausung überstürzt verlassen und einen wichtigen Teil seiner Aufmachung dort vergessen.

Es war das Ende. Mit einem so häßlichen Fleck in der Personalakte würde ihn kein ordentliches Land mehr aufnehmen. Nicht einmal Rotchina. Seine lange, geschwätzige Zunge hatte sich ihm um den schwachsinnigen Kopf gewickelt und ihm den giftigen Stachel in den Nacken gebohrt, was normalerweise nicht bei Menschen, sondern nur bei Spinnen vorkommt, die die Wüste Karakum bevölkern und Tarantel heißen.

Die Rettung kam aus der Ecke, aus der er sie am wenigsten erwartet hatte.

Arkadis frühere fiktive Ehefrau Alla, die inzwischen italienische Staatsbürgerin geworden war und ihre Geschäfte in Mailand abwickelte, erfuhr von seiner Not. Zutiefst erschrocken über die Möglichkeit, er könne, was Gott verhüten wolle, in Italien sitzenbleiben und sich ihr an den Hals hängen, ließ sie alle ihre Reize und Talente spielen und zwang das amerikanische Konsulat zur Kapitulation. Sie schaffte es, den CIA zu überzeugen, daß er, Arkadi Polubojarow, niemals KGB-

Agent gewesen war, höchstens ein geschwätziger Witzbold. Als seine frühere Frau beeidete sie diese Aussage, und auch ihr Liebhaber, ein italienischer Geschäftsmann, bezeugte unter Eid Arkadis politische Unbescholtenheit.

Wahrlich, Fortuna schien ihm zu lächeln.

Nun lebte er also in New York, in einer armseligen Wohnung in Brooklyn, die aber immer noch geräumiger war als diejenige, die er in Moskau hatte. Auch Arbeit fand er. In seinem Beruf. Als Retuscheur bei einer Zeitschrift. Einer Porno-Zeitschrift. Man zahlte ihm nicht Gott weiß wieviel, doch welche Wonne empfand Arkadi nun dafür, als er Großfotos von männlichen Gliedern und weiblichen Reizen bearbeiten durfte. Das war weitaus interessanter, als sich mit den satten Physiognomien sowjetischer Führer herumzuplagen.

Eines jedoch beunruhigte ihn und vergällte ihm das Leben. Er hatte den Eindruck, als würde der CIA ihn ständig beschatten: In jedem, der seinen Blick auf ihn heftete, vermutete Arkadi einen mit seiner Beobachtung beauftragten Agenten. Dabei bemühte er sich, die amerikanischen Behörden mit jedem seiner Schritte von seiner absoluten Loyalität zu überzeugen. Daheim oder am Arbeitsplatz, ob es gerade angebracht war oder nicht, lobte er Amerika über den grünen Klee. Eine Äußerung von ihm fand sogar Aufnahme in der »New York Times«, und das wiederum führte zu Ereignissen, von denen es Arkadi zunächst ganz warm und später eiskalt wurde.

Eines Abends klingelte spät noch das Telefon, er hörte eine heisere, häufig nach Luft schnappende Stimme. Sie sprach Russisch. Fast akzentfrei.

»Polubojarow? Stimmt der Name? Kein Irrtum?«

Arkadi dachte, das sei wieder so eine Kontrolle, die lange Hand des CIA, und beeilte sich zu bestätigen:

»Ich heiße Polubojarow. Nach allen Urkunden.«

»Ach du Hundesohn, Polubojarow!« triumphierte die Stimme. »Dann sind wir ja verwandt!«

»Verwandt? Wieso? Entschuldigen Sie, ich verstehe nicht... Ich habe keine Verwandten in Amerika.«

»Du hattest keine, aber jetzt hast du sie! Du heißt doch

Polubojarow? Und ich heiße auch – Polubojarow. Ich bin Donkosake. Und du?«

»Ich? Ich... bin aus Moskau.«

»Na also, das heißt, daß sich unser Name über ganz Rußland ausgebreitet hat. Der General Polubojarow war auch einer von uns. Stimmt's? Bist du ihm vielleicht einmal begegnet?«

»Dem General? Ja... irgendwie ist er mein... ich würde sagen... entfernter... aber doch... Verwandter.«

»Also auch meiner! Wir Polubojarows sind alle miteinander verwandt. Wohin immer das Schicksal uns verschlagen hat. Denn wir haben eine gemeinsame Wurzel – Väterchen Don. Uraltes Kosakengeschlecht. Klar?«

»Klar!«

»Wie alt bist du?«

»Fünfzig... ein bißchen drüber...«

»Und ich? Rat mal... Du kommst nicht drauf. Fast neunzig! Ich war Rittmeister unter General Mamontow. Och, was haben wir die Bolschewiken mit unseren Säbeln zusammengehauen. Halbiert... Ratz! Ratz! Du bist doch nicht etwa ein Bolschewik? Oder?«

»Nein... Was denken Sie denn.«

»Also bist du mein Mann! Nur dieser Vorname... Arkadi... der paßt nicht zu uns. Kein Kosakenname. Woher hast du, Polubojarow, diesen Vornamen?«

»Ich weiß nicht... Hab ihn mir ja nicht ausgesucht... Man hat mich halt so genannt...«

»Die Bolschewiken haben alles durcheinandergemauschelt. Na gut. Ich freue mich, daß ich dich gefunden habe. Dabei dachte ich schon, wenn ich sterbe, werden fremde Menschen alles an sich nehmen. Ich habe nämlich einiges zusammengespart... Zwei Häuser... Etwas auf der Bank... Natürlich hinterlaß ich's lieber einem Polubojarow, einem Verwandten. Sieh zu, beeil dich. Komm her, Junge, laß dich ansehen. Laß dir dein Polubojarow-Gesicht küssen. Und dann bringen wir die Dokumente in Ordnung. Das Testament, meine ich.«

Von New York hatte man eine halbe Stunde zu fahren. Über den Hudson. Über die George-Washington-Brücke. Dort lebten viele Russen. Aus der ersten und zweiten Emigration. Arkadi gehörte zur dritten. Er schob die Sache erst gar nicht lange hinaus, nahm einen Tag Urlaub, fuhr mit der Metro bis zur Brücke und stieg dort in den Bus um. Und während er, leicht schaukelnd, über die große Hängebrücke fuhr, hoch über dem Hudson, der so breit war wie die Wolga und auf dem weit unten Lastkähne und Segelschiffe schwammen, überlegte er, was er mit dem ihm vom Himmel in den Schoß gefallenen Erbe anfangen, wo er sein eigenes Büro aufmachen, in welchem Teil Manhattans er eine Wohnung mieten und wie er an der Börse spielen würde, weil man, so wie er es sah, nur an der Börse mühelos aus einem Dollar zwei und aus einer Million zehn Millionen machen konnte. Dann wird er endlich ein vollwertiger Amerikaner sein. Und er wird zum Vergnügen nach Europa fliegen. Und wieder einmal in Rom spazierengehen. Aber wie wohl? Im Mund wird er keine kalte Zigarre mehr haben. Er wird paffen wie eine Lokomotive. Doch was sind schon Zigarren? Eigentlich nichts. Ein Luxushotel! In den Restaurants serviert ihm der Maître d'Hôtel persönlich die Speisen. Und erst die Frauen... Ganz exquisite... Höchstens fünfundzwanzig! Signore, signore... Ach schert euch doch alle zum T... Ihr habt es doch nur auf mein Geld abgesehen! Mich sollt ihr lieben... meine Seele...

Von diesen höchst angenehmen Überlegungen abzuschweifen zwang ihn ein Gedanke, der sich immer wieder in sein Gehirn einschlich:

»Das kann nicht klappen. Der Rittmeister wird auf den ersten Blick erkennen, daß dieser Arkadi niemals ein Verwandter sein kann. Mit seiner jüdischen Nase...«

Doch sogleich verscheuchte er diesen Gedanken wieder wie eine Mücke.

»Der Rittmeister ist neunzig Jahre alt. Den Teufel was wird er noch erkennen... egal, was für eine Brille er aufsetzt.«

Noch bevor Arkadi seine Fahrt zur Erbschaft antrat, konnte er es sich nicht verkneifen und gab – zwar nicht direkt, aber durch Andeutungen – im Kreis seiner Bekannten da und dort zu verstehen, daß er bald über so viel Geld verfügen werde, wie sie sich nicht einmal im Traum vorstellen könnten. Doch hatte er damit zu früh und ganz offensichtlich nicht zu seinem Nutzen geprahlt.

Der Rittmeister Polubojarow, ein Greis mit grauer Mähne und ziegelrotem Gesicht, stützte sich beim Gehen auf einen schweren Stock, trug aber keine Brille. Gemessen an seinem Alter war sein Sehvermögen ausgezeichnet. Echtes Kosaken-geschlecht.

Er empfing Arkadi in seinem großen zweigeschossigen Haus, das so geräumig war wie das eines Gutsbesitzers. Er lebte darin ganz allein, nur eine alte schwarze Dienerin kümmerte sich um ihn. Für Arkadis Besuch war der Tisch gedeckt, zwischen den Tellern mit den Speisen ragten prunkvoll eine etwas größere Flasche Wodka Marke »Stolitschnaja« und eine etwas kleinere mit ukrainischer »Gorilka« hervor. Aufs Trinken schien sich der Rittmeister zu verstehen.

»Pilze und Kraut und Gurken sind auch da, wie zu Hause, lauter hausgemachte Sachen«, strahlte der Rittmeister. »Amerikanisches Zeug esse ich nicht einmal geschenkt.«

Nachdem er ein erstes und ein zweites Glas heruntergekippt hatte, richtete er seine hervorstehenden, von roten Äderchen durchzogenen Krebsaugen auf Arkadi.

»Und jetzt sag mir, Freundchen, warum hast du mich belogen.«

»Wie?« Arkadi schrumpfte zu einer Salzgurke zusammen. »Ich? Belogen?... Sie scherzen.«

»Wer bist du, sagst du? Daß du ein Jude bist, sehe ich selbst. Aber warum du Polubojarow heißt, mußt du mir erklären.«

Stotternd und auf den schweren Stock in der Hand des Rittmeisters schielend, erzählte Arkadi wahrheitsgetreu, wie er an diesen Namen geraten war und daß sein... Mädchenname... das heißt, pardon, sein richtiger Name... Perelman war.

»Raus!« befahl Rittmeister Polubojarow kurz.

»A-a-aber... das Testament?«

»Hier hast du dein Testament!«

Der Alte zog ihm den Stock über die Schulter, dabei brüllte und spuckte er wie wild.

»Raus! Elende Judenfresse! Schlange! Ausgeburt eines Scheusals! Bolschewik!«

Das Schreien des tobenden Rittmeisters hörte Arkadi noch auf dem ganzen Weg bis zur Bushaltestelle, den er im Laufschritt zurücklegte. Er hatte vergessen, sich den Mund abzuwischen, ein Streifen von dem gesalzenen Kraut baumelte ihm am Schnurrbart. Und seine Schulter schmerzte erbärmlich.

Drei Tage später erschien in der New Yorker Zeitung »Nowoje Russkoje Slowo« (Neues Russisches Wort) eine Traueranzeige. In schwarzer Umrandung mit orthodoxem Kreuz wurde darin in einer Ecke kundgetan, daß der Rittmeister Iwan Danilowitsch Polubojarow verschieden war und wo die Trauerfeier stattfinden würde.

Als Arkadi die Anzeige las, wurde er traurig. Trotz allem war es schade um den Alten. Obwohl er Antisemit war. Und auch um seine zwei Häuser und um das Geld auf der Bank, von dem man nicht weiß, wer es jetzt bekommen wird.

Und weitere drei Tage später erschienen bei Arkadi zwei Amerikaner in Zivil, zeigten einen CIA-Ausweis vor und fragten ihn lange und umständlich nach dem großen Geld, das er erwartete. Ob es nicht etwa aus der Sowjetischen Botschaft stammte? Und wo die Geldübergabe stattfinden sollte?

Da hielt er es nicht mehr aus. Er schluchzte laut. Und so bitterlich, daß selbst die trockenen Amerikaner je eine Träne herausquetschten.

Sie entschuldigten sich und gingen, versprachen aber wiederzukommen, sobald er imstande wäre, auf ihre Fragen zu antworten.

In Jerusalem empfindet man die Sonne wie hoch in den Bergen, sie laugt einen nicht aus, selbst im Sommer nicht um die Mittagszeit. Die Luft ist warm, sehr, sehr warm, aber trocken. In Jerusalem gerät auch der Fremde nicht ins Schwitzen, ermattet nicht vor schwüler Hitze.

Das *Jad-waschem*-Museum steht auf einem Berggipfel hoch über Jerusalem. Es ist eine Gedenkstätte zur Erinnerung an die Opfer der Verbrechen an den europäischen Juden.

Sogar während der größten Hitze kommen Leute hierher. Ausflügler und Touristen aus aller Welt, darunter zahlreiche Nichtjuden.

Regierungsdelegationen aus verschiedenen Ländern fahren in schwarzen Limousinen die gewundene Straße zwischen verstaubten Zypressen und Kiefern empor. Ein Besuch des *Jad-waschem*-Museums ist unvermeidlicher Programmpunkt ihres Jerusalem-Aufenthalts.

Vor und hinter den Limousinen paarweise Motorradfahrer der Armee in ihren weißen Kunststoffhelmen. Gewöhnliche Touristen, die mit Bussen hierher kommen, werden dann von israelischen Polizisten am Eingang für kurze Zeit zurückgehalten, damit die Regierungsdelegation außer der Reihe passieren kann.

Wer auch immer diese Leute in den Limousinen sein mögen, Japaner, Rumänen, Uruguayer oder Deutsche – bevor sie in die mit schwarzem Samt ausgelegte, in den Fels gehauene Museumshalle wie in eine Höhle hinabsteigen, bedecken sie ihre Häupter wie beim Besuch eines jüdischen Tempels mit schwarzen Käppchen, die ihnen dienstbeflissene Pförtner schweigend zureichen.

Aus dem Halbdunkel des Museums, wo man als einziges

schwach leuchtende riesige Dokumentarfotos erkennt, die von den Mördern vor und nach dem Mord angefertigt wurden, Fotos, auf denen jüdische Kinder, stumm aus geöffneten Lippen schreiend, in Gewehrmündungen schauen, wo jüdische Frauen, ihre Kinder an die Brust gepreßt, mit ihren nackten bleichen Körpern am Eingang zur Gaskammer Schlange stehen, wo ganze Haufen Zähne bleckender Leichen liegen, gelangen die Ausländer ans grelle Tageslicht. Sie kneifen die Augen zusammen und verbergen ihre Tränen, weil sie beklommen sind, überwältigt von dem Gefühl der eigenen Schuld, weil ihre Völker damals so etwas zugelassen und nichts getan haben, es zu verhindern.

Sodann geleiten israelische Fremdenführer sie in eine schmale, mit jungen Bäumchen bepflanzte Allee. Hier hellen sich die Gesichter der Ausländer wieder auf. Die Allee heißt Allee der Gerechten. Jeder ihrer Bäume wurde zu Ehren eines Nichtjuden gepflanzt, der sich damals nicht gefürchtet hatte, den Unglücklichen die Hand zu reichen und sein Leben einzusetzen, um eine jüdische Familie oder ein jüdisches Kind zu retten.

Am Fuße jedes Baumes befindet sich ein Tontäfelchen mit dem Namen des Gerechten und des Landes, in dem er Juden gerettet hat.

Caliguri Celia (Italien)
Kristiansen Anna (Dänemark)
Gil und Marie Fédy (Frankreich)
Andris und Ida Jansen (Holland)
Richter Emma (Deutschland)

Zenon meidet die Allee der Gerechten, sobald eine offizielle Delegation mit Polizeigeleit dort eintrifft. Er läßt sich dann unterhalb der Bäume auf einem nackten felsigen Abhang des Hügels nieder. Denn er hat ein Abkommen mit der Polizei getroffen: Von Delegationen hat er sich fernzuhalten, einzelne Touristen jedoch darf er ansprechen, soviel er will. Schließlich ist Israel ein freies Land, kein Gesetz verbietet es, um Almosen zu betteln.

Zenon hat kein jüdisches Gesicht. Er ist Pole. Reinrassiger Pole, blond, mit ziemlich blassen, blauen Augen und dunklem, von der Sonne gegerbtem Gesicht. In den ersten Jahren waren seine Nase und Stirn ganz rot, unter der südlichen Sonne schälten sie sich wie eine junge Kartoffel. Inzwischen jedoch hatte seine Haut eine dunkelbraune Färbung angenommen, die Locken seiner ungekämmten Haare waren ausgebleicht und schimmerten weiß.

Die aus blauen und weißen Zwickeln zusammengesetzte Kibbuz-Mütze trägt er fast auf der Nase, um die Augen vor den unbarmherzigen Strahlen der Sonne zu schützen. Er sitzt auf einem buckeligen Stein, im Rücken und am Gesäß spürt er die Hitze selbst durch den Stoff hindurch. Unter dem Mützenrand hervor verfolgen seine Augen, durch die lichten Baumkronen blinzelnd, eine schwarzgekleidete Gruppe offizieller Gäste. Sie entfernen sich, mit ihnen auch die Polizisten, worauf ein buntes, geschwätziges Publikum in der Allee auftaucht – Touristen aus Amerika oder Frankreich. Zenons geschultes Auge stellt aufgrund ihres ungezwungenen Verhaltens fest, daß sie nicht Christen sind, sondern Juden.

Er langt nach einer fast leeren Flasche hinter dem Stein, schüttelt die Wodkareste darin kräftig durch, trinkt sie aus und wirft die Flasche weit weg. Dann erhebt er sich von dem Stein, betrachtet kritisch seine verstaubten, abgetragenen Schuhe, glättet die zerknüllte Hose, die ihm am liebsten an den schmalen, knochigen Hüften herunterrutschen würde, und schreitet gemessenen Schrittes hinauf zur Allee. Ohne die Hände zu Hilfe zu nehmen, holt er mit klebrigen Lippen eine Zigarette aus der Brusttasche seines verschlissenen, khakifarbenen Armeehemdes, dreht ihr Ende im zahnlosen, leeren Mund herum, steckt es aber nicht an. Denn die beste Methode, einen Touristen anzuhalten und ein freundschaftliches Gespräch zu beginnen, besteht darin, ihn um Feuer zu bitten.

Die leere Flasche, die Zenon weggeworfen hat, purzelt lange über die Felsvorsprünge hinunter, ohne zu Bruch zu gehen, sie erzeugt nur gedämpfte Klirrlaute.

»Guten Tag, liebe Gäste«, spricht Zenon die Touristen auf englisch an. Dabei entblößt er seinen ein wenig gelichteten Scheitel und schwenkt galant die Kibbuz-Mütze, als wollte er sich bis zum Boden verneigen. »Herzlich willkommen auf der leidgeprüften Erde Israels.«

Selbstverständlich bleiben die Touristen stehen, denn diese ungewöhnliche Anrede und die ganze Erscheinung des so gar nicht an einen Fremdenführer erinnernden, schon etwas bejahrten Vagabunden erregen ihre Aufmerksamkeit.

Er bittet um Feuer, und nicht nur ein Feuerzeug, sondern gleich mehrere werden angeknipst und ihm entgegengestreckt, ihre kleinen Flammenzungen sind kaum zu sehen. Zenon steckt seine Zigarette an, bläst eine Rauchwolke um sich, dankt höflich und stellt sich vor:

»Wer ich bin, wollen Sie sicher wissen? Na, wofür haben Sie mich wohl auf den ersten Blick gehalten? Für einen alten Goi, stimmt's? Ich kann's nicht bestreiten. Ich bin kein Jude. Ich bin ein Goi. Doch ein Goi wie ich wiegt manch einen Juden auf.

Sehen Sie dort den Baum? Den dritten von links. Das ist mein Baum. Nicht ich habe ihn gepflanzt, sondern andere haben es mir zu Ehren getan. Schauen Sie genau hin... Lesen Sie den Namen des Gerechten unter diesem Baum... Zenon... und lesen Sie auch den Familiennamen. Ja, ja. Ich heiße Zenon. Das bin ich, ich bin Pole. Folglich bin ich ein Gerechter. Als die faschistischen Kannibalen, diese Unmenschen, diese Barbaren, alle Juden der Reihe nach umbrachten, habe ich... ein gewöhnlicher Pole... als Christ meinen Kopf riskiert...«

Er sprach heiser und laut, allerdings gehorchte ihm die Zunge nach dem heruntergekippten Wodka nicht ganz. Die Mütze hatte er nicht aufgesetzt, sondern hielt sie in der Hand, die Innenseite tief nach unten. Ohne daß er sie dazu aufforderte und ohne daß sie sich erst bitten ließen, legten und steckten die beeindruckten Touristen zerknüllte israelische Pfunde und grüne amerikanische Dollars hinein. Kleingeld gaben sie keines, nur Banknoten aus Papier. Um den Helden, der sich für die Juden eingesetzt hatte, nicht zu beleidigen und seine kühne Tat nicht abzuwerten.

Wenn allerdings eine beeindruckte, von Gefühlen überwältigte Touristenschar mit nichtjüdischen Physiognomien das

Museum in Richtung Allee der Gerechten verließ, begrüßte Zenon sie auf andere Art:

»Guten Tag, Brüder in Christo! Ich bin genauso einer wie Ihr, kein Jude, aber ich lebe unter den Juden in Israel. Und bitte um Vergebung für unser aller gemeinsame Sünden.

Sie haben mit eigenen Augen gesehen, was die Nazis während der Kriegsjahre mit den Juden getan haben. Wo haben sie unschuldige Kleinkinder und wehrlose Greise umgebracht? In der Wüste? Nein! Im dichtbesiedelten Europa. Vor unser aller Augen. Vor unseren gefühllosen, gleichgültigen Augen.

Zählen Sie nach, wie viele Bäume hier wachsen! Vielleicht dreihundert, vielleicht fünfhundert, wenn's hochkommt. In der gesamten christlichen Welt fanden sich nur dreihundert oder fünfhundert aufrechte Menschen, Gerechte, die ihr Leben für ein anderes einsetzten. Und die übrigen? Millionen... Hunderte von Millionen sahen zu und taten so, als würden sie nichts sehen. Schämen müssen wir uns!

Mir zu Ehren haben dankbare Juden in dieser Allee einen Baum gepflanzt. Sie nennen mich einen Gerechten. Der dort ist mein Baum. Man sieht ihn von hier aus.

Und wer sind Sie? Nehmen Sie Ihre Kopfbedeckung ab! Möge die Sonne des Heiligen Landes auf Ihren Häuptern brennen, wenn Sie sie vor diesen Bäumen neigen. Lassen Sie den wenigen Gerechten Gerechtigkeit widerfahren. Auch mir!«

Er hielt ihnen seine Mütze hin, und die christlichen Touristen kauften sich in verschiedener Währung frei, um ihn möglichst rasch loszuwerden.

Erst wenn aus der unterirdischen Kühle des Museums wieder einmal eine Delegation in die brütende Hitze zurückgeleitet wurde, zog sich Zenon aus der Allee der Gerechten zurück, ohne erst abzuwarten, daß die Polizisten ihn durch ein Kopfnikken aufforderten, schleunigst zu verschwinden.

Die Polizisten, die Museumswärter – sie kannten ihn. Sein faltiges, sonnenverbranntes Gesicht war schon in viele Ecken der Welt gereist – den Touristen machte es Spaß, Zenon neben seinem Baum zu fotografieren. Für diese Pose nahm er sogar einen Einheitspreis – zwei Dollar.

Manchmal, wenn der Touristenstrom vorübergehend versiegte, die Exkursionen seltener wurden und arabische Arbeiter die ausgetrocknete Erde rings um die Bäume aufhackten und aus einem langen Schlauch besprengten, nahm Zenon ihnen den Schlauch ab, begoß seinen Baum selbst und reinigte die Tontafel mit seinem Namen, indem er die Schmutzklümpchen darauf mit dem Ärmel wegwischte.

Während des Krieges hatte der noch sehr junge Zenon in einem Dorf bei Lublin ohne Wissen seiner Angehörigen eine jüdische Familie auf dem Heuboden einer Scheune versteckt. Er brachte den Leuten zu essen und zu trinken. Immer wenn sich Fremde der Scheune näherten, zitterte er vor Angst. Von den Juden nahm er keinen Groschen, denn Zenon hatte sich in ein Mädchen dieser Familie, Chajka mit Namen, verliebt. Nach dem Krieg heirateten Zenon und Chajka und ließen sich in Warschau nieder. Sie bekamen einen Sohn, er hieß Jacek. Zenon wurde Mitglied der Kommunistischen Partei und machte Karriere. Die Zeitungen berichteten über seine mutige Tat.

Doch zu seinem Unglück wurde in Jerusalem das *Jadwaschem*-Museum eröffnet und die Allee der Gerechten angelegt. Zu Ehren Zenons wurde dort der Baum gepflanzt; er selbst erhielt eine Einladung von der Regierung des Staates Israel, ihr Gast zu sein, außerdem wurde ihm eine Medaille verliehen.

Zenon kehrte mit der Medaille nach Polen zurück, und von da an war sein ganzes bisheriges Leben keinen Pfifferling mehr wert. Man nannte ihn einen Zionisten, schloß ihn aus der Partei aus, kündigte ihm den Arbeitsplatz. Obendrein gab man ihm zu verstehen, in Polen sei kein Platz mehr für ihn, er möge doch in sein geliebtes Israel verschwinden.

Zenon und Chajka wanderten aus. Auch der Sohn Jacek. Dieser allerdings nicht nach Israel, sondern nach Schweden, wo er eine Schwedin heiratete.

In Israel sind Trinker selten. Wodka, auch Kognak kann man im jüdischen Staat billiger bekommen als sonstwo in der Welt. Zenon begann zu trinken, sooft es ihn danach verlangte.

Als dann seine Frau Chajka an Krebs gestorben war, hielt er es keine zwei Stunden mehr ohne Wodka aus. Er vertrank alles. Nicht nur seine Kleider, auch die seiner verstorbenen Frau. Danach verkaufte er seine Wohnung zu einem Schleuderpreis und begann, bei fremden Familien zu übernachten, wo immer man es ihm aus Mitleid gestattete. Die Tage jedoch verbrachte er auf dem Felsenhügel beim *Jad-waschem*-Museum an der Allee der Gerechten. Er wurde zu einer örtlichen Sehenswürdigkeit. Gott sei Dank ließen die Touristen Israel nicht links liegen, weshalb es ihm ohne allzu große Mühe gelang, Geld für Wodka zu erbetteln. Manchmal, wenn er sich wieder einmal hatte vollaufen lassen, schlief er auf den Steinen ein, dabei lehnte seine Wange an der halbleeren Flasche. Wenn dann die Fremdenführer mit den üblichen Touristengruppen hierher kamen und von den Gerechten erzählten, die Juden gerettet hatten, deuteten sie oben von der Allee herab auf ihn, der inmitten der heißen Steine schlief, und falls irgendein besonders Neugieriger zu ihm hinabsteigen wollte, um ihn genauer zu betrachten, hielten sie solche Leute zurück:

»Rühren Sie ihn nicht an. Der Gerechte soll ausruhen dürfen. Er hat diese Ruhe verdient.«

Harry war spät zu Bett gegangen. Bis zwei Uhr morgens war er mit Barbara im Restaurant gewesen. Dann dauerte es noch eine halbe Stunde, bis sie endlich zu Hause und im Bett waren, nicht weniger ging für die Liebe drauf, und als er schließlich, um einigermaßen ausschlafen zu können, die leidenschaftliche, unersättliche, rothaarige Barbara im Schlafzimmer alleingelassen und sein Bett im Arbeitszimmer aufgeschlagen hatte, just da läutete das Telefon. Riß ihn aus den süßen Tiefen des ersten Schlafes. Er erkannte die Stimme sofort – die Stimme seiner Mutter. Zuerst begriff er überhaupt nicht, weshalb sie schluchzte. Sie weinte, ächzte und schneuzte sich dort in Fort Lauderdale, Florida, und Harry mußte sich das, noch nicht ganz wach geworden, am anderen Ende Amerikas, in Cleveland, anhören.

Endlich hatte er sich aus den Seufzern seiner Mutter zusammengereimt, daß Fira gestorben war.

»Welche Fira?«

»Erinnerst du dich nicht an Fira? Deine Tante! Meine älteste Schwester Fira.«

Ja, richtig, die Mutter hatte da so eine Schwester. Harry hatte sie zum letzten Mal gesehen, als er ein kleiner Junge war, und erinnerte sich nicht einmal mehr, wie sie aussah. Anscheinend hatte sie als einzige von Mutters Schwestern keine Kinder gehabt, und das hatte sie noch weiter von der jüngeren Generation entfernt. Es fehlten Vettern und Kusinen, über die man Kontakt zu ihr gehabt hätte. Sie hatte ihren Mann überlebt und zum Erstaunen der ganzen Sippe lange, fast bis zum neunzigsten Lebensjahr, allein in einem kleinen Städtchen in New Jersey weitergelebt, und zwar in eben jenem Haus, das noch der Großvater gekauft hatte, der im vorigen Jahrhundert aus Polen nach Amerika übersiedelt war.

»Diese Nachricht hat mich umgehauen«, schluchzte die Mutter.

»Natürlich, natürlich«, pflichtete Harry, ein Gähnen unterdrückend, bei. »Aber was soll man machen?... Das ist der natürliche Lauf der Welt... Möge Gott uns so ein langes Leben geben wie ihr.«

»Ich werd's bestimmt nicht so lange machen«, sagte die Mutter. »Sie war die allergesündeste von uns. Und ich habe drei Kinder großgezogen, den Mann begraben. Und sogar jetzt hab ich keine Ruhe.«

Wieder schluchzte sie auf.

Weshalb seine Mutter keine Ruhe hatte, sogar jetzt an ihrem Lebensabend, wußte Harry. Sie war nicht lange Witwe geblieben; nach dem Tod des Vaters hatte sie dessen Geschäft aufgelöst, war nach Florida gezogen und hatte dort, anstatt ruhig und sorgenfrei die letzten Jahre ihres Lebens am warmen Ozean zu verbringen, ohne sich mit irgend jemandem zu beraten und ohne die Kinder vorher zu verständigen, geheiratet. Einen Kubaner. Emigrant aus Kuba. Einen gewissen Fernando Gomez, der einen schwarzen Schnauzbart und blendendweiße Zähne hatte und ein Vierteljahrhundert jünger war als sie. Sie steckte alles, was sie besaß, in ein Restaurant; der Kubaner managte das Ganze und laugte nachts die alte Frau völlig aus, die in ihren Jahren plötzlich entdeckt hatte, was Sex war.

Und jetzt beklagte sie sich, daß sie es nicht so lange machen würde wie ihre älteste Schwester Fira.

»Natürlich, Mrs. Gomez«, dachte Harry, doch er sagte es nicht. »Ihre Lebensweise ist einem hohen Alter nicht gerade zuträglich.«

Um allem die Krone aufzusetzen, hatte seine Mutter auch noch den Nachnamen des neuen Ehemannes angenommen und nannte sich nun Mrs. Gomez, statt Mrs. Schwarz zu bleiben. Eine reizende Geste gegenüber dem Verstorbenen, mit dem sie vierzig Jahre lang Seite an Seite gelebt hatte. Doch das würde er nie erfahren. Harry jedoch hatte ihn noch zu Lebzeiten gekränkt, und der Vater hatte ihm das nicht verziehen. Als er ins Businessleben eingestiegen war und sein eigenes Geschäft aufgemacht hatte, hatte er den allzu offenkundig jüdischen Familiennamen Schwarz in den angelsächsischen Namen Black umgeändert und war Harry Black geworden, der Präsident einer großen Investmentgesellschaft mit soliden Geschäftsverbindungen in Kanada, Brasilien und Europa.

Als der Vater ihm vorzuhalten versuchte, daß es keine große Tugend sei, sich seiner Abstammung zu schämen, hatte er ein unschlagbares Argument gefunden:

»Und mein Vorname Harry? Hab ich den etwa ausgesucht? Ich bin nach dem verstorbenen Großvater so genannt worden. Aber nicht Herschel, sondern Harry. Und den Namen hast du, mein Vater, ausgesucht. Also ist bei einem nichtjüdischen Vornamen nicht unbedingt ein jüdischer Nachname nötig.«

Die Mutter war damals moderner gewesen als der Vater.

»Schwarz hin, Black her«, hatte sie gelacht, »davon wird unser Name nicht heller.«

Die Mutter, Mrs. Gomez, die auf jung getrimmte alte Frau mit dem dunkelrot gefärbten Haar, das davon auch nicht üppiger wurde, schniefte am anderen Ende der Leitung durch die Nase.

»Wann ist die Beerdigung?« fragte Harry, nur um etwas zu sagen.

»Darum geht es ja gerade, mein lieber Sohn. Ich kann nicht hinfliegen. Mich hat ausgerechnet der Ischias erwischt, ich komm schon drei Tage lang nicht mehr hoch. Ich würde sterben vor Kummer und Scham, wenn keiner von uns zur Beerdigung käme.«

»Wer?« fragte Harry, der nun endgültig aufgewacht war und im Mund den unangenehmen Nachgeschmack der diversen am Vorabend konsumierten Weine und Whiskys verspürte.

»Ich setze meine ganze Hoffnung auf dich«, begann die Mutter wieder zu weinen, »dein Bruder ist, wie du weißt, auf Reisen, und Susan kann auf gar keinen Fall. Ich hab sie angerufen. Bei wem soll sie die Kinder lassen? Mir zuliebe...

ich flehe dich an... alle werden dort sein... und von uns soll auch einer dort sein... die arme Fira... sie hat dich so gern gehabt... du warst ein Winzling... und wir hatten dich für zwei Monate zu ihr gebracht... als ich mit deinem Vater nach Europa fuhr. Harry... dies ist meine letzte Bitte... Ich weiß, daß ich Fira bald nachfolgen werde.«

Dann hörte Harry so heftige Schluchzer, daß ihm nichts anderes übrigblieb, als ja zu sagen.

Die Laune war verdorben. Weiß der Teufel wohin fliegen, kostbare Zeit vergeuden, so viele Geschäftstermine absagen, bloß, um mit fast unbekannten Verwandten herumzupalavern, die sich aus ganz Amerika in diesem armseligen Städtchen einfinden würden, aus dem ihre Sippe vor drei Generationen auf amerikanischem Boden hervorgegangen war, heuchlerisch seufzen und ein trauriges Gesicht machen, leere, doch dem Anlaß geziemende Worte reden und sich dümmliche Komplimente bezüglich seiner, Harry Blacks, glänzender Karriere anhören.

Den Rest der Nacht schlief er schlecht, und am Morgen bestellte er zwei Tagestickets nach New York. Nicht ein Ticket, sondern zwei. Die rothaarige Barbara, seine irische Geliebte mit dem prachtvollen Körper, weiß und sommersprossig, wollte nicht allein zu Hause bleiben. Sie wohnte schon den zweiten Monat bei Harry. Er hatte sie aus Los Angeles mitgebracht, wo sie in einem Film debütiert hatte, der von seiner, Harrys, Gesellschaft finanziert worden war. Nicht sie, sondern ihr Körper hatte debütiert. In diesem Film war Barbara fast nur unbekleidet zu sehen, und in den Sexszenen wirkte sie so plastisch und expressiv, daß umgehend noch zwei Drehbücher ähnlicher Machart in Auftrag gegeben wurden, um den kommerziellen Erfolg des ersten Films zu nutzen. Bis zum Beginn der Dreharbeiten war Barbara zu Harry nach Cleveland gezogen, und seither hatte er fast jede Nacht getrunken und nicht genug geschlafen.

Inmitten seiner jüdischen Verwandtschaft mit der rothaarigen Barbara aufzukreuzen, die viele vielleicht im Film gesehen hatten und deshalb wußten, wie sie ohne Kleider aussah, ging wohl nicht gut und schickte sich vor allem nicht für den traurigen Anlaß, der die ganze Familie zusammenführte. Zudem würde dieser oder jener Kristina kennen, Harrys Frau, von der er schon seit drei Jahren geschieden war; man würde sich zweifellos an seine Kinder erinnern, die jetzt mit ihrem Stiefvater in Kalifornien lebten. Das alles würde befremdete Blicke, unausgesprochene Fragen, typisch jüdisches Achselzucken und Getuschel hinter seinem Rücken auslösen.

»Ich war noch nie auf einer jüdischen Beerdigung«, sagte Barbara nach dem Frühstück und ließ ihre rote, kupfern schimmernde Mähne um die nackten, sommersprossigen Schultern fliegen.

»Das muß komisch sein.«

Harry konnte sie nicht überzeugen, daß sie besser in Cleveland bleiben und auf seine Rückkehr warten sollte. Barbara bestand darauf. Das einzige, worin sie nachgab, war, daß sie nicht so viel Schminke auf Gesicht und Wimpern auftrug wie gewöhnlich und deshalb im Flugzeug zerknittert und wie ungewaschen aussah.

Das Städtchen, in dem Tante Fira gestorben war, schien sich seit der Zeit, als Harry als kleiner Junge einen Sommer hier verbracht hatte, überhaupt nicht verändert zu haben. Er erkannte sogar das ein wenig altmodische Haus aus rotem Backstein ohne die obligatorische Garage. Die Verstorbene hatte kein Auto besessen. Nur die Bäume vor dem Haus, dicke Buchen, waren unglaublich gewachsen, und die unteren Zweige lagen schwer auf dem Dach.

Früher einmal war diese Straße, wie auch alle benachbarten, ausschließlich von Juden bewohnt gewesen. Jetzt hatte sich die Bevölkerung völlig gewandelt: In den Fenstern und auf den Gehsteigen tauchten nur schwarze Gesichter auf. Tante Fira war wohl die letzte Jüdin und die letzte Weiße im gesamten Umkreis gewesen.

Die Juden waren zu Wohlstand gekommen und in bessere Viertel gezogen, und in ihren baufälligen Häusern hatten sich andere Arme eingerichtet – Schwarze und Puertorikaner. Sogar die Synagoge, zwei Häuser von Tante Fira entfernt, hatten sie aufgegeben, und dort sangen jetzt schwarze Baptisten ihre Psalmen, auf den Ziegelmauern aber waren wie eh und je die sechszackigen Judensterne zu sehen.

Deshalb fand der ganze religiöse Teil der Beerdigung ein paar Meilen weiter weg statt, in einem luxuriösen jüdischen Viertel, dem reinsten Park, mit einer neuen, modernen Synagoge aus Glas und Beton.

Tante Fira lag runzlig und klein wie ein Kind in einem ausgezeichnet geschreinerten, ziemlich teuren Sarg. Der junge, wohlgenährte Rabbiner sprach viele lobende Worte über ihr strenggläubiges Leben und stellte die Verstorbene den auf den Bänken der Aussegnungshalle sitzenden, gut gekleideten und gepflegten Juden und Jüdinnen, unter die sich die angereiste Verwandtschaft Harry Blacks vorzüglich einfügte, als Vorbild hin. Selbst Barbara fiel nicht völlig aus dem Rahmen. In der Halle begegnete man ähnlichen angelsächsischen Gesichtern von Blondinen. Frauen von Juden, allem Anschein nach, die bei ihrer Heirat zum Judentum übergetreten waren.

Die Zimmer von Tante Firas Haus waren so verwahrlost, wie sie es in den Wohnungen alter Leute, die ihre Beweglichkeit verloren haben, zu sein pflegen. Sowohl die Möbel als auch die Bilder an den Wänden waren alt und abgewetzt; der Großvater, der aus Polen gekommen war, hatte sie hier aufgestellt und aufgehängt, und niemand hatte sie seither von der Stelle gerückt.

Auf einer Kommode mit abgeblättertem Furnier saß in einem hohen Käfig aus grün angelaufenen Kupferstäben aufgeplustert ein alter grüner Papagei mit einem roten Fleck über dem Schnabel. Der lange Schwanz des Vogels reichte bis zu den Misthäufchen auf dem Boden des Käfigs, der schon lange nicht gesäubert worden war. Die Augen des Papageis waren von einem rosa Häutchen überzogen, und es schien, als schliefe er trotz des Lärms in dem von Gästen überfüllten Haus. Nur hin und wieder hob sich der Film über den runden Augen, der Schnabel öffnete sich ein wenig, und der Papagei stieß einen Seufzer aus, wie ihn nur ein alter Jude ausstoßen kann, wenn er über etwas sehr betrübt ist:

»Ai-jai-jai-jai-jai.«

Alle im Zimmer zuckten zusammen, und manch einer lächelte sogar.

Eine alte, verhutzelte Frau, eine von denen, die die Verstorbene ab und zu besucht hatten, erklärte den Angereisten, daß dieser Papagei lange Jahre der einzige Gesprächspartner von Tante Fira gewesen sei und all ihr Gehabe und alle ihre Gewohnheiten übernommen habe. Tante Fira hatte auf ihre alten Tage das Englische fast vergessen und in der Sprache ihrer Vorfahren, Jiddisch, mit sich selbst geredet. Der Papagei ahmte sie nach. So ein gescheiter Vogel! Er lernte sogar das R schnarrend aussprechen, genauso wie es die Juden in den polnischen Städteln tun.

»Wissen Sie«, sagte die Alte und blinzelte dabei mit rosafarbenen, wimpernlosen Lidern, wie die des Papageis, »in unserer ganzen Stadt sprachen nur sie beide Jiddisch. Die übrigen haben's vergessen. Selbst ich erinnere mich kaum noch daran.«

Sie wandte ihr runzliges, kleines Gesicht dem Papagei zu und sagte ein paar unverständliche Worte. Auf jiddisch, errieten alle im Zimmer, standen sogar auf und warteten, was der Papagei antworten würde.

Der Papagei blickte sie mit typisch jüdischem Weltschmerz in den runden Augen an und zog, ohne irgend etwas zu antworten, die rosa Filmhäutchen wie Vorhänge über den Augen zu:

Harry blätterte in einem alten Album mit himbeerrotem, abgegriffenem Samteinband. Die rothaarige Barbara betrachtete über seine Schulter die vergilbten, brüchigen Fotografien. Da war der bärtige Großvater mit der schwarzen Schirmmütze, die man damals im russischen Reich trug, und die Großmutter mit dem schwarzen, nach Bauernart unter dem Kinn geknüpften Kopftuch. Und Harrys Mutter, die jetzige Mrs. Gomez, ein kleines, rundliches Mädchen mit hellen Locken, im Glockenrock, das damals noch nicht ahnte, daß es eine Krankheit gibt, die Ischias heißt.

Die Verstorbene hatte ihren gesamten Besitz der jüdischen Gemeinde vermacht; da es aber im wesentlichen wertloser Kram war, beschloß man, Emigranten aus der UdSSR einzuladen – sollten sie sich aussuchen, was ihnen gefiel. Die Verwandten kamen überein, sich jeweils nur einen unbedeutenden Gegenstand zur Erinnerung zu nehmen. Als Andenken. Harrys Wahl fiel auf einen Kerzenleuchter aus Kupfer, die Menora, in die zu Chanukka acht Kerzen gesteckt werden, von denen man jeden Tag eine anzündet. Die Menora stammte aus dem vorigen Jahrhundert, und zwar aus Osteuropa. Aus dem Gepäck des Großvaters.

Alle nahmen sich einen Gegenstand. Auch Barbara wollte sich gerne etwas mitnehmen.

»Vielleicht den Papagei?« bat sie Harry mit einem lasziven Blick, der hier fehl am Platze war.

Er schmunzelte und zuckte die Achseln:

»Hast du noch nicht genug Probleme? Nimm ihn dir.«

Und er begann an die im Stich gelassenen Geschäfte zu denken, an die bevorstehenden Verhandlungen mit den Investoren aus Toronto, deren Anreise er wegen des Begräbnisses um einen Tag verschoben hatte.

Wie der Papagei den Flug von New York nach Cleveland überstand, wußten sie nicht: Er reiste in seinem Käfig im Gepäckraum des Flugzeugs.

In Harry Blacks Haus stellten sie den Käfig mit dem Papagei zwischen den Beistelltisch mit dem Stereoplattenspieler und die große Stehlampe. Barbara machte den Käfig gründlich sauber und polierte jede einzelne Kupferstange, bis der Käfig wie eine Feuerwehrglocke blinkte.

Die Menora jedoch mit den leeren Näpfchen für die Kerzen brachten sie in der gegenüberliegenden Ecke unter, in der Harry seine Andenken sammelte, die er von weiten Geschäftsreisen mitgebracht hatte. Von der Wand grinsten schwarze Kultmasken aus Afrika. Auf dem Boden saß, die runden Knie auseinandergepreßt, ein wohlgenährter Bronzebuddha, den Harry aus Bangkok mitgebracht hatte. Über ihm blickte traurig ein gekreuzigter Holzchristus, den Harry in Polen erstanden hatte, mit langem, staunendem Gesicht von seinem Kreuz. Mattgolden schimmerte der Beschlag einer dunklen russischen Ikone. Und die kleine Menora ging in dieser Sammlung gänzlich unter.

Das Wohnzimmer war weiträumig, voller Licht, und die Luft war, durch die Klimaanlage gefiltert, rein und kühl. Der alte Papagei aber rang nach Atem. Ihm fehlte die Enge inmitten des Gerümpels, fehlten die gewohnten Arzneidüfte, die im Sonnenstrahl tanzenden Stäubchen und die gegen das trübe, lange nicht geputzte Fenster klopfenden Buchenzweige.

Am Abend kamen Gäste. Harrys kanadischer Partner Sam Winston aus Toronto, ein ebenso hochgewachsener, zur Fülle neigender Jude wie Harry.

»Was für ein Winston bist du denn?« mußte Harry innerlich schmunzeln. »Hast auch den Nachnamen geändert, um wie ein *wasp** auszuschauen. Dein Vater heißt sicherlich Katz oder Rabinowitsch.«

Mit Sam kam seine Sekretärin Jeanette, eine Frankokanadierin. Nicht so vulgär wie Barbara, doch dafür mit weniger Sexappeal.

Und noch ein Paar. Der Rechtsanwalt Bruce Morton aus Cleveland und seine Freundin und Anwaltskollegin, die unverheiratete Maira Kipnis. Beides Juden.

Zuerst aßen sie in einem Vorortklub zu Mittag. Am Abend, schon mit reichlich Schlagseite vom Essen und Trinken, gingen alle noch zu Harry. Und fingen an zu tanzen, nachdem sie den Plattenspieler auf volle Lautstärke gedreht hatten.

Der Papagei in seinem Käfig schreckte zusammen, sträubte die Federn, zog den Kopf zwischen die Schultern und streckte nur seinen elfenbeinfarbenen, krummen Schnabel heraus.

Barbara, die schon ziemlich betrunken war, erzählte den Gästen mit lallender Zunge vom Papagei. Sie versuchten, mit ihm zu sprechen. Er antwortete nicht. Jeanette stellte eine Frage auf französisch.

»Ihr Idioten!« erinnerte sich Barbara. »Er kann doch nur eine Sprache... Jüdisch.«

»Hebräisch?« fragte Sam.

»Nein, Jiddisch«, antwortete Harry. »Meine verstorbene Tante gebrauchte nur diese Sprache, wenn sie sich mit dem Papagei unterhielt. Nach dem Tod meiner Tante blieb der Papagei als letzter des Jiddischen kundiger Mohikaner übrig.«

---

* *wasp* – white anglo-saxon protestant, *Anm. d. Übers.*

Alle lachten über den gelungenen Scherz des Gastgebers. Die dunkelhaarige Maira seufzte:

»Ich verstehe auch ein bißchen Jiddisch. Ehrenwort. Wenn mein Großvater und meine Großmutter etwas vor mir verheimlichen wollten, benutzten sie diese Sprache.«

»Frag ihn was auf jiddisch.« Barbara war sofort Feuer und Flamme.

»Ich kann nicht. Fragen kann ich nicht. Ich kann nur ein bißchen verstehen.«

Sie ließen den Papagei in Ruhe.

Bis Mitternacht hatten sich die Gäste betrunken. Die Frauen waren vom Tanzen müde geworden; es war ihnen heiß, und sie begannen sich auszuziehen, ließen nach und nach alle Kleidungsstücke fallen. Barbara zog sogar den Schlüpfer aus und streckte sich, die Beine weit spreizend, auf dem Teppich aus; dabei behauptete sie, alles an ihr sei Natur, auch ihr üppiges Haar sei ungefärbt; auf ihrem Venusberg unterhalb des gewölbten Bauches kräuselte sich ein roter Buschen.

Neben Barbara döste Sam Winston. Ohne Jackett und ohne Hemd, doch in Hosen. In der einen Hand hielt er ein Glas mit tauenden Eiswürfeln, und mit der anderen knetete er Barbaras Brüste.

Am anderen Ende des Teppichs küßte Harry Sams Sekretärin Jeanette, die sich noch nicht ganz ausgezogen hatte. Bruce und Maira schmiegten sich auf dem Sofa aneinander. Bruces Kopf ruhte mit geschlossenen Augen auf ihren Knien, Mairas Kopf lag auf der Rückenlehne des Sofas, ihre Augen waren zur Zimmerdecke gerichtet.

Das stereophone Getöse verstummte abrupt – die Platte war zu Ende, und der mechanische Arm drehte sie knackend auf die andere Seite um. Und in dieser ungewohnten Stille vernahm man plötzlich einen knarrenden, kummervollen Seufzer:

»Ai-jai-jai-jai-jai...«

So als wolle sich ein Jude so alt wie die Welt über sein Schicksal beklagen.

Und Barbara und Sam und Harry und Jeanette und Bruce und Maira drehten sich zu dem Papagei hin.

Der alte grüne Vogel trat mit seinen grauen, gekrümmten Krallen auf der Querstange von einem Fuß auf den anderen und krächzte deutlich vernehmbar:

»Weih is mir! Wos hot geworn mit die Jidn!«

(Weh mir! Was ist aus den Juden geworden!)

»Was? Was sagt er da?« Die nackte Barbara sprang auf.

»Er spricht Jiddisch«, sagte Maira schläfrig vom Sofa her. »Und wenn ich ihn richtig verstanden habe, hat er wenig Schmeichelhaftes über uns gesagt.«

Sind Sie je einem Juden mit dem Adelstitel Graf begegnet?
Mit einem richtigen, keinem fiktiven Grafentitel, der, sagen
wir, einem seiner Vorfahren vom König oder Kaiser für große
Verdienste um das Herrscherhaus verliehen wurde?

Ich selbst habe nie einen solchen Juden getroffen. Obschon
allgemein bekannt ist, daß Königin Victoria dem Juden und
englischen Premierminister Disraeli einen hohen Titel verliehen hatte und er sich fortan Earl of Beaconsfield nannte. In
London kannte ich einen litauischen Juden, den die jetzige
Königin Elizabeth zum Lord machte und den man danach nur
mit Sir Joseph anreden durfte, wiewohl er im engen Familien-
kreis auch weiterhin – auf gut jiddisch – Josele hieß.

Immerhin gibt es auch jüdische Barone. Zum Beispiel den
Baron Rothschild. Sie mögen darüber lächeln, aber ich saß
einmal mit einem Baron aus dieser nicht gerade notleidenden
jüdischen Familie, nämlich mit dem allgemein bekannten
Edmond Rothschild, einem Altersgenossen von mir, in seiner
Pariser Residenz in der Rue du Faubourg Saint Honoré
zusammen und ließ im Gespräch (das mit Hilfe eines Dolmetschers geführt wurde, weil er nicht Russisch verstand und
meine Zunge keine drei Worte auf französisch zustande
brachte) eine bissige Bemerkung fallen, die er schlagfertig und
sehr elegant parierte.

Es war ein schwüler Tag; die weit geöffneten Fenster im
großen Arbeitszimmer des Barons brachten keine Kühlung.
Edmond Rothschild und zwei weitere Bankiers, die bei diesem für mich historischen Treffen zugegen waren (denn welcher Jude träumt in seinen kühnsten Phantasien nicht davon,
wenigstens einen Blick auf einen lebenden Rothschild, den
reichsten Juden dieser Erde, werfen zu können?), schwitzten

heftig und wischten sich mit dem Taschentuch immer wieder ihre purpurroten Gesichter und Hälse ab.

Ich war der einzige, der kein Taschentuch benutzte. Aber nicht etwa aus dem Grund, weil ich keines dabei hatte. Ich schwitzte einfach nicht. Mein Gesicht war trocken. Nicht einmal unter den Achseln spürte ich Feuchtigkeit.

»Wie ist so etwas möglich?« wunderte sich der Baron. »Wir alle schwitzen, und er ist ganz trocken.«

»Sehr einfach«, erwiderte ich. »Ich schwitze eben nicht – das ist alles. Eine angeborene Eigenschaft, die man nicht für Geld kaufen kann.«

Sie verstehen natürlich, daß ich damit auf die finanzielle Kluft anspielte, die uns trennte – mich mit meinen lumpigen ein- oder zweihundert Francs in der Tasche, denn das war alles, was ich besaß, und ihn, einen der reichsten Menschen der Welt.

Dem Baron imponierte meine ironische Anspielung. Sein Lächeln übertrug sich auf seine Kompagnons, die dazu mit ihren schweißtriefenden Köpfen nickten. Er erhob sich hinter dem Tisch, trat an mich heran, legte den Arm um meine Schultern (er klopfte mir nicht auf die Schultern, er umarmte mich) und sagte mit traurigem Blick:

»Mein Lieber, in der Welt gibt es tausend Dinge, die man nicht mit Geld kaufen kann. Ich weiß das... Vielleicht wirst auch du irgendwann einmal diese Erfahrung machen...«

Oh, wie tat es mir leid, daß keiner meiner früheren Bekannten dabei war, um zu bezeugen, wie mich Baron Rothschild umarmte und dabei das selbst einem Milliardär nicht immer wohlgesinnte Schicksal beklagte. Am liebsten wäre es mir gewesen, wenn mein früherer Moskauer Nachbar Naum Kratzer dies alles mit eigenen Augen hätte sehen können, derselbe, mit dem ich allmorgendlich ein paar saftige Flüche auszutauschen pflegte, wenn wir beide, er und ich, unbedingt als erste auf die einzige Toilette wollten, die hier der gesamten Belegschaft unserer Gemeinschaftswohnung, in deren fünf Zimmern je eine Familie eng zusammenrücken mußte, zur Verfügung stand.

Es gab einen besonderen Grund, weshalb ich wünschte, daß

mein früherer Nachbar Naum Kratzer einmal das Arbeitszimmer des Barons Rothschild in der feudalen Pariser Rue de Faubourg Saint Honoré hätte betreten können: Kratzer hätte mehr Berechtigung gehabt als ich, in der Umarmung des Barons zu verweilen. Denn Kratzer war Graf.

»Ein Jude – und Graf?« werden Sie achselzuckend fragen. »Noch dazu im sowjetischen Moskau? Etwas Dümmeres konnte Ihnen nicht einfallen?«

Nein. Denn hier erfinde ich nichts, sondern erzähle nur, was sich in Wirklichkeit zugetragen hat. Das Leben ist ja bekanntlich einfallsreicher als die Phantasie.

In einer Hinsicht bin ich allerdings nicht ganz präzise. Natürlich war Naum Kratzer kein echter Graf. Er war der Mann einer Gräfin. Einer reinrassigen russischen Aristokratin, die einer der berühmtesten Adelsfamilien Rußlands entstammte. Ihr Großvater oder vielleicht auch Urgroßvater war derselbe Feldmarschall Kutusow, dessen einäugiges Porträt bis heute jeder Schüler kennt, der Graf Golenischtschew-Kutusow, unter dessen Oberbefehl die russischen Truppen im Jahre 1812 den französischen Kaiser Napoleon Bonaparte vernichtend schlugen.

Wie konnte es zu solch einer Mesalliance kommen? Wenn ich behaupten würde, der halbgebildete Kleinstadtjude habe eine so vornehme Gräfin vor der Revolution 1917 geheiratet, so könnten Sie mir völlig zu Recht ins Gesicht spucken. Aber diese Hochzeit hat nach der Revolution stattgefunden. Klar? Na also.

Die junge Gräfin Golenischtschewa-Kutusowa war im Bürgerkrieg wie durch ein Wunder am Leben geblieben, nur verlor sie natürlich alles, was sie besaß: Landgüter, Familienschmuck, ihr ganzes Geld bis auf die letzte Kopeke. In Moskau fand sie bei ihrem früheren Kindermädchen Unterschlupf, trug alte, schäbige Kleider, knotete nach Bauernart ein Tuch um ihren Kopf, war – wie jedermann in Moskau – vor Hunger ganz aufgedunsen und fror sich im Winter in ihrem kleinen, ungeheizten Zimmer halb zu Tode. Die Revolution hatte ihr nicht nur ihren gesamten Besitz, sondern auch alle Bürgerrechte genommen. Menschen wie sie nannte man

»Lischenzy«, das heißt, sie besaßen keinerlei Rechte, abgesehen von einem einzigen: dem Recht, aus Angst vor der Arbeiter- und Bauernmacht zu zittern und mit fast stillstehendem Herzen zu warten, wann die Tscheka-Leute in ihren Lederjacken eines Nachts kämen und sie für immer mitnähmen.

Doch während die Revolution den einen die Rechte nahm, schenkte sie sie anderen, die früher leer ausgegangen waren. Eine Arbeiter- oder Bauernherkunft war der beste Freibrief für den Aufstieg. Und nach diesen Freibriefen streckten sich Tausende von schwieligen Händen aus, die nicht gewohnt waren, in ihren Fingern eine Schreibfeder zu halten.

Auf den Dächern von Eisenbahnwaggons gelangte der junge Jude Naum Kratzer aus einem ärmlichen ukrainischen Städtchen nach Moskau. Schon früh als Kind ging er statt in die Schule zu einem Tischler in die Lehre, sägte und hobelte Bretter und Bohlen, goß Tischlerleim in Fugen, schlug Nägel mit einem einzigen Hammerschlag bis zum Kopf ein, und wäre die Revolution nicht gekommen, so hätte er weiterhin seinen Lebensunterhalt mit diesem Handwerk bestritten und nicht gewußt, wie die Welt jenseits des Nachbardorfs aussieht. Denn er lebte im Bannkreis seines Wohnortes, den die Juden laut Gesetz nicht verlassen durften, und gar von Moskau oder Petersburg zu träumen, verbot sich von selbst.

Im hungernden Moskau entschloß sich Kratzer, der kaum seinen eigenen Namen aufs Papier kritzeln konnte, zum Sturm auf die Wissenschaft. Für Leute wie ihn hatte die Arbeiter- und Bauernmacht spezielle Arbeiterfakultäten eingerichtet, wo sie den gesamten Gymnasialstoff in einem Schnellkurs bewältigen und sich auf die Universitäts-Aufnahmeprüfungen vorbereiten konnten.

An einer solchen Arbeiterfakultät geschah es, daß sich der Weg des Kleinstadtjungen Kratzer mit dem der Gräfin Golenischtschewa-Kutusowa kreuzte. Er, der Ungewandte, der kaum des Lesens und Schreibens Kundige, war Student, und sie, die Gebildete, die Wohlerzogene, arbeitete als Putzfrau, wischte mit ihren kleinen zarten Händen den Dreck vom kalten Steinfußboden, den die Stiefel und Bastschuhe des wissensdurstigen Proletariats hinterlassen hatten.

In jener Frühzeit der Sowjetmacht waren die Sitten puritanisch-streng. Verliebtheit, Küsse, Seufzer im Mondenschein gehörten zu den bourgeoisen Relikten und wurden öffentlich verspottet. Und gar die Verbindung mit einem Menschen aus der von der Revolution zerschlagenen Ausbeuterklasse! Sie galt als schreckliche Sünde und als Verrat an der Arbeiter- und Bauernklasse.

Der Student der Arbeiterfakultät Naum Kratzer entbrannte in leidenschaftlicher Liebe zu der bleichgesichtigen Putzfrau. Als sie ihm unter dem strengen Siegel der Verschwiegenheit gestand, daß sie eine ehemalige Gräfin sei und es für ihn keinen Sinn habe, sich mit ihr zu verbinden, ließ er keineswegs von ihr ab, sondern entbrannte in nur noch größerer Leidenschaft.

Naum Kratzer wurde es ganz schwindlig bei dem Gedanken, daß er die Chance besaß, der Mann einer Gräfin zu werden. Dutzende Generationen seiner Vorfahren, verachtete und verfolgte Juden, die auf dem Friedhof im einstigen Bannkreis ihres Wohnortes ruhten, würden sich bei einer solchen Neuigkeit im Grabe umdrehen und sich kategorisch weigern zu glauben, daß so etwas möglich sei. Auch die Kommunisten, Naums Genossen, wollten es nicht glauben. Sie zitierten ihn vor das Parteikomitee und verlangten von ihm ohne viel Federlesens, er möge zur Besinnung kommen und nicht die proletarische Ehre besudeln, er könnte es sonst bitter bereuen.

In der Tat setzte die Heirat Naum Kratzers Karriere ein Ende. Zum Ingenieur brachte er es gerade noch mit Mühe und Not. Doch vorankommen ließ man diesen Menschen mit dem ruinierten proletarischen Ruf nicht mehr.

Er bezog mit seiner stillen, schüchternen Frau ein kleines Zimmer in unserer großen Gemeinschaftswohnung. Die Gräfin war bemüht, möglichst selten in der Gemeinschaftsküche zu erscheinen, damit die Nachbarinnen, die inzwischen von ihrer adligen Herkunft erfahren hatten, sie nicht verlachen und verhöhnen konnten. Ihr Mann dagegen schämte sich keineswegs, sondern brüstete sich, wo immer er konnte, mit seiner Frau, der Gräfin. Im Haus und am Arbeitsplatz. Die

Nachbarn nannten ihn »Kleinstadt-Graf«, im Dienst zog man daraus entsprechende Konsequenzen und beförderte ihn nicht, wie fleißig er auch arbeiten mochte.

Dennoch genoß Kratzer ausgiebig seine Rolle als Mann einer Gräfin. Er empfand unermeßliche Befriedigung darüber, daß ihm das Essen von einer Gräfin serviert wurde, und zwar so, als sei sie sein Lakai und er der Graf. Für seine Schwielen brachte ihm die Gräfin stets heißes Wasser in einer Schüssel, er steckte seine nicht gerade wohlriechenden Füße hinein und war selig, wenn sie ihm kniend jede Zehe einzeln einseifte und mit einem »Gillette«-Rasierapparat die Hornhaut von der aufgeweichten Fußsohle schabte.

Sie bekamen einen Sohn von sehr jüdischem Aussehen, aber damals war es eher der Adelstitel der Mutter, der seiner Kindheit und Jugend wie ein Brandmal anhaftete. Auf der Straße prügelten ihn die Jungen oft, nannten ihn verächtlich »Grafenbrut«. In jenen Jahren ging man in Moskau streng gegen den Antisemitismus vor, dagegen wurde der Klassenhaß geschürt. Darum wurde der Junge nicht wegen seiner semitisch-traurigen Augen gehänselt, sondern weil er mütterlicherseits von den Grafen Golenischtschew-Kutusow abstammte. Naum Kratzer stürzte, einen Riemen in der Hand schwingend, auf die Straße und trieb die Beleidiger seines Sohnes auseinander, wobei er sie mit »Landstreicher«, »Habenichtse« und »Dreckspack« titulierte. In diesen Augenblicken fühlte er sich, wenn schon nicht als Graf, so zumindest als Repräsentant des Adelsstandes.

Während des Zweiten Weltkrieges, als es in Rußland galt, patriotische Gefühle zu wecken, erinnerte man sich manch eines großen Ahnen, der einst den russischen Waffen zum Ruhm verholfen hatte. Der Name des Feldmarschalls Kutusow tauchte in den Zeitungen und auf roten Transparenten auf, es wurde sogar ein Kutusow-Orden gestiftet, mit dem hohe Offiziere für ihre Verdienste im Krieg ausgezeichnet wurden, und auf diesem Orden strahlte silbern das einäugige, mit einer Binde schräg über der Stirn geschmückte Profil von Naum Kratzers entferntem Verwandten. Man erinnerte sich auch der Frau Naums, einer Urenkelin des Feldmarschalls, und genehmigte ihr eine – an jenen Hungerjahren gemessen – ordentliche Lebensmittelration. Als man gar dahinterkam, daß der Feldmarschall einen Ururenkel besaß, den Sohn Kratzers, bestand man darauf, daß er unverzüglich den Namen des Vaters gegen den seiner Mutter tauschen und zum Heil des Vaterlandes den ruhmreichen Namen Golenischtschew-Kutusow wiedererstehen lassen sollte. Doch man kam zu spät. Der Sohn der Gräfin und Naum Kratzers war schon sehr bald als gewöhnlicher Soldat an die Front gekommen und kurz darauf gefallen. In der den Eltern zugegangenen Nachricht von seinem Tod hieß er immer noch Kratzer.

Sie weinten um ihren Sohn und blieben allein mit sich selbst.

Aber der Frau Kratzers, der Gräfin Golenischtschewa-Kutusowa, gönnte man keine Ruhe mehr. Wenn in Moskau wichtige Versammlungen stattfanden, bat man sie ins Präsidium, und die Redner auf der Tribüne wandten sich nach ihr um und zeigten sogar mit dem Finger auf sie, wenn sie von Patriotismus, Vaterlandsliebe und den engen Banden sprachen, die das ruhmreiche russische Volk der Vergangenheit mit dem noch ruhmreicheren von heute verknüpften.

In ihrem Ausweis stand der Name des Mannes – Kratzer, doch sprach man sie nicht so an, sondern nur mit ihrem Mädchennamen – Golenischtschewa-Kutusowa. Weil man in Sowjetrußland zu jener Zeit begann, die Juden fast genauso zu behandeln, wie man gleich nach der Revolution die gestürzte Klasse, Adlige und Bourgeois, behandelt hatte.

Einmal ließ man sie, die frühere Gräfin, verheiratete Kratzer, zu einer hohen sowjetischen Dienststelle kommen und erklärte ihr ohne Umschweife:

»Jagen Sie diesen Juden zum Teufel. Sie sind doch Russin. Der Stolz unseres Volkes. Wozu brauchen Sie diesen dreckigen Juden?«

Die Gräfin erbleichte, sagte aber kein Wort, verließ das Zimmer und warf die Türe hinter sich zu.

Von diesem Augenblick an siechte sie dahin und starb bald.

Naum Kratzer ließ sie auf einem jüdischen Friedhof bestatten. Und für das ganze Geld, das er während der langen Jahre seines Familienlebens zusammengespart hatte, ließ er einen marmornen Grabstein anfertigen und am Grab seiner Frau aufstellen. Der Entwurf dazu stammte von ihm selbst. Der Steinmetz hatte seine Idee nur sorgsam in Stein gemeißelt.

Auf granitenem Postament saß die verstorbene Frau Kratzer in natürlicher Größe in ihrem Sessel, und er selbst kniete, gleichfalls in voller Größe, vor ihr und küßte ihre ihm huldvoll entgegengestreckte Hand.

Vom schwarzen Sockel leuchteten golden die Worte: »Für die Gräfin Golenischtschewa-Kutusowa von ihrem trauernden Mann Naum Kratzer.«

Dieser für einen jüdischen Friedhof ungewöhnliche Grabstein steht auch heute noch inmitten von grauen Steinplatten mit althebräischen Inschriften und sechszackigen Davidsternen in Wostrjakowo, unweit von Moskau.

Eine gipserne Nachbildung davon, gleichfalls in natürlicher Größe, stand viele Jahre lang in unserer Gemeinschaftswohnung, wo sie das ohnehin schon enge Zimmer Kratzers vollkommen verstellte. Er lebte in diesem Zimmer jetzt nur noch mit diesem Denkmal zusammen. Gäste besuchten ihn kaum noch. Selbst die Nachbarn empfanden es als peinlich, einen Blick durch die halb geöffnete Tür zu werfen: war es ein Museum, war es eine Grabkapelle?

Dann starb auch er. Der Mann der Gräfin. Wo er beigesetzt ist, weiß ich nicht. In sein Zimmer zogen neue Mieter ein; wohin sie das riesige gipserne Grabmal geschafft haben, entzieht sich gleichfalls meiner Kenntnis.

Die Juden, die aus einem betrüblichen Anlaß – sei es, um Verwandte zu bestatten, sei es, um ein Grab aufzusuchen – auf den Friedhof in Wostrjakowo kommen, bleiben zunächst voller Erstaunen, dann voller Ehrfurcht vor dem marmornen Grabmal stehen und wiederholen andächtig den Namen Naum Kratzers, dieses Juden, der sich eigentlich durch nichts auszeichnete, doch dessen sie gedenken werden, solange dieser Friedhof steht. Weil er es fertiggebracht hat, Unerreichbares zu erreichen und sich als Mann einer Gräfin in Stein zu verewigen.

Das Haus war groß, fünf Stockwerke hoch. Eigentlich noch höher. Weil im schrägen Ziegeldach ebenfalls große Fenster blitzten. Auch dort wohnten Leute, freilich ärmlicher als in den Wohnungen darunter. Und deshalb konnte man das Dach völlig zu Recht als eigenes Stockwerk betrachten. Als sechstes. Und wenn man das Kellergeschoß berücksichtigte, das ebenfalls bewohnt war, obwohl die Ziegelstufen da hinab bereits unter die Erde führten und man sich auf den Bauch legen und durch flach in den Bürgersteig eingelassene Gitter blicken mußte, um zu bemerken, daß darunter wieder Fenster waren und hinter den Fenstern Menschen, so ergab sich, daß das Haus siebenstöckig war.

Das Haus war endlos – es zog sich von einer Straßenecke bis zur anderen, bog nach rechts zur nächsten Ecke um, dann wieder nach rechts und dann noch einmal. In seiner Mitte entstand so ein Quadrat, von grauen Backsteinmauern eingefaßt, und dieses Quadrat war der Hof. Ohne einen einzigen Baum und einen einzigen Grashalm, mit rissigem, grauem Asphalt ausgegossen und sehr ähnlich dem Gefängnishof im bekannten Berliner Gefängnis Moabit, bis zu dem es nur drei Straßenbahnhaltestellen waren.

Ähnlichkeit mit einem Gefängnishof verliehen ihm auch die Kreuze auf den Fensterscheiben in sämtlichen Stockwerken. Wie Gefängnisgitter. Weiße, aus Papierstreifen bestehende Kreuze, die unter der strengen Aufsicht des Luftschutzwartes, Frau Schulze, auf jede Scheibe geklebt waren. Sie schützten, wenn man Frau Schulze glauben wollte, vor der Luftdruckwelle, falls in der Nähe eine Bombe explodierte. Und wie zur Bestätigung ihrer Worte waren im ganzen Haus sämtliche Fensterscheiben noch heil, obwohl Berlin jede Nacht bombardiert wurde und die Entwarnungssirene oft erst ertönte, wenn bereits die Morgendämmerung hereinbrach, die den Purpurschein der Brände verblassen ließ.

Nicht nur die Papierkreuze hatten offensichtlich die Fenster dieses Hauses gerettet, sondern noch etwas anderes. In der Nähe gab es nämlich weder Fabriken noch andere strategisch wichtige Objekte, sondern nur Wohnblocks, in denen von schlaflosen Nächten zermürbte Menschen wohnten, und deshalb hatte Gott diesen Bezirk einstweilen verschont, und keine einzige Bombe war hier bislang gefallen.

Frau Schulze trug ein Herrenjackett und auf dessen Revers das runde Parteiabzeichen mit dem schwarzen Hakenkreuz. Ihr Mann, Herr Schulze, der vor dem Krieg das Amt des Hauswartes in diesem Block versah, hatte sein rothaariges Haupt auf den Schneefeldern des fernen Rußland zur ewigen Ruhe gebettet, gefallen im Kampf für sein Vaterland und seinen vergötterten Führer. Frau Schulze hatte, wie sich das für eine echt germanische Frau gehörte, ihren verstorbenen Gemahl auf seinem Posten abgelöst und war sogar im Rang gestiegen, und zwar dadurch, daß sie zum weiblichen Luftschutzwart avancierte und auf diese Weise nicht unbeträchtliche Macht über alle Hausbewohner erlangte.

Alle hatten vor ihr Angst und waren bestrebt, an ihr vorbeizuhuschen, ohne ihrem Blick zu begegnen, weil es schien, als könnten Frau Schulzes farblos-wäßrige Augen Gedanken lesen, die man besser nicht preisgab. Dann begann es nicht lang darauf im nächsten Gestaporevier zu rumoren, wo Frau Schulze als Vertrauensperson galt und wie bei sich zu Hause aus und ein ging.

Nachts, wenn im Heulen der Luftschutzsirene die Menschen aus allen Stockwerken, sich gegenseitig anrempelnd und weinende Kinder und Koffer mit dem Allernötigsten schleppend, die Treppen hinunterrannten und im Rachen der nächsten U-Bahnstation verschwanden, wo sie tief unter der Erde und sogar auf den Geleisen sitzend die Entwarnung abwarteten, stand das Haus leer, und nur Frau Schulze allein schritt wie ein Wachtposten langsam, mit den eisenbeschlagenen Absätzen ihrer Herrenschuhe auf dem Asphalt klappernd, den Hof ab und überprüfte, ob auch kein einziges Lichtstreifchen aus den dicht verdunkelten Fenstern drang, auf denen die Papierkreuze besonders weiß und deutlich hervortraten. Dann machte sie draußen in den öden Straßen den gleichen Rundgang, und wenn sie sich davon überzeugt hatte, daß in dem ihr anvertrauten Karree die Vorschriften eingehalten wurden und keine einzige käufliche Seele den feindlichen Fliegern Lichtsignale zusandte, hastete sie zur Flakbatterie, die vom benachbarten Platz aus auf unsichtbare Flugzeuge schoß, schleppte dort unermüdlich Geschosse herbei und half den unreifen Flakhelfern, den verdammten Juden am Berliner Himmel eines aufs Haupt zu geben. Denn sie hielt alle für Juden, die gegen Deutschland und gegen den Führer waren. Engländer und Amerikaner und Russen. Und auch die Deutschen, die nicht den geziemenden Eifer im Dienst fürs Vaterland an den Tag legten. Die ganze Welt war ihrer tiefen Überzeugung nach in der Hand der Juden, und nur das kleine Deutschland wehrte sich verblutend dieser Plage.

Und noch ein Lebewesen erschien auf dem widerhallenden, verlassenen Hof, der von den dunklen Fenstern mit den Papierkreuzen umgeben war. Ein Junge. Er hieß Heinz. Wenn alle Hausbewohner in die U-Bahn gerannt waren und Frau Schulze sich nach Beendigung ihres Rundgangs zur Flakbatterie begeben hatte, lief er auf den grauen Asphalt hinaus, sah sich nach allen Seiten um, blickte flüchtig zum Himmel auf, wo die Strahlen der Scheinwerfer zwischen den kleinen grauen Wattebäuschen der Geschoßexplosionen hin- und herhuschten, legte sorgfältig einen gelben Fußball mit den fünf Ringen der Berliner Olympiade auf dem Leder vor sich hin und stieß ihn leicht mit dem Fuß an. Der Ball rollte über den Asphalt, hüpfte über die aufgeworfenen Risse, Heinz rannte ihm nach, stieß ihn wieder mit dem Fuß, und damit hatte das Spiel begonnen. In einem Geviert, das einem Gefängnishof glich und in das wie in einen Brunnenschacht von allen Seiten schwarze Fensterreihen mit weißen Papierkreuzen auf den Scheiben hinabblickten.

Den ganzen Tag lang hatte der Junge in der engen Wohnung der Wäscherin Gertrude gesessen und die Welt nur durch das mit einem Kreuz verklebte Fenster sehen können. Und das nur unter großer Gefahr. Bemüht, keine neugierigen Blicke auf sich zu lenken.

Denn der Junge war Jude, und das wußten nur er, die Wäscherin Gertrude und... Frau Schulze. Frau Schulze hatte erraten, was für einer dieser dunkelhaarige Junge mit Augen wie schwarze Johannisbeeren war. Die Wäscherin Gertrude hatte ihr versichert, daß Heinz der Sohn ihrer Nichte sei, die bei einem Bombenangriff in Essen ums Leben gekommen war, und da habe sie, Gertrude, die Waise halt zu sich geholt. Obwohl hier, weiß Gott, nicht seltener bombardiert wurde als an der Ruhr und man nicht wußte, wo den Menschen das Schicksal ereilte. Und daß der Junge dunkle Haare habe und nicht blonde, wie sich das für ein arisches Kind gehöre, käme daher, daß sein Vater kein Deutscher gewesen sei, und Gertrude habe auch gar nicht vor, das zu verheimlichen, sondern Italiener. Aber die Italiener seien ja bekanntlich ebensolche Christenmenschen wie sie beide, Frau Schulze und Gertrude, und dazu noch Verbündete im Kampf gegen den gemeinsamen Feind.

Frau Schulze tat so, als glaube sie Gertrude, befahl ihr jedoch äußerst streng, den Jungen nicht in den Hof zu lassen und ihn von den Leuten lieber fernzuhalten. Weil nicht alle Hausbewohner so ein gutes Herz hätten wie Frau Schulze.

Frau Schulzes Herz war nicht durch Zufall gütiger geworden: Seit Gertrude den schwarzhaarigen Jungen zu sich geholt hatte, wusch sie Frau Schulzes Wäsche kostenlos.

Der Junge war Jude und lebte in Berlin, das als vollständig von Juden gesäubert galt. Eineinhalb Jahre zuvor hatte man ausnahmslos allen Juden befohlen, sich mit ihrer Habe an den Sammelplätzen einzufinden, und sie von dort in Güterzügen in den Osten, nach Polen, verfrachtet, wo man ihnen Arbeit und Nahrung versprochen hatte. Sie waren fortgebracht worden, und seither hatte niemand mehr etwas von ihnen gehört.

Heinz fuhr nicht mit Vater und Mutter und dem kleinen Schwesterchen, weil er just in diesen turbulenten Tagen, als aus allen jüdischen Häusern Stöhnen und Wehklagen drang, krank wurde, und Mama hatte buchstäblich den Verstand verloren bei dem Gedanken, daß sie den Jungen mit so hoher Temperatur in den kalten Waggon mitnehmen sollte – es könnte ja, da sei Gott vor, zu Komplikationen kommen, was Gott verhüte, seine Lungen waren so geschwächt. Auch nur die Vorstellung dessen, was ihm passieren konnte, entsetzte sie.

Die Wäscherin Gertrude, die jede Woche am Freitagmorgen mit einem großen Korb voll angenehm duftender, frischgewaschener Wäsche zu ihnen ins Haus kam und nach dem Frühstück in der Küche die ganze schmutzige Wäsche mitnahm, gehörte zur Familie und hatte schon lange vor Heinz' Geburt für sie gearbeitet. Sie kam auch an jenem Tag, als die Juden aus Deutschland ausgesiedelt wurden, obwohl es zu der Zeit nicht ungefährlich war, Juden aufzusuchen, und man leicht auf die schwarze Liste geraten konnte. Gertrude war eine schlichte, einfache Frau und dachte deshalb nicht an die Gestapo. Und sie kam, weil die gewaschene Wäsche abzugeben und ein bißchen Geld für die Arbeit in Empfang zu nehmen war. Die Wäsche gab sie ab, aber das Geld nahm sie nicht. Wie konnte man da noch von Geld sprechen, wenn im Hause so ein Durcheinander herrschte, alle Sachen kunterbunt herumlagen, Koffer nicht zugingen, das kleine Mädchen plärrte und Heinz vor Fieber in seinem Bett phantasierte und dabei den gelben Fußball mit den fünf Ringen der Berliner Olympiade auf dem Leder an seine Brust preßte.

Gertrude sagte, Heinz in diesem Zustand irgendwohin zu bringen, bedeute, ihn in den sicheren Tod zu bringen, sollten sie doch ihr den Jungen geben, bei ihr wäre er so gut aufgehoben wie in Abrahams Schoß, und wenn alles wieder im Lot wäre und die Menschen wieder zur Besinnung gekommen wären und sich daran erinnerten, daß Gott sie nach seinem Bild geschaffen habe, dann würden die Eltern nach Berlin zurückkehren, und Gertrude würde ihnen Heinz heil und wohlbehalten zurückgeben.

Sie trug den Jungen fort, nachdem sie ihn wie einen Säugling in eine warme Decke gewickelt und in den Wäschekorb gesetzt hatte. Heinz zog auf ihrem Rücken davon und preßte den Ball an sich.

Jeden Morgen rannten aus allen Hausgängen Horden von Buben und Mädchen mit Schulranzen auf dem Rücken hinaus und füllten, sich schubsend und lärmend, den Hof; danach verschwanden sie in den Toren.

Heinz begleitete sie hinter dem Papierkreuz mit seinen Augen, und wenn das letzte Schulkind auf die Straße hinausgelaufen war, verließ er seinen Platz am Fenster. Er ging nicht zur Schule. Damit er nicht gänzlich hinter seinen Altersgenossen zurückblieb und sein Leben nicht ebenso unkundig und unwissend beendete wie die Wäscherin Gertrude, hielt sie ihn dazu an, laut die Bibel zu lesen – das einzige Buch im Hause, mit vergilbten Seiten und dunklem Einband, auf den ein längliches Kreuz aufgeprägt war.

Heinz las nun schon zum dritten Mal die Bibel vom ersten bis zum letzten Wort. Der Frühling war vom Sommer abgelöst worden, danach hatte die kalte Jahreszeit eingesetzt. Der Junge las immer noch die Bibel, und Gertrude nickte befriedigt, wenn sie sein monotones Murmeln ohne jeden Ausdruck hörte:

»Das Buch ist ja für die Christen geschrieben, aber es erzählt immerzu von den Juden... Deshalb sehe ich darin überhaupt keine Sünde...«

Als sich der Frühling näherte, war es vor Bombenangriffen überhaupt nicht mehr auszuhalten. Jede Nacht zogen Flugzeuge über Berlin, krachten die Fliegerabwehrkanonen; wie besessen huschten die Scheinwerferstrahlen über den Himmel; schwer, mit unterirdischem Getöse explodierten die Bomben. Und die Stadt brannte. Ein Wohnblock nach dem anderen.

Von Heinz' Eltern kam keinerlei Nachricht. Und der Junge begann sie allmählich zu vergessen. Gertrude aber erfuhr von ihrem Schicksal früher als viele andere. Sie wusch jetzt im Haus eines hohen SS-Mannes, und die Frau dieses hohen Mannes sagte Gertrude, daß von nun an Deutschland, Gott sei Dank, für immer und ewig von Juden gesäubert sei, denn man habe sie alle wie die Kälber nach Polen getrieben, und zwar nicht zu irgendwelchen Arbeiten, sondern zur Endlösung der Judenfrage. Dort habe man sie geradewegs aus den Güterzügen in die Gaskammern gebracht, sie wie die Ratten mit

Gas vergiftet und in speziellen Öfen verbrannt, die Tag und Nacht arbeiteten, ohne Unterbrechung, genauso wie die Rüstungsbetriebe.

Gertrude sagte dem Jungen nichts, seufzte nur häufiger auf, wenn sie hörte, wie schwermütig er laut die Bibel las, und dachte, daß man ihn in der Wohnung einsperren und weiter vor Frau Schulze verstecken mußte.

Das Leben begann für Heinz nach dem Fliegeralarm. Auf dem verlassenen Hof rannte er wie von Sinnen herum, stieß den Ball über den grauen, rissigen Asphalt und trainierte seine schwachen Muskeln, die vom langen Sitzen in der Wohnung ganz schlaff geworden waren. Und schrie sogar. Und sang sogar. Weil ringsum die Flak schoß und seine Stimme nur für ihn allein vernehmlich war.

In dieser Nacht spielte er in einem besonderen Freudenrausch und sang und schrie aus vollem Hals. Weil die Bomben, die Erde erschütternd, ganz nahe, neben dem Gefängnis Moabit, explodierten und die Flaks auf dem Platz außer Rand und Band waren wie Hunde, deren Stimmen sich vor ohnmächtigem Gebell überschlugen, und Heinz stellte sich nicht ohne Schadenfreude vor, wie Frau Schulze Granaten zu den Geschützen schleppte und wie die Bombe sie schließlich erwischte, sie in Stücke riß und den Jungen damit von seinem gefährlichsten Feind befreite.

Heinz machte mit den Augen Frau Schulzes Fenster ausfindig. Auf ihnen waren die Papierkreuze besonders akkurat aufgeklebt, als Vorbild für alle anderen Hausbewohner. Der Junge stieß mit aller Kraft auf den Ball ein. Der stieg über dem Hof auf, als habe ihn der Fuß eines echten Fußballers gekickt, beschrieb einen Halbkreis und drang unter dem Klirren von zerbrochenem Glas in das Fenster ein.

Der Junge erstarrte. Er stand festgenagelt an seinem Platz mitten im Hof; stumm blickten die schwarzen Fenster mit den Papierkreuzen wie auf einen Verbrecher auf ihn herab. In einem Fenster aber war das Kreuz zerrissen, und Glasscherben hingen an den Papierfetzen.

Das war das Fenster von Frau Schulze. Und in der dunklen Tiefe ihrer Wohnung lag der gelbe Fußball mit den fünf olympischen Ringen – ein unwiderlegbares Indiz, aufgrund dessen Frau Schulze mühelos den Übeltäter finden und der Gestapo ausliefern würde. Und zugleich auch Gertrude, die die arische Rasse durch gesetzwidriges Verstecken eines jüdischen Findelkindes mit Schande befleckt hatte.

Ganz hoch über ihm jaulten Flugzeugmotoren, gleichsam als verabschiedeten sie sich von Heinz, für den es nun keine Rettung mehr gab. Und die hellen Scheinwerferschwerter schlugen, sich kreuzend, über seinem Kopf aufeinander ein, bereit, im nächsten Augenblick auf ihn niederzustürzen, ihn in Brand zu setzen und in Asche zu legen.

Die Erde erbebte unter den Füßen des Jungen, er spürte einen federnden Stoß gegen seine Brust und fiel hin. Es krachte so furchtbar, daß es sich zuerst wie Watte auf seine Ohren legte, und dann schien es ihm, als ertönten ringsum kleine Glöckchen.

Als er sich wieder aufrappelte, sah er, daß der ganze Hof mit Glasscherben wie mit weihnachtlichem Flitter übersät war und die Fenster, ohne Ausnahme, in allen Etagen leerstanden, ohne Scheiben, mit Fetzen von Papierstreifen an den Rahmen. Das eine zerschlagene Fenster von Frau Schulze konnte man unter den Hunderten ähnlicher Fenster überhaupt nicht herausfinden.

Und der Junge lebte auf, rührte sich wieder, hüpfte auf den rutschigen Scherben herum und begann so froh und glücklich zu lachen wie einst, als er bei Mama und Papa lebte, und niemand auf dieser Welt konnte ihm mehr Angst einjagen.

Die Scheinwerferstrahlen tanzten, über den dunklen Himmel huschend, fröhlich mit ihm mit, und die unsichtbaren Motoren sangen ihm ein Lied.

Schon am Abend davor hatte Louis Rosenwasser seinen Mietern gesagt, daß er sie morgen nicht brauche, daß sie alle frei hätten und tun und lassen könnten, was sie wollten, denn morgen sei Jom Kippur, der Versöhnungstag, und obwohl er nicht an Gott glaube, so riskiere er es doch nicht, an einem solchen Tag zu arbeiten: Da sei Gott vor, einer seiner jüdischen Auftraggeber brauchte nur davon etwas zu erfahren, und schon würde er sich einen solchen Ruf einhandeln, daß man ihn hinterher keinen roten Heller mehr verdienen ließe. Ja und überhaupt war es für einen Juden, was auch immer er für einer war, an diesem Tag besser, wenn schon nicht zu fasten, so doch wenigstens nichts zu tun und damit die Sünde auf das erlaubte Mindestmaß zu beschränken.

Dan Ben-David kannte Louis schon seit einem halben Jahr, ungefähr seit dem Tag, als er aus Israel nach New York geflogen war – mit einem Touristenvisum für einen Monat im Paß und dem heftigen Verlangen, auf irgendeine Weise in Amerika Fuß zu fassen und nicht mehr zurückzukehren. Das Visum war längst abgelaufen; fünf Monate lebte Dan bereits illegal in New York.

Deshalb hielt er sich an Louis. Der haute ihn zwar ordentlich übers Ohr, gab ihm jedoch Obdach und Arbeit, von der man zwar nicht üppig leben konnte, aber auch nicht Hungers zu sterben brauchte. Ohne Louis hätte Dan mit leeren Händen nach Hause zurückkehren und obendrein sein letztes Geld für die Hin- und Rückreise ausgeben müssen.

Ein Ausländer mit einem abgelaufenen Visum hatte es schwer, in New York eine Arbeit aufzutreiben. Wer läßt sich schon mit so einem ein, um sich dann Unannehmlichkeiten mit der Polizei aufzuhalsen? Die einzige Hoffnung waren die

Juden. Doch die New Yorker Juden vergöttern ihren israelischen Bruder nur dann, wenn er in Israel lebt und Kriege gewinnt, was ihnen eine unaussprechliche Freude bereitet. Doch wenn er aus Israel abgehauen ist und es ihnen gleichtun will, das heißt, aus der Ferne für die Heimat schwärmen will, so kehren sie ihm einträchtig den Rücken zu und würdigen ihn nicht einmal mehr eines Blickes. Er beleidigt ihre erhabensten Gefühle.

Louis Rosenwasser unterschied sich von solchen Juden dadurch, daß er selber irgendwann einmal, noch bevor Dan geboren war, aus Israel, das damals Palästina hieß, abgehauen war. Er war abgehauen, als dort der Unabhängigkeitskrieg im Gange war, und hatte darüber hinaus, wenn man ihm glauben wollte, eigene politische Gründe gehabt. Deshalb empfand Louis nicht die geringste Feindseligkeit gegenüber solchen Burschen wie Dan. Im Gegenteil, dies bewies noch einmal, daß er recht gehabt hatte, als er 1948 die Gestade Palästinas verließ. Und er stellte sie ohne Papiere ein, bezahlte sie nicht mit Schecks, sondern bar und gestattete ihnen, gegen eine lächerliche Miete in seinem Haus zu wohnen.

Was das für ein Haus war, ist ein anderes Kapitel. Solche Elendsbehausungen hatte Dan nicht einmal in Tel Aviv gesehen. Es stand in einer düsteren Gegend in Brooklyn, und rechts und links von ihm und auf der anderen Straßenseite gegenüber zogen sich über einige Straßenblocks ebensolche dreistöckigen Häuser hin, die einst dunkelrot und schwarz angestrichen waren, deren Putz heute jedoch bis zu den nackten Ziegeln abgebröckelt war, mit leeren Fensterhöhlen, ohne Rahmen und ohne Eingangstüren.

Alle diese Häuser waren längst verlassen und unbewohnt. Man hatte alles aus ihnen fortgeschleppt, was nicht niet- und nagelfest war. Wenn Wind aufkam, begann ein solches Konzert, daß man sich die Ohren hätte zuhalten mögen: Da dröhnten die blechernen Dachplatten, pfiff der herunterhängende Draht, quietschte kläglich ein an der Decke vergessener Kronleuchter. Nachts brannte in ihnen kein einziges Licht, und es war ziemlich schaurig, allein durch so eine Straße zu gehen.

Nur in den Fenstern von Louis Rosenwasser brannte Licht.

Im ersten und zweiten Stock. Das Erdgeschoß stand leer; seine Fenster hatte man der Diebe wegen hermetisch mit Wellblech vernagelt. Louis hatte sich oben eingerichtet. Der erste Stock stand den Mietern zur Verfügung, die zugleich auch für Louis arbeiteten. Jetzt waren es nur noch zwei. Vor einem Monat war es Louis gelungen, den dritten Mieter loszuwerden, einen ewig besoffenen Burschen, der aus irgendeinem Nest in Alabama stammte. Er hatte mit solch einem südlichen Akzent gesprochen, und zudem hatte ihm irgend jemand sämtliche Vorderzähne eingeschlagen, daß selbst Louis mitunter ihn nicht verstehen konnte. Nüchtern war der Bursche Gold wert, alles ging ihm spielend von der Hand, und er protestierte nie, wenn er seinen Lohn ausgehändigt bekam. Doch war er nun immer seltener in nüchternem Zustand, und die Polizei hatte Louis einige Male gemahnt, er solle diesen Herumtreiber nicht länger bei sich behalten.

Dan zahlte nur zwanzig Dollar in der Woche für sein Quartier – einen lächerlichen Preis für New Yorker Maßstäbe – und besaß dafür ein Bett mit einer guten Matratze, einen durchgesessenen Fauteuil und einen Schrank, in dem er seine Sachen verstauen konnte. Außerdem durfte er die große Küche benutzen, in der allerlei Trödel stand, und mußte für Gas und Strom nicht extra bezahlen.

Der zweite Mieter hatte sein Zimmer nebenan; doch mit Dans Einverständnis hatte er sein Bett und seinen Nachttisch zu ihm herübergeschafft, und nun wohnten sie zu zweit zusammen. Er kam auch aus Israel, und so konnten sie sich nach Herzenslust auf hebräisch miteinander unterhalten und sich dabei wenigstens hin und wieder von der Notwendigkeit erholen, mühsam englische Wörter zusammenklauben zu müssen. Er war ein Altersgenosse von Dan aus Nazareth in Galiläa und hieß Machmud. Machmud war Araber. Ein israelischer Araber. In Nazareth leben christliche Araber. Hebräisch konnte er besser als Arabisch. Und Dan stand er näher als ein New Yorker Jude.

Machmud wurde bereits nach der Gründung Israels geboren, deshalb betrachtete er nicht wie andere Araber Palästina als seine Heimat, sondern Israel. Dafür sah ihn der eine oder

andere seiner Stammesgenossen schief an und schüttelte miß-
billigend den Kopf. Andererseits fühlte er sich als Araber in
diesem Lande doch nicht hundertprozentig zu Hause. Er
wuchs heran. Die jüdischen Jungen, mit denen er früher
herumgetollt hatte, wurden zum Wehrdienst eingezogen. Er
nicht. Folglich traute man ihm nicht. Im Basar explodierte
eine von Terroristen gelegte Bombe, die Polizei begann der
Reihe nach alle Araber festzunehmen. Machmud schnappten
sie etliche Male, nur weil er zufällig in der Nähe war. Verprü-
gelten ihn sogar. Und was würde noch alles kommen? Das
wußte nur Gott allein. Machmud nahm Abschied von seinen
Angehörigen und lebt nun also illegal in New York bei Louis,
läßt sich von ihm einstweilen so lange ausbeuten, bis es ihm
gelingt, sich einwandfreie Papiere zu beschaffen, und er seinem illegalen Dasein ade sagen kann.

Dan hatte Israel aus einem anderen Grund verlassen. Er
hatte in der Armee gedient, als Panzersoldat. Und allzu lange
gedient. Zuerst der übliche Wehrdienst, und dann war er bald
wieder eingezogen worden, diesmal, weil es Krieg gab, er war
sogar in Ägypten gewesen, auf der anderen Seite des Suezka-
nals. Danach hatte er lange im Lazarett gelegen. So war die
ganze Jugend vergangen. Ein Auto kaufen – an so etwas
durfte man nicht einmal denken. Bei den israelischen Steuern
konnte sich das nur ein Reicher leisten oder ein Regierungsbe-
amter oder ein Dieb. Aber hier hatte er sich schon im zweiten
Monat einen gebrauchten Lieferwagen für nur zweihundert
Dollar gekauft. Er hatte ihn ein wenig überholt, das eine oder
andere ausgewechselt, schließlich war er ja Panzersoldat und
kannte sich mit Autos aus, und jetzt lief der Wagen wie neu.
Er mußte nur noch die grüne Karte besorgen und sich legal
etablieren, dann würde er leben wie ein Mensch und für
immer von Louis Abschied nehmen.

Louis war auf seine Art ein guter Mensch, obwohl er sie
schamlos ausbeutete, was ihn übrigens nicht viel wohlhaben-
der machte. Diese drei Stockwerke eines halbverfallenen
Hauses in einer toten, sogar von den Schwarzen verlassenen
Straße – zu mehr hatte er es in zwanzig Jahren Amerika nicht
gebracht. Und die Visitenkarte, auf der er sich selbst als

Generalauftragnehmer bezeichnete und außer der privaten Telefonnummer eine nicht existierende Geschäftsnummer angab. Besser gesagt, eine existierende, doch nicht seine eigene. Es war die Nummer des kleinen Kontors eines Juden, dessen Sekretärin sich bereit erklärt hatte, für eine geringe Bezahlung die Anrufe entgegenzunehmen, die aufgrund der Visitenkarte an ihn. Louis Rosenwasser, gerichtet wurden, und ihn abends zu Hause anzurufen, um ihm mitzuteilen, wer ihn tagsüber hatte sprechen wollen.

Mal fehlte ihm das Geld, mal der Wunsch, sich die Zähne ersetzen zu lassen, und so nuschelte er mit seinen fünfzig Jahren mit zahnlosem Mund, in dem sich nur noch einige zerfressene, gelbe Zahnstummel befanden.

Irgendwann einmal hatte er dieses Haus unter Preis gekauft in der Annahme, er werde mit der Zeit daran verdienen. Besserer Zeiten harrend, hatte er danach keinen Cent mehr hineingesteckt, und das Haus war endgültig verfallen. Auf der Treppe gähnten Löcher, wo die Stufen eingebrochen waren, das Geländer wackelte, und es war gefährlich, sich darauf zu stützen. In allen drei Stockwerken war nur eine Toilette intakt geblieben, nämlich ganz oben, und Machmud und Dan liefen im Bedarfsfall an Louis' Bett vorbei. Was kostete es denn schon, die untere instand zu setzen? Schließlich war ja die Arbeitskraft umsonst. Doch Louis wollte nicht. Wenn ein Wunder geschehen würde und auf dem Markt plötzlich Interesse für sein Haus entstehen sollte, dann würde er alles hineinstecken, was nötig wäre, wie ein Spielzeug würde er es herausputzen und zu einem sagenhaften Preis verkaufen. Wenn das Wunder nicht geschieht, weshalb dann auch nur einen Cent für diese Ruine ausgeben? Louis wird noch ein Weilchen warten, dann die Türen vernageln und von hier wegziehen, wie vor ihm schon die Nachbarn. Zwar droht er, dieses Jahr würde er bestimmt fortgehen, doch trifft er keinerlei Anstalten dafür und wird zusammen mit dem Haus alt.

Louis ist ein Versager. Schon über zwanzig Jahre ist er in Amerika, besitzt längst die Staatsbürgerschaft und hat trotzdem nichts erreicht. Nicht einmal die Prüfung für den Führerschein hat er gemacht und ist immer genötigt, irgend jemanden um einen Gefallen zu bitten, wenn er ein Auto braucht.

Louis ist seiner Visitenkarte nach Generalauftragnehmer, in Wirklichkeit jedoch ist er nur ein kleiner Makler, der durch die ärmlichen Viertel streicht wie ein hungriger, räudiger Kater durch die Müllgruben, auf der Suche nach irgendeiner Reparaturarbeit: ein Dach ausbessern, neue Fußböden legen, Ziegelstufen an eine Veranda anbauen. Für einen geringeren Preis, als andere nehmen. Und wenn er einen Auftrag gefunden hat, scheucht er seine Mieter aus ihren Betten, und die tun die ganze Arbeit. Louis selber kann keinen Nagel in die Wand schlagen. Er rennt herum, schreit ihnen konfuses Zeug zu, streitet und handelt mit dem Hausbesitzer. Wenn die Arbeit ausgeführt ist, bekommt der Generalauftragnehmer vom Auftraggeber eine Summe bezahlt, deren Höhe die Arbeiter nicht kennen, und gibt jedem ein paar Dutzend Dollar bar auf die Hand. Wenn Louis illegale Einwanderer beschäftigt, geht die Abrechnung ruhig, ohne Ausschreitungen vonstatten. Doch wenn er gezwungen ist, ein paar rauschgiftsüchtige New Yorker Schwarze anzuheuern, die sonst keiner mehr einstellt, dann kommt es bei der Abrechnung leicht zu Zwischenfällen: einmal wurde Louis dabei kräftig verprügelt, seither kann er seinen Hals nicht mehr richtig nach rechts drehen.

Die Summen, die er dabei zu Recht oder Unrecht für sich behalten kann, sind so gering, daß man in all den Jahren, die er in dieser gefährlichen Straße lebt, kein einziges Mal versucht hat, ihn auszurauben. Die Unterwelt kennt Louis. Einen Teil seines Einkommens verdankt er Materialeinsparungen. Die Schwarzen, die ihre letzten Cents für Rauschgift ausgegeben haben, schleppen nachts aus leerstehenden Häusern Heizkörper, heile Fußbodenbretter und Fensterrahmen für Louis herbei.

Louis ist auf seine Weise großzügig und liebt seine Landsleute sogar, die bei ihm zur Miete wohnen. Nach einem gelungenen Geschäft läßt er sich nicht lumpen und bringt ein paar Flaschen israelischen »Karmelwein« nach Hause, kauft in dem arabischen Laden auf den Brooklyn Hights echten Kaffee mit bitteren Kardamomkörnern, und zu dritt veranstalten sie ein Festgelage im zweiten Stock, wo sie es sich auf Louis' Bett gemütlich gemacht haben. Sie singen israelische Lieder auf hebräisch, und hierbei übertrumpft Machmud Louis, weil dieser keine neuen Lieder kennt, sondern nur alte, noch aus der Zeit vor der Gründung des Staates Israel. Sie schimpfen einträchtig auf das amerikanische Essen, wetteifern darin, sich gegenseitig zu beweisen, daß die israelischen Tomaten weit besser als die hiesigen seien, von den Weintrauben erst ganz zu schweigen. Was aber den Kaffee angeht, so übersteigt es das Begriffsvermögen, wie ein so reiches Volk eine so eklige Brühe schlucken kann, die »regular coffee« heißt und die in Israel nicht einmal eine Katze anrühren würde.

Sentimental geworden vom Wein und ein wenig benommen von dem im Übermaß genossenen arabischen Kaffee, der so stark ist wie Dynamit, beginnt Louis über Politik zu schwadronieren und über die Gründe für seine Ablehnung Israels, während er den Kopf auf seinem runzligen Hals schüttelt.

»Jungs, ihr werdet es nicht glauben, aber ich habe es mit meinen eigenen Augen gesehen. Und niemals werde ich das den Sozialisten verzeihen, und seien sie auch hundertmal Juden. Vor uns Rechten hatten sie mehr Angst als vor den Arabern. Und als wir damals eine ganze Schiffsladung Waffen aus Amerika nach Israel brachten, wo jedes Gewehr Gold wert war, da stellte Ben Gurion Kanonen am Strand auf und versenkte die ›Atalena‹. Mit Mann und Waffen.

Ich stand am Strand von Tel Aviv neben Menachem Begin, ihr könnt ihn fragen, und wir beide weinten. Aber was hätte man tun können? Vorgehen wie sie und ein Gemetzel anfangen? Juden gegen Juden, dann hätten uns die Araber vollends den Garaus gemacht. Ich ließ alles liegen und stehen und ging fort. Und hatte recht. Ihr wißt selbst, wohin die Sozialisten unser armes Land gebracht haben. Sonst wärt ihr ja nicht abgehauen. Welch ein Jammer! Was könnte das für ein Land sein! Eine Perle! Ein Smaragd! Ein Brillant!«

Hier stellte sich heraus, daß selbst Machmud Israel nachtrauerte. Von Dan ganz zu schweigen. Oft dachte er gerührt an die schmutzige, vollgespuckte Bushaltestelle Tachana Merkasit in Tel Aviv. Oder er erinnerte sich an die Straße Tel Aviv–Jerusalem, die sich durch die niedrigen Berge Judäas wand, die bedeckt sind vom Tannenwald, den hier die ersten Siedler gepflanzt haben. Wie oft hatte er auf dieser Straße seinen Panzer überholt, der auf einem Sattelschlepper zur Front rollte, oder selbst oben auf der Panzerung gesessen und wie ein König um sich geblickt.

Seine Verwünschungen der Sozialisten beendet Louis mit einem Trinkspruch auf das Wohl Amerikas, des Landes, in dem, zugegeben, die Hühner über die ungenießbaren Tomaten und den Kaffee lachen, in dem jedoch jedermann große Möglichkeiten offenstünden. Und sogleich fragt er, die Augen kurzsichtig zusammenkneifend:

»Schaut mal, Jungs, ich seh so schlecht, läuft da nicht eine Ratte?«

Um in Amerika Fuß zu fassen, muß man eine Amerikanerin heiraten. Das ist der sicherste Weg. Jeder illegale Einwanderer weiß das. Es gab einen Moment, da schien es Dan, als sei er bereits am Ziel. Louis hatte sich verdungen, die elektrische Leitung im Laden eines Juden in Queens auszuwechseln, und Dan dorthin geschickt, weil Machmud Holz- und Betonarbeiten auszuführen verstand, Dan jedoch das Elektriker- und Schlosserhandwerk beherrschte. Die Arbeit war eine Lappalie, und Dan bewältigte sie in einem halben Tag. Der Hausbesitzer, sehr zufrieden mit der geleisteten Arbeit, lud Dan zu sich zum Mittagessen ein. Wie sich danach herausstellte, nicht nur deshalb. Der Hausbesitzer hatte eine heiratsfähige Tochter, und dieser jüdische Bursche aus Israel mit den goldenen Händen war möglicherweise keine schlechte Partie für sie. Und für Dan war es genau das, was er suchte. Keine Schönheit, doch durchaus sympathisch. Und ein Papa, der in der ersten Zeit helfen würde.

Nach diesem Mittagessen war Dan zweimal bei ihnen zu Gast, und abends ging er mit ihr ins Kino auf dem Queensboulevard. Er gefiel ihr; er brauchte nur noch den Heiratsantrag zu stellen. Doch gerade da ritt sie der Teufel, und sie gestand ihm, überzeugt, daß es ihn freuen würde, sie träume davon, aus Amerika nach Israel zu gehen, und sogar ihre Hochzeit solle dort sein. Weil sie wolle, daß ihre Kinder keine Hippies würden, wie das jetzt in Amerika Mode war, sondern zu normalen, vollwertigen Juden heranwüchsen. Zum dritten Rendezvous erschien Dan nicht.

Heute, am Versöhnungstag, wußte Dan nicht, wohin mit sich, und begab sich nach Manhattan, um dort die Fifth Avenue entlangzuschlendern und sich die Schaufenster anzuschauen. Er spielte mit dem Gedanken, ins Kino zu gehen, doch das hätte ihn vier Dollar gekostet, und einfach so auf der reichsten Straße der Welt entlangzuspazieren war ganz umsonst. Zudem bestand da die Möglichkeit, hier einen seiner Landsleute zu treffen, ein bißchen zu schwatzen, sich abzulenken und vielleicht einen sachkundigen Rat zu erhalten.

Auf der Fifth Avenue fiel besonders auf, wie viele Sabres Israel ade gesagt und sich hier, jenseits des Ozeans, ansehnliche Nester gebaut hatten. Die Verkäufer in den Geschäften, aus irgendeinem Grund besonders in denen, wo mit Rundfunkgeräten und getragenen Jeans Handel getrieben wurde, sprachen Englisch mit unverkennbarem hebräischen Akzent, und erst in den gelben Taxis war jeder dritte Fahrer ein ehemaliger israelischer Fallschirmspringer oder Panzersoldat. Louis hatte Dan sarkastisch lächelnd versichert, daß man, wenn man ganz New York durchkämmte, aus den Deserteuren hier ein paar Luftlande- und Panzerdivisionen für Israel zusammenstellen könnte.

Im Sommer hatte Louis Dan hierher geführt, weil es der Tag der Unabhängigkeit Israels war und die New Yorker Juden diesen Tag mit einer großen Parade begingen. Hunderte von Musikkapellen in wunderschönen Uniformkostümen aus der Zeit Napoleons marschierten durch das Zentrum von Manhattan und erschütterten die Luft mit »Hava-Nagila« und »Goldenes Jerusalem«. Und zwischen den Kapellen gingen, israelische Fähnchen schwenkend und Eis lutschend, endlose Reihen von jüdischen Kindern und Greisen. Sie gingen den ganzen Tag lang die Fifth Avenue hinauf und hinunter, und man hätte glauben können, es gäbe in dieser Stadt keine anderen Menschen außer Juden, die Schwarzen und Puertorikaner ausgenommen, die sich aus unerfindlichen Gründen ebenfalls unter die festliche Menge gemischt hatten.

Auf den Gehwegen standen neugierige Zuschauer mit sehr vertrauten Physiognomien. Ganze Familien. Und unterhielten sich miteinander ausschließlich auf hebräisch. Wie Dan und Louis waren es ausnahmslos abtrünnige Israelis; aus Anlaß des Unabhängigkeitstages krochen sie zu Tausenden aus allen Ritzen der riesigen Stadt New York, jubelten, die Gehsteige der Fifth Avenue füllend, gemeinsam mit den amerikanischen Juden und rühmten das ferne Israel; in die marschierenden Kolonnen reihten sie sich jedoch nicht ein, das wäre doch zu unschicklich gewesen.

»Na, ist das nicht ein Zirkus?« hatte Louis spuckend gefaucht, bemüht, die Musikkapellen zu überschreien. »Diejenigen, die niemals in den Nahen Osten fahren werden, um ihren Kragen zu riskieren, demonstrieren ihre Liebe für Israel auf der sicheren Fifth Avenue, und die von dort durchgebrannten tapferen Juden applaudieren ihnen. Ein Zirkus! Für den wir auch noch bezahlen!«

Dan ging heute die Fifth Avenue von der 42. Straße bis zum Central Park hinauf und wieder zurück, hatte jedoch bisher noch keine Bekannten unter den an spiegelnden Schaufenstern vorbeiflanierenden Passanten getroffen.

Am Versöhnungstag fuhren die Autos in dichtem Verkehr durch die Fifth Avenue; es war schwer, sich daran zu gewöhnen. In Israel erstarrte an diesem Tag das ganze Land, und selbst der kühnste Atheist würde sich nicht einmal im dekadenten Tel Aviv an diesem Tage mit dem Auto auf die Straße trauen.

New York aber, obwohl es darin so viele Juden gibt, mehr als in ganz Israel, ist dennoch keine jüdische Stadt, und am Versöhnungstag rasen dort nicht weniger Autos herum als irgendwann sonst.

Es war ein warmer Tag, doch in dem Spalt zwischen den Wolkenkratzern bedeckten graue Wolken den Himmel. Viele, die auf der Fifth Avenue spazierengingen, hielten zusammengefaltete Schirme in der Hand. Sogar der Schwarze mit den flinken Augen, der an der Ecke den vorbeigehenden Männern unbemerkt rosa Zettel mit der Einladung zum Besuch des nächsten öffentlichen Hauses zusteckte, trug einen zusammengelegten Schirm unterm Arm. Auch Dan steckte er so einen Zettel zu. Dan zerknüllte das rosa Papier in der Faust. Er fühlte sich unbehaglich. Es schien ihm, als schauten ihn alle Passanten an und verurteilten ihn dafür, daß er einer von denen war, die sich der käuflichen Liebe bedienten. Dan aber hatte das gar nicht vor. Solche Unternehmungen waren ihm einfach zuwider, und das mühsam verdiente Geld für so etwas auszugeben hielt er für unter seiner Manneswürde. Er hatte das Papier mechanisch angenommen, weil der Schwarze es ihm in die Hand gedrückt hatte.

Einen Block weiter faltete er, zur Wand gekehrt, das Papier auseinander. Saftige Frauenlippen waren daraufgemalt. Aufreizend halb geöffnet. Es kostete zehn Dollar. Nicht viel. Das konnte sogar er sich leisten. Um so mehr, als er vorgehabt hatte, ins Kino zu gehen, und sich's anders überlegt hatte. Also vier Dollar hatte er gespart. Man mußte nur noch sechs drauflegen.

Dan lachte auf. Natürlich würde er nirgends hingehen, gleich würde er einen Abfallkorb finden und den rosa Zettel wegwerfen. Er suchte mit den Augen den Korb. Die Passanten spannten ihre Schirme auf. Regentropfen fielen Dan auf die Nase und liefen an seinem Hals in den Kragen hinein.

Er hatte keinen Schirm, und so beschleunigte er seine Schritte. Er bog um die Ecke, sah, daß sich die Leute unter einem großen Vordach über einem Hauseingang unterstellten, und drängte sich zwischen sie. Der Regen trommelte lärmend über seinem Kopf. An der Tür zu diesem Aufgang klebten ebensolche rosa Zettel mit halbgeöffneten Frauenlippen, wie er gerade einen in der Faust zerknüllte; es wurde dazu aufgefordert, in den ersten Stock hinaufzugehen und auf den Klingelknopf zu drücken. Weiter nichts!

Der Regen hielt unbeirrt weiter an, und die Autos ließen im Vorbeibrausen Wasserfontänen aufspritzen und besprengten damit die Schutzsuchenden unter dem Vordach. Dan drückte die Tür auf und stieg, ohne sich umzusehen, die Treppe hinauf, immer zwei Stufen auf einmal. Da war auch schon die Tür mit den aufgeklebten rosa Zetteln. Er drückte rasch, als sei man hinter ihm her, auf den Klingelknopf. Der Türöffner summte von innen, und langsam öffnete sich die Tür. Dan ging hindurch und hörte hinter seinem Rücken den Laut der zuklappenden Tür. Sein erstes Gefühl war, daß er in eine Falle geraten sei. In dem langen, engen Korridor erblickte er ein Kassenfenster und dahinter eine ältere Frau, die irgend etwas Wollenes strickte.

»Zehn Dollar«, sagte sie und hörte auf zu stricken.

Dan kramte in seinen Taschen und zählte zehn Dollar ab. Sie nahm das Geld, legte eine Eintrittskarte aus Pappe, so groß wie ein Busfahrschein, vor ihn hin und fügte noch ein Stück Kaugummi dazu.

»Wozu das?« wunderte sich Dan.

»Ein Geschenk der Firma«, lachte sie. »Wenn Sie nicht kauen wollen, lassen Sie ihn da.«

Dan nahm die Karte und den Kaugummi und ging den Korridor entlang, den ihm die Kassiererin mit einem Kopfnikken gewiesen hatte.

Der Gang mündete in eine enge Halle ein, und hier erblickte Dan die Mädchen. Es waren fünf. Sie saßen auf einer Bank, halb bekleidet, in Badeanzügen, und waren grell und vulgär geschminkt. Zwei Schwarze mit langen, mageren Beinen und großen Brüsten, eine fette, ältere Puertorikanerin mit schlaffen Schenkeln und zwei weiße Frauen. Ihnen gegenüber saßen zwei Männer auf einer Bank, wohl ebensolche Freier wie Dan. Ein bißchen befangen, mit zerdrückten Eintrittskarten in den Fingern. Sie schielten zu den Mädchen hinüber, die aber kümmerten sich überhaupt nicht um sie.

Die Schwarzen rauchten Zigaretten und unterhielten sich halblaut über irgend etwas, die Puertorikanerin trank Coca-Cola aus der Büchse. Die eine Weiße las ein Paperbackbuch.

Dan setzte sich unentschlossen neben die Männer auf die Bank, und sogleich erhob sich sein Nachbar, ein älterer, schlampig gekleideter Schwarzer, ging auf die Puertorikanerin zu und streckte ihr die Karte hin. Ohne ihn auch nur anzusehen, nahm sie die Karte, stellte die nicht ausgetrunkene Coca-Cola-Büchse auf die Bank und ging, die breiten Hüften schwenkend, voran. Der Schwarze eilte ihr nach.

Dan ließ seinen schüchternen Blick über die übrigen Prostituierten gleiten, um zu entscheiden, welcher er die Karte aushändigen sollte, und hielt dann bei der inne, die das Buch las. Sie war jung, nicht viel älter als zwanzig, und eine Neigung zur Fülle machte sich bereits an ihr bemerkbar. Der Busen ließ den Badeanzug aufklaffen, und auf den Hüften zeichnete sich eine Fettschicht ab. Das Gesicht war rund mit einem kleinen Näschen und schwellenden, kindlichen Lippen. Die Haare waren dunkel, gelockt und reichten bis auf die entblößten Schultern.

Und plötzlich blieben seine Augen an etwas haften. Um ihren Hals hing ein Kettchen, und zwischen ihren Busenhügeln verbarg sich ein silberner, sechszackiger Davidstern. Sie war Jüdin.

Ohne sich darüber im klaren zu sein, weshalb er ausgerechnet sie gewählt hatte, ging Dan eilig, damit ihm keiner zuvorkam, auf sie zu und reichte ihr die Karte. Sie hob den Blick von ihrem Buch, schaute ihm von unten herauf ins Gesicht, nickte, steckte das Buch, nachdem sie ein Lesezeichen hineingelegt hatte, in ihre Handtasche und bedeutete Dan, ihr zu folgen. Sie führte ihn dorthin, wohin auch die Puertorikanerin den Schwarzen geführt hatte.

Zu beiden Seiten des Korridors waren winzig kleine Verschläge angebracht, mit Sperrholzwänden, die nicht ganz bis zur Decke reichten, und deshalb war jeder Laut deutlich vernehmbar. In den Kabinen empfingen die Prostituierten die Freier, und von dort erklangen Männerschnaufen, Wasserplätschern und gedämpfte Stimmen.

Dan folgte seiner auf hohen Absätzen vor ihm hertrippelnden Auserwählten in deren Kabine. Darin befanden sich eine auf Ziegelsteinen ruhende Matratze, ein Stuhl und ein Eimer. Auf dem Boden stand eine kleine Plastikschüssel, und an der Wand war ein winziges Regal angebracht, vollgepfropft mit Parfumflaschen und Flakons, die eine große Rolle Papierhandtücher vor dem Herunterfallen bewahrte.

»Ziehen Sie sich aus«, sagte sie, ohne ihn anzusehen, und Dan hörte sogleich einen kräftigen hebräischen Akzent heraus.

Sie ging hinaus, ließ die Tür angelehnt und kehrte mit einem Eimer Wasser zurück, als er schon nackt auf der Matratze saß. Um Dans Hals hing an einem feinen Kettchen genauso ein Davidstern wie bei ihr, bloß nicht weiß, aus Silber, sondern gelb, aus Gold.

Sie glitt mit trägem Blick über seinen Körper und blickte an die Stelle unter seinem Bauch.

»Wo sind Sie her?«

»Von dort, wo auch Sie her sind«, antwortete Dan.

»Ich bin aus Tel Aviv.«

»Ich auch. Ramat-gan.«

»Für immer hier?«

»Weiß nicht.«

Weiter reichte ihre Neugier nicht.

Sie rückte die Schüssel mit warmem Wasser an seine Knie heran, wusch ihm geschäftsmäßig sein Glied und trocknete es mit einem Papierhandtuch ab. Dann ließ sie den Badeanzug herunter, aus dem sie rasch zwei kräftige, runde Brüste herausschälte, streifte ihn mit einem Bein ab und ließ ihn am andern hängen. Sie hieß Dan sich auf den Rücken legen und fragte, als sie sich neben ihn gesetzt hatte:

»Wie wollen wir's machen? In den Mund? Oder hierher?«

Dan sagte nach kurzem Zögern:

»In den Mund.«

Sie nahm sein Glied in die Hand, drückte es, kniff die Augen zusammen und begann die Eichel zu untersuchen, ob sie nicht Symptome einer Geschlechtskrankheit aufwiese.

Oho, dachte Dan, kurzsichtig ist sie auch noch. Wahrscheinlich geniert sie sich, hier eine Brille zu tragen.

Mit dem Untersuchungsergebnis zufrieden, blickte sie ihm ins Gesicht.

»Ich möchte Sie nur vorwarnen. Runterschlucken werde ich nicht. Ich faste heute.«

Dan hätte beinahe aufgelacht.

»Wieso bist du überhaupt an so einem Tag... zur Arbeit gegangen? Wenn das für dich so wichtig ist... das Fasten?«

»Sie hatten den Schichtplan schon im voraus aufgestellt.

Und an Gott glaube ich nicht, ich wahre nur die Tradition...«

Sie holte tief Luft und nieste, wobei sie Dans Bauch besprühte.

»Hör mal«, richtete Dan sich auf, »jetzt mag ich nicht mehr.«

»Entschuldigung. Ich hab mich gestern erkältet. Meine Nase war zu. Tut es Ihnen schon leid, daß Sie mich ausgesucht haben?«

»Na, was denn?« sagte Dan gutmütig. »Was bist denn du für eine Prostituierte? Ein ganz gewöhnlicher jüdischer Schlimasl... niest dem Freier auf den Bauch.«

»Na, sind Sie denn nicht einer von uns?« lächelte sie.

»Das heißt, mich darf man so bedienen?«

»Wissen Sie was«, sagte sie, »ich regle das gleich alles. Ihre Karte werde ich einem von den schwarzen Mädchen weitergeben, die macht Ihnen dann alles. Ich hab nämlich schon Schluß. Für mich ist es Zeit, mich fertigzumachen. Sind Sie einverstanden?«

»Wieviel kriegst du denn bezahlt?«

»Für jede Karte fünf Dollar.«

»Das heißt, du verlierst fünf Dollar?«

»Wenn's für einen Landsmann ist, tut es mir nicht leid«, und wieder lächelte sie ihn schlicht und freundschaftlich an.

»Also gut«, stimmte Dan zu. »Bring die Schwarze her. Und wo gehst du dann hin?«

»Vielleicht zu einer Freundin...«

»Hast du nicht Lust, ins Kino zu gehen?«

»Ja, vielleicht.«

»Dann warte draußen.«

Die Schwarze war rasch zur Stelle, tat alles Erforderliche und wusch Dan wieder das Glied mit lauwarmem Wasser aus derselben Schüssel, die auch das Mädchen vor ihr benutzt hatte.

Als er auf die Straße hinaustrat, hatte der Regen schon aufgehört, doch kleine Bäche rannen immer noch die Gehsteige entlang. Sie stand im Regenmantel da, mit einem schwarzen Schirm unterm Arm, und lächelte ihm zu. Dan hakte sie unter, und sie gingen auf die Fifth Avenue.

»Ich heiße Tamar«, stellte sie sich vor. Dan nannte auch seinen Namen.

»Die Narbe am Bein, kommt das bei dir vom Krieg? Mein Bruder war Fallschirmspringer... und du?«

»Im Panzer.«

»Im Panzer – das ist schlecht«, seufzte sie. »Die verbrennen lebendig.«

»Manchmal«, pflichtete Dan bei. »Wer von dir ist denn dageblieben?«

»Mama und zwei Brüder. Ich schreib Mama, daß ich lerne und arbeite... schicke ihr Dollars... und sie freut sich für mich... wenn sie wüßte... du verachtest mich nicht?«

»Wofür?«

»Na, daß ich so was mache...«

»Gibt's denn bei uns zu Hause etwa keine Prostituierten?«

»Aber heute ist doch so ein Tag«, seufzte sie. »Mama fastet... und die Brüder fasten... ganz Israel fastet... kein einziges Auto auf der Straße... Und hier...«

Sie bogen in die parallel verlaufende Madison Avenue ein und hielten bei der großen Synagoge an, aus deren weit geöffneter Tür der vertraute Gesang des Kantors herausklang – der herzzerreißende jüdische Klagegesang am Versöhnungstag. In ihrer Muttersprache, auf hebräisch. Und dabei mutete es sie heimatlich an.

»Gehn wir hinein?« fragte Dan mit den Augen.

Sie nickte.

Sie stiegen die Stufen hinauf in den weiten Saal mit den Kronleuchtern. Auf den Bänken saßen elegante amerikanische Juden mit Gebetbüchern in der Hand: Männer und Frauen. Dies war eine reformierte Synagoge. Dan nahm das schwarze Käppchen von der Bank und setzte es sich auf den Scheitel. Sie standen an einer Säule im Durchgang.

Der Kantor sang gut. Mit einem Schluchzen in der Stimme. Die hebräischen Worte mit leicht amerikanischem Akzent betonend. Da wehte sie der Hauch der Fremde an, und sie beide empfanden schmerzlich, wie weit sie von zu Hause fort waren. In der ganzen Synagoge war nur für sie beide Hebräisch die Muttersprache und keine flüchtig erlernte Sprache.

Doch der Kantor sang trotzdem gut. Mit wirklichem Schluchzen in der Stimme. Und die Tränen rannen erst Tamar über die roten Backen, dann traten sie auch in Dans Augen.

Am Versöhnungstag muß man weinen.

DIE WÖLFIN

Die Sonne stand im Zenit, südlich und glühend heiß, und nur die über den ganzen Strand verteilten bunten Sonnenschirme boten rettende Schattenkreise in dieser Glut. Die Urlauber hatten sich in den Schutz der Schirme verkrochen und auf dem zerwühlten, gelben Sand nur Zeitungsfetzen und Schalen von Sonnenblumenkernen und Melonen zurückgelassen.

Das Asowsche Meer schimmerte matt wie Email, und das darüber hingleitende Tragflügelboot schien wie eine weiße Fliege über einen zähen Brei zu kriechen.

Mit nackten, braunen Füßen durch den glühenden Sand stapfend, schleppte sich eine alte Frau über den Strand, keine Urlauberin, sondern eine von den Hiesigen. Ihre Bluse und ihr Rock waren alt und zerrissen, ihr unbedeckter Kopf mit dem ungewaschenen Zottelhaar war der gnadenlosen Sonne ausgesetzt, sie bot einen schreienden Kontrast zu den gepflegten Körpern in koketten Badeanzügen und Bikinis auf den Badetüchern im Schatten der bunten Schirme. Das Gesicht der Alten war runzlig, von der Sonne gegerbt, ihr zahnloser Mund eingefallen. Wie fühllos setzte sie ihre Füße in den glühenden Sand. Sie waren bis zum Skelett ausgedörrt, mit schuppiger Haut, die sich wie bei einer Schlange schälte, und tiefen, schwarzen Schrunden an den Fersen.

Die Alte bat nicht um Almosen. Sie blieb nicht bei jedem Schirm stehen, um sich einen Zehner zu erbetteln.

Sie schleppte sich über den Strand, ab und zu starrte sie, die Hand zu den Augen hebend und sie gegen die blendende Sonne schützend, die Leute unter den Schirmen an, so als suche sie jemanden.

Und blieb mit einem törichten Grinsen stehen, wenn sie zwischen den nackten Körpern einen Menschen mit jüdischer

Physiognomie entdeckt hatte. Besonders breit lächelte sie und entblößte dabei das kahle Zahnfleisch mit einem einzigen, wie bei einem Pferd so gelben Zahn, wenn sie eine jüdische Familie sah mit der zwangsläufig dicken, den Badeanzug sprengenden Mamascha und überernährten, gemästeten Kindern.

Sie näherte sich ihnen wie die Hexe im Märchen, und ihr schwachsinniges Lächeln und der ungesunde Glanz ihrer Augen verstärkten noch diese Ähnlichkeit. Sie ging nicht weiter als einen Schritt bis zum Schatten unter dem Schirm heran, ließ sich mitten in der Gluthitze im Sand auf die Knie nieder und begann aufheulend zu jammern:

»Ach, ihr meine lieben Kinderchen! Ihr meine jüdischen Äuglein! Haargenau wie bei meinen Mädelchen... wie bei Marussja... Oxanotschka... und Riwotschka... die jüngste hieß so... nach der verstorbenen Mutter meines Mannes... Gott gebe ihm das ewige Leben... und meinen Kinderchen.«

Weiter ging aus ihren leisen, wie auswendig gelernten Wehklagen hervor, daß sie von hier stammte und bis zum Zweiten Weltkrieg Lehrerin an der Dorfschule gewesen war. Sie war Ukrainerin, hatte aber einen Juden geheiratet.

»Ein guter Mensch war er, da gibt's nichts zu sagen. Weiß Gott«, rechtfertigte sie sich gleichsam. »Ich kann mich an nichts Böses erinnern. Trank nicht, hob nie die Hand gegen mich. Und was er verdiente, brachte er alles nach Haus... für mich und für die Kinderchen.«

So lebten sie, bis der Krieg anfing und die Deutschen kamen. Im Winter, als das flache Asowsche Meer zugefroren war, holte die Polizei ihren Mann und die drei Kinderchen. Daß ihre Mutter Ukrainerin war und in ihren Adern nur zur Hälfte jüdisches Blut floß, beachteten sie nicht. Auf Befehl mußten alle Juden getötet werden, und dabei wurde keinerlei Ausnahme gemacht.

Sie trieben sie übers Eis, weit vom Ufer weg, gleich hier – diesem Strand gegenüber. Damals war hier kein Strand gewesen, sondern nur wildes Ufer. Sie hackten das Eis auf und begannen, die Juden in die Löcher zu stoßen, sie zu ertränken.

»Meine Kinderchen auch... Oxanotschka... Marussetsch-
ka... und Riwotschka... wie kleine Hunde haben sie sie
ersäuft. Nachher, als die Polizei weg war, bin ich hingelaufen.
Aber die Löcher waren schon wieder zugefroren. Ich dachte,
im Frühling taut es, und sie werden ans Ufer gespült, vielleicht
könnte man sie richtig begraben... Sie wurden nicht ange-
spült... So liegen sie im Meer... wie die Fischlein... Wer
weit hinausschwimmt, kann sie vielleicht sehen.«

Sie wandte sich zum Meer, verdeckte die Augen vor der
Sonne und blinzelte, den Kopf schüttelnd und irgend etwas
vor sich hin flüsternd, auf den geschmolzenen Spiegel
hinaus.

Die Juden lauschten betroffen ihren Wehklagen. Gleichsam
als seien sie irgendwie schuldig am Kummer dieser überge-
schnappten ukrainischen Alten. Und steckten ihr Geld zu.
Kein Kleingeld. Sondern einen Papierrubel oder sogar
zwei.

Die Alte nahm diese Gaben, ohne zu danken, wie einen ihr
zustehenden Lohn und erhob sich mit einem Seufzer von den
Knien:

»Es ist schwer, Jude zu sein. Meinem Feind wünsch ich's
nicht.«

Und ging weiter mit bloßen Füßen über den glühenden
Sand auf der Suche nach jüdischen Gesichtern unter den
Schirmen. Fand sie sie, so ließ sie sich auf die Knie sinken und
stimmte genau dasselbe Lied an, wie eine Schallplatte. Mit
denselben Worten. Ohne den Tonfall zu ändern.

Ich gab ihr drei Rubel. Obwohl ich ihr nicht ein einziges
Wort glaubte. Sie schien mir ein schlaues Biest zu sein, das
geschickt die jüdische Empfindsamkeit ausbeutete. Und die
drei Rubel gab ich ihr als Belohnung für ihre Findigkeit.

Aber als ich abends den Strand verließ, badete ich entgegen
meiner Gewohnheit nicht mehr zum Abschied im Meer. Ich
stand am Saum des Wassers wie am Rand eines Grabes und
wagte nicht, meinen Fuß hineinzuhalten.

Nach Einbruch der Dunkelheit spazierte ich den Strand entlang. Es wehte eine erfrischende Brise, das Meer kroch auf
den Sand und rollte mit einem Seufzer zurück, wobei es

Fetzen schwindenden Schaumes wie weiße Haarsträhnen zurückließ.

Die Schirme standen nicht mehr mit farbenprächtig aufgespanntem Tuch da, sondern steckten zusammengeklappt, mit angelegten Flügeln, wie Lanzen im Sand, auf den der Mond ihre spitz zulaufenden Schatten warf.

Der Strand war menschenleer und sauber. Man hatte den ganzen Unrat mit Rechen zusammengekehrt. Im Sand hatten sich Wellenlinien gebildet und liefen bis fast ans Wasser, auf dem die unstete Mondspur silbern glitzerte. Und dort, wo das Mondsilber schwankend und plätschernd ans Ufer schlug, zeichnete sich dunkel die Silhouette eines Tieres ab, halb Hund, halb Wolf, das auf den Hinterpfoten saß und die Schnauze zum Himmel erhoben hatte.

»U-u-u-u«, heulte die Silhouette den Mond an.

Ein Schaudern überkam mich.

Der Wolf schwenkte die Vorderpfoten und hob sie über den Kopf, ganz wie ein Mensch, und klagte mit der Stimme der armen Alten:

»Ach, ihr meine lieben Kinderchen! Da bin ich zu euch gekommen... ich, eure Mutter. Wie geht's euch dort? Wie geht's euren Knöchlein? Kalt ist es da unten, nicht wahr? Habt ihr etwas geantwortet? Ich hab mich sehr nach euch gesehnt.«

Und wieder stimmte sie ihr Wolfsgeheul an den Mond an:
»U-u-u-u... Lieber Gott, erklär mir doch... Na ja, die Juden schlägt man... Das ist verständlich... Aber meine eigenen Kinderchen, mein Blut, wofür?«

Der kupfernen Mondscheibe zugewandt, verstummte die dunkle Silhouette der Wölfin und heulte wieder, ohne die Antwort abzuwarten, wehmütig und schwer:

»U-u-u-u-u...«

Ein Franzose allerdings schaute bei mir herein. Unser Gendarm. Um uns mitzuteilen, daß ich morgen zusammen mit den Kindern Punkt zwölf Uhr am Sammelpunkt zu sein hätte. Wenn er uns zu diesem Zeitpunkt zu Hause antreffe, müsse er uns eigenhändig dorthin bringen. Der Hundesohn! Da kennt man sich seit zwanzig Jahren, und dann kommt er und jagt einem so einen Schrecken ein.

Doch um ehrlich zu sein, ganz so schlimm war dieser Hundesohn eigentlich nicht. Im Gegenteil. Er gab uns zu verstehen: Haut ab, egal wohin, morgen ist's zu spät. Man kann sagen, er hat uns das Leben gerettet. Aber solche Leute kommen unter denen nur ganz vereinzelt vor. Eine echte Ausnahme.

Mir brauchte man den Tip nicht zweimal zu geben. Eineinhalb Stunden später waren wir wie vom Erdboden verschwunden. Alles hatten wir zurückgelassen, so wie es war. Die Schlüssel hatte ich der Nachbarin rübergeworfen: Da, nimm sie, benutze sie. Eine gewisse Madame Bouchet. Verarmte Aristokratin. Du weißt ja, wie sehr sie uns lieben.

Aber diese Madame war eine Ausnahme. So etwas soll vorkommen. Als wir nach einigen Jahren nach Paris zurückkehrten, öffnete uns diese Alte, Gottes Augapfel – möge ihr die Erde federleicht sein, sie starb bald darauf an Entkräftung –, die Wohnung, und ich traute meinen Augen nicht: Alles stand da wie sonst, nicht einmal ein silberner Löffel fehlte, die Blumen in den Töpfen waren gegossen und nicht verwelkt. Übrigens ißt du die Suppe mit einem dieser Löffel, die Madame Bouchet so gut gehütet hat. Dabei hätte sie sie ja verkaufen und gar nicht schlecht davon leben können. Solche Leute gibt es ja – aber sie ist eine Ausnahme.

Ich irrte mit meinen Kindern durch Paris, wußte nicht, wo mich verstecken, wie aus dieser verdammten Stadt herauskommen, wo die Franzosen in Cafés sitzen und es sich schmecken lassen, während ich vor Angst sterbe und nicht weiß, was tun. Überall sind deutsche Patrouillen, sie kontrollieren die Papiere, mit einem Wort – das Ende.

Neben uns hielt ein Lastwagen mit Anhänger. Am Steuer so eine Banditenfratze in deutscher Uniform. Ein Kollaborateur.

Ein Verräter. Der sich bei ihnen verdingt hat, um ungestraft Leute wie mich zu berauben.

Doch wie du siehst, sitze ich dir gegenüber und reiche dir zu essen. Weil dieser Abschaum von einem Menschen eine Ausnahme war. Er begriff rasch, wer ich war, in welcher Lage ich mich befand und was ich suchte. Ließ mich mit den Kindern auf den Lastwagen steigen, stapelte einige leere Kisten oben drüber, daß ich später lauter blaue Flecken hatte, der Kuckuck soll ihn holen, passierte alle deutschen Kontrollen, er hatte einen Passierschein, und brachte uns aus Paris heraus.

Wären die Deutschen dahintergekommen, wen er da mit sich führte, sie hätten ihn auf der Stelle erschossen. Du wirst es nicht glauben, aber der Mann war erstaunlich anständig. Er brachte uns in ein Dorf, und als ich ihn bezahlen wollte – ich besaß noch Geld –, nahm er nichts an. Ja, er beschimpfte mich sogar vor den Kindern, noch dazu mit den unflätigsten Ausdrücken, was nicht gerade für ihn spricht. Egal! Ich habe ihm verziehen.

Jetzt stell dir einmal unsere Situation vor. Wir waren ganz allein unter diesen bäuerlichen Antisemiten. Ohne Papiere, ohne Geld (das war bald zu Ende gegangen), ohne Brotmarken, denn Lebensmittel waren im Krieg rationiert, und ohne Marken konnte man nichts kaufen: Leg dich hin und stirb! Wenn ich dir erzähle, was ich mit den Kindern alles durchgemacht habe, glaubst du es doch nicht.

Wir hielten uns im Dorf auf einem Dachboden versteckt, nur nachts kamen wir zu den Bauern herunter. Sie gaben uns zu essen. Die Leute waren gut, wir hatten Glück gehabt, daß wir unter lauter Antisemiten auf solche Menschen trafen! Natürlich war das ein Ausnahmefall. Sie – und ihre Nachbarn. Sie wußten alles, meldeten es aber nirgendwo. Schleppten sogar an, was sie nur konnten: hier ein Dutzend Eier für die Kinder, dort ein Stückchen Käse oder ein Glas Milch. Und alles nur für ein Dankeschön. Hätten die Deutschen Wind von uns bekommen – ha, gestreichelt hätten sie diese Leute gewiß nicht.

Aber Gott sei Dank – einmal war der Schrecken zu Ende, Paris war frei. Wir kehrten nach Hause zurück. Unsere Portiersfrau wunderte sich sehr, daß wir noch lebten. Ein widerliches Weibstück. Allerdings, als Antisemitin würde ich sie nicht bezeichnen. Als ich den Kindern etwas zu essen machen wollte und kein Gas aus der Leitung kam, sagte sie zu mir:

›Holen Sie sich Kohlen aus dem Keller.‹

Du kannst dir vorstellen, die Kohlen haben mich gerettet. Es gibt auch solche Menschen, sage ich dir. Aber das ist die Ausnahme.

Du bist zum ersten Mal in Paris. Hör auf mich. Vertrau ihnen nicht zu sehr und spitz die Ohren nicht unnötig, wenn sie reden. Sie sind alle schreckliche Antisemiten.«

Danach begann Tante Sonja mich teilnahmsvoll auszufragen, in welchem Hotel ich abgestiegen sei, was ich esse und wieviel ich dafür bezahle. Doch bat sie mich nicht, zu ihr zu ziehen, obwohl niemand außer ihr in ihrer großen Wohnung lebte. Ich sagte ihr, daß ich nicht im Hotel wohne, weil ich dafür kein Geld habe, sondern umsonst bei einer französischen Familie übernachten dürfe. Ich hatte diese Leute auf der Reise nach Paris kennengelernt, und sie hatten mich überredet, bei ihnen zu bleiben.

»Erstaunlich«, zuckte Tante Sonja die Achseln. »Du hast einfach Glück gehabt. Ein ausgesprochener Zufall. Aber ich bitte dich, sei kein Kind und mach dir keine Illusionen – wir sind von lauter Antisemiten umgeben, und das wird immer so bleiben.«

Im Baltikum, an der Ostsee, ist es nicht nur simplen Urlaubern, sondern auch Meteorologen fast unmöglich, das Wetter vorauszuahnen. Laut Voraussagen sollte der ganze August heiß und trocken sein, statt dessen nieselte es trostlos bis zum Ende der Sommersaison, das Meer war bleiern grau, schmutzige Gischt umsäumte den stets feuchten, seines goldenen Schimmers beraubten Sandstrand.

Die Sommerhäuser entlang der Rigaer Küste leerten sich allmählich. Die Leute, verschnupft, mit verdrossenen Mienen, fuhren vorzeitig nach Haus, verzichteten auf das im voraus bezahlte Geld und die Möglichkeit, sich einmal im Jahr zu erholen.

Ich bewohnte ein Zimmer in einem Holzhaus, dessen beide untere Stockwerke eine lettische Familie an Urlauber vermietete, während sie selbst den Sommer über unters Dach zog. Meine Nachbarn waren Juden aus Leningrad und Moskau, die mit Kindern und Omas, elektrischen Kochplatten, Thermosflaschen und Transistorradios an diesen ihnen lieb gewordenen Strand angereist kamen, jetzt aber ihr Hab und Gut wieder einpackten, ohne auch nur ein wenig braungebrannt zu sein.

Hinter der Bretterwand waren erst unzufriedene Stimmen, dann kreischendes Gezänk zu hören. Die Wände im Haus waren so dünn, daß ich nicht nur Stimmen, sondern auch das Knarren der Stühle und nachts das Schnarchen hören konnte. Jetzt zankten sich nebenan zwei Alte: Die lettische Hausbesitzerin und die jüdische Großmutter aus Moskau. Lettin wie Jüdin beherrschten die russische Sprache nur mangelhaft, und bei ihrem zwar unterschiedlichen, jedoch gleichermaßen erbärmlichen Akzent konnte ihr Wortschwall bei einem Zuhörer nur Lächeln hervorrufen.

Ich kannte beide. Jeden Morgen begrüßten wir uns, wechselten gelegentlich ein paar Worte. Mehr nicht. Doch auch das genügte, um sich eine Vorstellung von ihrem Leben zu machen. Beiden hatten die Jahre des Zweiten Weltkriegs viel Leid gebracht. Die Jüdin, eine behende Alte mit gekrümmtem Rücken, hatte im Getto fast alle Verwandten verloren, ihr Mann und ihr Sohn fielen an der Front. Am Leben geblieben war nur ihre Tochter, und als diese, herangewachsen, einen soliden Mann heiratete, blieb die Mutter bei ihr als Haushälterin, Köchin und Betreuerin der Enkelkinder. Mir hatte sie unter dem Siegel der Verschwiegenheit anvertraut, sie wolle mit der ganzen Familie nach Israel auswandern und bedauere es kein bißchen, dieses antisemitische Land – dreimal verflucht möge es sein – zu verlassen.

Die Lettin war etwa ebenso alt. Wortkarg und verschlossen verhehlte sie nicht ihre Abneigung uns gegenüber – uns, den Urlaubern, die aus Rußland in ihr heimatliches und, wie sie meinte, okkupiertes Land angereist kamen. Und daß wir keine Russen, sondern lediglich russische Juden waren, milderte unsere Schuld in ihren Augen keineswegs. In ihrer Vorstellung waren alle Juden den Kommissaren gleich, die seinerzeit, 1940, die russischen Soldaten befehligten und ihr armes Lettland seiner kurzfristigen Unabhängigkeit beraubt hatten. Ihr Sohn hatte, um sich an den Russen zu rächen, im Zweiten Weltkrieg auf deutscher Seite gekämpft und war nicht zurückgekehrt. Zur selben Zeit verlor sie die Tochter. Seitdem lebten sie und ihr Mann auf den Tod zu, und dieses Holzhaus am Strand war fast ihre einzige Einnahmequelle. Sie vermieteten Zimmer an alle, die bereit waren, den relativ hohen Preis zu zahlen. Sogar an Juden. Denn die Mehrzahl der Urlauber hier waren Juden, und die zahlten, ohne allzu hartnäckig um den Preis zu feilschen, und im voraus.

Ich hörte mir das sinnlose, mit fürchterlichem Akzent vorgebrachte Gekeife hinter der Wand an und konnte darüber nicht lächeln. Die beiden Alten waren nicht zimperlich und zielten genau auf die Stelle, an der beide am verwundbarsten waren: auf ihren Nationalstolz. In ihrem Zorn beschuldigte die Jüdin nicht nur die Hauswirtin, sondern alle Letten, während des Krieges gemeinsam mit den Deutschen Juden gemordet und jüdische Häuser geplündert zu haben. Und das Haus hier am Strand – dessen sei sie sich sicher! – hätte einst auch Juden gehört, die sie und ihr Mann erschlagen, deren Besitz sie sich angeeignet hätten. Die Lettin blieb ihr nichts schuldig und verfluchte die Juden, die ihrer festen Überzeugung nach stets und immer die Feinde Lettlands gewesen waren, die den russischen Bolschewiken die Türen geöffnet, mit ihnen gemeinsam die Letten aus ihren Häusern vertrieben und ins kalte Sibirien geschickt hätten. Und als letztes und wichtigstes Argument für ihren Judenhaß nannte die Lettin den Verlust ihrer Tochter. Die zwar nicht die Juden umgebracht, deren Tod sie jedoch verschuldet hatten. Das wütende Gekeife hinter der Wand hämmerte gegen meine Ohren.

»Judengezücht! Okkupanten!«

»Lettische Sau! Mörder! Verräter!«

Es ging über meine Kraft, das länger mit anzuhören. Ich warf mir den Regenmantel um die Schultern (den Regenschirm hatte ich in Moskau gelassen, es war ja noch lange nicht Herbst) und ging hinaus auf die menschenleere Straße, in den feinen Nieselregen. Tief zogen die struppigen grauen Wolken dahin. Stoßweise fegte der Wind vom Meer, fuhr in die Kronen der Kiefern, und in Schüben fielen große Tropfen wie Hagel auf meinen Kopf.

Die Straße führte wie eine Waldschneise zum Strand hinab, und unten, zwischen den letzten Kiefern, sah man das Meer – einen Zipfel von dunklem, schmutzigem Grau, durch eine verschwommene Linie vom Himmel getrennt, der auch schmutzig-grau war, nur um einiges heller.

Von Nachbarn und von den anderen Urlaubern, die alljährlich herkamen und darum über alles, was die Küstenbewohner betraf, informiert waren, wußte ich einiges von dem, was mit der Tochter unserer Wirtin geschehen war. Ich erfuhr ihre Geschichte bruchstückweise, teils von den wortkargen Letten, die die Wahrheit kannten, teils von den redseligen, aber verdächtig weit von der Wahrheit entfernten zugereisten Klatschbasen. Und diese Geschichte hatte den wehmütig-hellen Klang uralter Volkssagen von treuer und tragischer Liebe, die, an der gesamten baltischen Küste von Generation zu Generation überliefert, bei Letten, Litauern und Esten einander wie Geschwister gleichen. Bei Juden habe ich niemals Legenden dieser Art vernommen. Und vielleicht wird diese, sollte sie mit der Zeit nicht verblassen, in der jüdischen Mythologie eine Lücke füllen und auch zu den lettischen Sagen und Legenden ihr Scherflein beitragen.

Denn die Helden dieser Legende – echte, keine erdachten – waren das lettische Mädchen Milda und der jüdische Jüngling Jan, der in lettischer Sprache Janis hieß. Wie die Heldinnen alter Sagen, hatte Milda dichtes goldenes Haar bis zum Gürtel, und ihre Augen waren grau wie der Himmel über der Ostsee. Janis hatte bräunliche Haut, lockiges Haar und Augen wie reife Schattenmorellen – dunkel auf dem bläulichen Weiß der Augäpfel.

Beide verband Liebe. Eine stille, sogar eine heimliche Liebe. Denn weder die lettischen Eltern Mildas noch die jüdischen von Janis hätten sie jemals gebilligt. Und diese Liebe begann, lange bevor deutsche Truppen Riga besetzt und alle Juden hinter Stacheldraht ins Getto gepfercht hatten, das sie von lettischer Polizei bewachen ließen. Auch Janis kam ins Getto. Ihn ließen sie nicht heraus. Milda ließen sie nicht hinein. Die Liebenden waren getrennt. Dann wurden die Juden schubweise in die Nähe von Riga, nach Rumbala, gebracht, wo man sie im Kiefernwald vor den von den Kämpfen unversehrt gebliebenen Schützengräben erschoß. Einige hundert an jedem Tag. War ein Graben bis oben mit Leichen gefüllt, schüttete der nächste Schub ihn mit Sand zu und wurde dann unter Bewachung der Henker zu einem noch leeren Graben geführt. Schützengräben gab es in Rumbala genug.

Langsam wurden die Straßen im Getto leer. Tag um Tag entließen immer mehr Häuser ihre Bewohner, und aus den Fenstern, die nun niemand mehr schloß, drang nur noch das laute Jammern der hungrigen Katzen, die zwar den Juden gehört hatten, doch selbst keine Juden waren und somit von der Vernichtung verschont blieben.

Mildas Familie war wohlhabend. Das Haus am Meer, eine

große Wohnung im Zentrum von Riga. Gemälde in Eichenrahmen. Teppiche. Und der Stolz der Familie: das alte gediegene Tafelsilber, das – seit vielen, vielen Jahrzehnten von der Urahne an die Großmutter, von der Großmutter an die Mutter vererbt – jetzt für Milda bestimmt war, sobald sie heiraten würde. Das Silber reichte für eine große Hochzeitsgesellschaft. Es gab da so viele Löffel, Gabeln, Messer. Und was für Tabletts! Und Kannen! Zuckerdosen! Sahnekännchen! Alles aus reinstem Silber – das hinter dem Glas der geschnitzten Eichenvitrine so warm und schön erglänzte. Die Mutter war in das Familiensilber vernarrt und vertraute es niemandem an: Sie selbst putzte es mit feinster Kreide und verschiedenen Mixturen, bis der Glanz makellos war.

Eines Tages war das Familiensilber verschwunden. In der Nacht darauf kehrte Milda nicht unter das väterliche Dach zurück. Auch nicht in der folgenden Nacht. Erst sehr viel später erfuhren Vater und Mutter, wohin das ganze Silber und mit ihm zusammen ihre einzige Tochter verschwunden waren.

Ein Leben ohne Janis war für Milda undenkbar. Um ihn aus dem Getto zu befreien, brauchte sie Geld. Um die Polizeiwache zu bestechen. Milda brachte ihr das Familiensilber. Die lettischen Polizisten geleiteten Janis nachts vor das Tor des Gettos, wo Milda ihn erwartete. Sie führte ihn dann durch dunkle, stille Gassen in ständiger Gefahr, einer deutschen Patrouille zu begegnen, zur Stadt hinaus bis ans Meer, in eben jenes Haus, in dem ich jetzt ein Zimmer bewohne. Das Haus stand damals leer. Die Eltern lebten in Riga.

Und in der nächsten Nacht stachen beide in See. In einem Ruderboot. Dem Boot, das Mildas Vater für sommerliche Fahrten am Strand vertäut hatte.

Ich vermute, die Nacht war mondlos, dunkel. Das Meer aber stürmisch bewegt. Denn bei völliger Windstille und in einer mondhellen Nacht hätten sie sich nicht aufs Meer gewagt, das von den Motorbooten der deutschen Küstenwacht durchpflügt und von oben, von Flugzeugen aus, mit Scheinwerfern abgesucht wurde. Hohe Wellen und Dunkelheit vermochten sie vor feindlichen Augen zu schützen. Doch die gleichen schützenden Wellen spielten mit dem Boot wie mit einem Stückchen Holz, drohten, es zu verschlingen, ließen es nicht vorankommen, rissen ihnen fast das Ruder aus den Händen.

Wie konnten sie durchhalten, ohne zu kentern? Woher nahmen sie die Kraft, gegen die Wellen anzurudern, Stunde um Stunde, die ganze Nacht hindurch und auch noch den folgenden Tag? Wie vermochten sie der Küstenwacht auszuweichen, die mit ihrem Scheinwerferstrahl die Gischt der Wellenkämme aufleuchten ließ? Wieso stießen sie nicht auf eine der gehörnten Minen, von denen es damals in der Ostsee mehr gab als zu Haus Speckbrocken in der Suppe?

Sie haben sich durchgekämpft, sie haben alles heil überstanden. Ihre Kraft hat gereicht. Denn es war Liebe, die sie beflügelte.

Sie überquerten die Ostsee und landeten am schwedischen Ufer. Im neutralen Schweden, wo vom Krieg nichts zu merken war, heirateten sie und lebten glücklich vier Jahre lang, bis zum Sieg über Deutschland. Und als endlich Frieden war auf der Welt und auf der Ostsee statt der Zerstörer Passagierschiffe fuhren, trafen gleich mit dem ersten Dampfer aus Stockholm Milda und Janis in Riga ein. Sie hatten Sehnsucht nach Lettland und nach ihren Familien.

Aber Lettland war nicht mehr Lettland. Sondern eine Republik der Sowjetunion. Im Rigaer Hafen wurde das Schiff von sowjetischen Soldaten empfangen, die ihre Fragen an die von Bord gehenden Passagiere in russischer Sprache stellten.

Janis wurde gleich im Hafen verhaftet. Zur Strafe dafür, daß er sich aus dem Getto gerettet hatte, was anderen nicht gelungen war. Also hatte es nicht mit rechten Dingen zugehen können. Also war wohl Verrat im Spiel. Mildas Erklärung, sie hätte ihn losgekauft, indem sie der Polizei ihr ganzes Familiensilber gegeben hatte, hörte man sich gar nicht erst an. Janis bekam für Landesverrat zehn Jahre Lagerhaft und wurde nach Sibirien geschickt.

Milda aber verlor den Verstand.

Sie irrte durch die Straßen von Riga, barhäuptig, in schmutziger und abgerissener Kleidung, und blickte jedem Mann aufmerksam ins Gesicht; war aber niemand auf der Straße zu sehen, rief sie laut:

»Janis! Janis!«

Die Miliz lauerte ihr auf, brachte sie zu ihren Eltern. Diese schlossen sie in das Haus am Meer ein. Doch jedesmal gelang ihr die Flucht. Und wieder sahen sie die Leute auf den Straßen, ein törichtes Lächeln auf dem einst schönen Gesicht, und wieder hörten die Leute sie rufen:

»Janis! Janis!«

Und dann verschwand sie. Das Gerücht ging um, sie sei im Krankenhaus gestorben, einem anderen Gerücht zufolge hatte sie sich in dunkler, stürmischer Nacht ins Meer gestürzt, das Tosen der Brandung mit ihrem Ruf übertönend:

»Janis! Janis!«

Erst viele Jahre später kam Janis nach Riga. Aus Sibirien, mit weißem Bart. Nur die Augen waren dieselben geblieben – dunkel wie reife Schattenmorellen. Auf bläulich-weißem Grund. Er suchte Milda. Glaubte nicht, daß sie tot sei. Er irrte, lief durch Riga wie ein Hund, der seinen Herrn verloren hat. Er bat darum, daß man ihm Mildas Grab zeige. Keiner wußte, wo Milda begraben war.

Eines Morgens entdeckten Passanten im Zentrum der Stadt, in dem Park beim Freiheitsobelisk, einen an einem dicken Ast hängenden Mann. Er trug eine zerlumpte sibirische Steppjacke und eine Lagermütze mit Ohrenklappen. Er hatte sich an seinem Riemen erhängt.

So wurden Milda und Janis zu einer modernen Legende.

Immer noch dröhnte in meinen Ohren das kreischende Gezänk zwischen Mildas Mutter und der Jüdin aus Moskau, als ich nun die Dünen erreichte und die steife Brise vom Meer meinen Regenmantel wie ein Segel blähte.

Der Strand war menschenleer. Donnernd überrollten die Wellen den Sand, krochen mit zischend zerplatzender Gischt bis fast an die Dünen heran, flossen dann, entkräftet, wieder zurück, einen dunklen, sich rasch wieder aufhellenden Streifen hinter sich lassend. An den Stellen, die die heranrollende Gischtzunge erreicht hatte, blieb griesgrauer Schaum und das fast schwarze, bizarre Geflecht der Algen zurück, und das war die Grenze, die man nicht überschritt, wollte man nicht nasse Füße bekommen. Ich ging an den Überresten von Gischt und Algen entlang, meine Schritte hinterließen tiefe Spuren im nassen Sand. Im Gehen starrte ich vor mich hin, wie Leute, die Bernstein suchen. Doch suchte ich keinen Bernstein. Vom Grollen der Brandung umgeben, war ich tief in Gedanken versunken.

Hohe Wellen rollten über das Meer. Es wurde rasch dunkel, und der Scheinwerferstrahl vom Boot der Küstenwacht glitt über die weißen Schaumköpfe wie über die Rücken weißer Schafe, als wolle er sie zählen. Das Ufer streifend, blendete er mich einen Augenblick lang. Dann war er verschwunden, als hätte der Scheinwerfer seine eigene Zunge verschluckt.

Ich dachte daran, daß damals, als Milda und Janis aufs Meer flohen, der Sturm wohl stärker getobt hatte als heute. Und genauso wie heute hatten Scheinwerfer die weißen Schafrücken der Wellen abgetastet. Und Minen, rund, schwarz, gehörnt wie Teufel aus der Unterwelt, schossen aus den Wellentälern empor, mal rechts, mal links, und Milda und Janis hoben die Ruder hoch aus dem Wasser, reglos verharrend, als würden sie sich dem Schicksal ergeben – sie waren ja ohnmächtig, ihnen blieb keine andere Wahl.

Welch eine Kraft besitzt doch die Liebe! Nur Liebe konnte ihnen Willen und Ausdauer verleihen, diese fast übermenschliche Kraft. Sie kamen durch, wo selbst erfahrene Ruderer den ungleichen Kampf verloren hätten. Sie kamen durch – vorbei an den Minen, den Booten der Küstenwacht, den Scheinwerfern der Flugzeuge. Sie fanden den Weg, den einzuschlagen selbst ein erfahrener Kundschafter für Wahnsinn gehalten hätte.

Ein lettisches Mädchen und ein jüdischer Junge.

Jetzt aber waren in dem Haus, das eine Nacht lang diese Liebe beschützend beherbergt hatte, zwei alte Frauen, eine Lettin und eine Jüdin, drauf und dran, sich an die Gurgel zu springen.

Wieder blendete mich ein Lichtstrahl. Diesmal nicht der des Scheinwerfers vom Meer her. In Gedanken versunken hatte ich nicht gemerkt, daß ich fast mit der Grenzpatrouille zusammengestoßen war. Zwei junge Soldaten mit russischen Bauerngesichtern, mit grünen Dienstmützen und Maschinenpistolen über der Brust, kontrollierten meine Papiere, blickten sich an und grinsten über meinen jüdischen Namen und empfahlen mir nachdrücklich, bei meinen Spaziergängen einen anderen Weg, nicht so nahe am Meer, einzuschlagen, denn bei Eintritt der Dunkelheit sei das hier schon nicht mehr Küste, sondern die Staatsgrenze der UdSSR.

Das Heimweh der Emigranten äußert sich auf verschiedene Weise.

In Berlin traf ich einmal einen ehemaligen Moskauer. Einen Bildjournalisten. Ebenfalls ehemalig. Hierzulande interessierte die Qualifikation eines sowjetischen Fotoreporters keinen Menschen, und der arme Kerl mußte sich umschulen lassen, mußte in seinem sechsten Lebensjahrzehnt zu einem Kürschner in einer Pelzfabrik in die Lehre gehen. Der Kürschner war ebenfalls Jude. Ein polnischer. Und hatte Mitleid mit dem Moskauer, den wegen seines Alters niemand einstellte. Mit dem polnischen Juden fand der Moskauer wenigstens eine gemeinsame Sprache. Mehr schlecht als recht verständigten sie sich in einem Kauderwelsch aus Russisch und Polnisch.

Der Moskauer kannte außer der russischen Sprache keine andere und zeichnete sich durch erstaunliche Unempfänglichkeit für alle übrigen aus. Zwei Jahre lebte er schon in Berlin und konnte im Deutschen gerade mühsam unterscheiden, welches Wort »Guten Tag« bedeutete und welches »Auf Wiedersehen«. Was die anderen Wörter betraf, so nahm er sie erst gar nicht in den Mund.

So lebte er also. Zu Hause mit Frau und Kindern auf russisch, bei der Arbeit in einem ungeheuerlichen polnisch-russischen Kauderwelsch. Den Weg von der Arbeit und zur Arbeit aber legte er ganz schnell in der U-Bahn zurück, ohne irgend jemanden anzusprechen und bestrebt, den Mund überhaupt nicht aufzumachen.

In Moskau aber hatte dieser Mann, wenn man ihm glauben will – und ich neige nicht zu der Annahme, daß er allzu dick aufgetragen hat –, ein wundervolles Leben geführt, war er ein toller Hecht, ein draufgängerischer Weiberheld. Und sein Beruf als Fotoreporter bahnte ihm den kürzesten Weg zu den Herzen der Frauen. Mit seinen japanischen Fotoapparaten um den Hals, im eigenen Auto und mit rotem Presseausweis einer bekannten Zeitschrift, obendrein mit seinem lockeren Mundwerk, das ihm dazu diente, die Namen von Berühmtheiten, mit denen er auf vertrautem Fuß stand, wie Erbsen auszustreuen, war er unwiderstehlich, und die sprödesten Schönheiten unterwarfen sich seinem betörenden Charme und beugten ihre reizenden Köpfchen vor ihm.

Er hatte so viele Affären gehabt, daß er die Namen seiner Geliebten ständig durcheinanderwarf und sich in den Erinnerungen stärker verheddterte als im Dickicht der deutschen Sprache. Mit seiner Frau, die das freudlose Leben an seiner Seite früh altern ließ, hatte er lange vor der Emigration zu schlafen aufgehört und hielt die Ehe nur der Kinder wegen und auch aus Angst vor dem totalen Alleinsein im herannahenden Alter aufrecht. Er hatte mit ganz jungen Mädchen geschlafen, die seine Töchter hätten sein können, mit bekannten Schauspielerinnen und Fabrikarbeiterinnen schlichten Gemüts, die er für seine Zeitschrift fotografierte, und mit stämmigen, nach Milch duftenden Bäuerinnen mit weißen Zähnen und roten Backen, deren verlegen lächelnde Konterfeis hernach die Seiten der Zeitschrift zierten.

Jetzt aber war der völlige Zusammenbruch eingetreten. Mit einer japanischen Kamera und einem eigenen Wagen imponiert man einer Berliner Dame nicht. Auf diese Weise hatte er das wesentlichste Element seiner Anziehungskraft eingebüßt. Als Kürschnerlehrling kann man nur sehr schwer schönen Frauen Sand in die Augen streuen. Das war nicht die rote Legitimationskarte des Journalisten. Und seiner letzten Waffe war er gänzlich beraubt. Seines Mundwerks. Mit dem er es geschickt verstanden hatte, Köpfe zu verdrehen, unerfüllbare Hoffnungen zu wecken und goldene Berge zu versprechen. In Berlin war er absolut stumm. Und selbst zum Ansprechen der abgetakeltsten Prostituierten, wozu man wirklich nur zwei, drei Worte braucht, konnte er sich nicht aufraffen.

Darin bestand für ihn die hauptsächliche Tragödie der Emigration. Der Verlust seiner Verführerrolle. Die Einsamkeit eines alten Bocks.

Manchmal kam er in unser Restaurant, das gerne von Emigranten besucht wird, setzte sich zu einem von ihnen an den Tisch und begann eine endlose Geschichte von seinen einstigen Siegen. Die einen wimmelten ihn ab. Andere aber hörten zu. Weil ohnehin alle hier so oder so nur von ihrem früheren Leben zu sprechen pflegten und die Geschichten über russische Frauen, die so liebreich und zugänglich waren, eigene Erinnerungen wachriefen.

In den Pausen, wenn die Kapelle ausruhte, ging auch ich an seinen Tisch. Und hörte ebenfalls zu.

Einmal berührte er genau den Punkt, um den auch meine Phantasie ständig kreiste.

»Weißt du, was ich heute geträumt habe?« sagte er zu mir, und seine von zahllosen Fältchen umkränzten Augen blitzten auf. »Ich bin nicht in Berlin aufgewacht, sondern in Jalta. Im Hotel ›Oreanda‹. Ich gehe auf die Strandpromenade hinaus, in ausländischer Badehose und ausländischen Sportschuhen, um den Hals die japanische ›Nikon‹ gehängt, lehne mich über die Brüstung und schaue mir den Strand an. Der Strand aber ist wie ein Robbenlagerplatz dicht mit jungen Frauenleibern übersät. Und alle, ich betone, alle bis zur letzten sprechen Russisch. Ich hab im Traum sogar geheult und bin mit nassen Augen aufgewacht.«

So kann es sein, das Heimweh!

Ich selbst kann mich keineswegs als Herzensbrecher bezeichnen. Hab nicht die Visage dazu. Und auch nicht den Charakter. Hätte mich das Schicksal nicht meiner Exfrau zugeführt, sondern irgendeiner anderen Frau, die liebevoller und sanfter gewesen wäre, ich wäre ihr sicher niemals untreu geworden.

In Berlin lebe ich allein. Hier gibt es nicht wenige solcher einsamen Emigranten, wie ich es bin. Die einen haben ihre nichtjüdischen Ehefrauen dort, in Rußland, gelassen, den anderen sind ihre Frauen, jedenfalls die, die ein bißchen appetitlicher sind, hier durchgebrannt, verführt von der reichen Wohnung oder dem fetten Bankkonto irgendeines verwitweten Einheimischen. Meistens eines polnischen Juden. Der die erste Frau und die Kinder noch in Auschwitz verloren und die zweite wohlbehalten auf dem jüdischen Friedhof in Berlin beigesetzt hat.

Was die Erquickungen durch das Weib betrifft, so werden wir hier kurzgehalten. Freie, nicht an irgendeinen Emigranten gebundene Frauen sind kaum übrig. Und die, die sich noch keiner geschnappt hat, wecken keine besondere Begeisterung. Entweder sind sie schon Großmütter oder – falls sie noch jünger sind – so bar aller Reize, daß sie einen selbst dann nicht sexuell erregen, wenn man die zügelloseste Phantasie zu Hilfe ruft.

Es bleiben die Deutschen. In Berlin wimmelt es von ihnen. Von schönen, sportlichen, blonden Deutschen. Doch das ist nichts für unsereinen. Sie haben ihre Männer. Deutsche. Mit denen sie, außer allem sonstigen, die Sprache und die Gemeinsamkeit der Kultur verbindet. Selbst mit einem deutschen Paß in der Tasche sind wir für sie obdachlose Ausländer, noch dazu aus dem Osten, und sie machen keinen Unterschied zwischen uns und den Türken, die man hier auf Zeit hereinläßt, als Gastarbeiter zur Ausführung der schmutzigsten Arbeiten, vor denen sich der Deutsche ekelt.

Die deutschen Frauen, die etwas älter sind und nicht zu den allerattraktivsten gehören, die, von denen die deutschen Männer den Blick abwenden, treten auch nicht gerade besonders gern mit unsereinem in Kontakt. Ich nehme an, daß dabei nicht zuletzt unsere nichtarischen, semitischen Gesichtszüge und unser trauriger jüdischer Blick, der sich selbst dann nicht aufhellt, wenn wir lachen, eine Rolle spielen.

Ich habe mit zwei, drei deutschen Frauen geschlafen. Eine war Kellnerin im Restaurant. Eine arbeitete als Briefträgerin. Keine Schönheiten. Kein anspruchsvolles Publikum, keines, das sich großer Nachfrage bei Männern erfreute. Und alle kamen, als hätten sie sich miteinander abgesprochen, verstohlen und heimlich zu mir, gleichsam als fürchteten sie, von deutschen Männern gesehen und wegen unziemlicher Kontakte verurteilt zu werden. Ohne sonderlichen Enthusiasmus ließen sie sich von mir ins Café einladen. Sie zogen es vor, sich im dunklen Zuschauerraum eines Kinos an mich zu schmiegen und mir ins Ohr zu seufzen.

Es bleiben die Prostituierten, für die alle Freier gleich sind, wenn sie nur zahlen können. Doch dieses Vergnügen ist ziemlich teuer. Für das Geld, das du dafür brauchst, kannst du dir schon einen ganz anständigen Anzug kaufen. Und außerdem bin ich heikel.

Nirgendwo sonst macht sich bei uns Emigranten das Heimweh so heftig bemerkbar wie im Sexualleben, und der Traum des ehemaligen Fotoreporters bestätigt dies nur.

Am Wochenende, samstags und sonntags, sitzen wir an heiteren, nicht verregneten Tagen gewöhnlich auf dem Kudamm. Fünf bis sechs von uns einsamen Emigranten pflegen sich dort zusammenzufinden. Zu unserem Stammlokal haben wir eine Bierstube erkoren, die ihre Tische aufs Trottoir hinausstellt. Wer als erster kommt, setzt sich an so einen Tisch und belegt die freien Stühle mit Schirm, Tasche und Hut. Ein wenig später kommen die übrigen dazu, die umständlich aus den verschiedenen Ecken Berlins ins Zentrum gelangt sind. Wir bestellen große Gläser Bier und Würstchen mit Senf und sitzen – sitzen, bis wir uns die Hinterbacken abgesessen haben. Wir palavern auf russisch und lenken damit verwunderte, manchmal auch wachsam angespannte Blicke von den Nachbartischen auf uns.

In welcher Sprache sollten wir uns denn sonst auch unterhalten? In einer fremden Sprache kann man der Seele nicht freien Lauf lassen und Spaß an der Unterhaltung haben; hinterher ist man nur müde, wie nach einer anstrengenden, schweren Arbeit. Selbst wenn man sich die neue Sprache aneignet und nicht mehr im Geist übersetzen muß, sondern flüssig und ohne zu stocken parliert, bleibt die Sprache trotzdem tot, ohne Duft und Farbe, und was für ein Gespräch auch immer man mit einem Deutschen führen würde, selbst das allerintimste, es geriete nur zu einem Informationsaustausch. Und zu nichts anderem. Wie ein nicht von Gefühl beseelter Kuß nur ein Austausch von Spucke ist.

Deshalb quatschen wir nach Herzenslust Russisch. Zuerst halblaut mit einem Schielen zu den Nachbarn, dann aber, in Fahrt gekommen, ohne Rücksicht auf die Umgebung. Die Umgebung unterhält sich laut auf deutsch. Das stört uns überhaupt nicht. Weshalb sollten wir uns denn unserer Sprache schämen?

Unserer? Wir halten das Russische für unsere Sprache. Unter uns ist kein einziger Russe. Alle sind wir Juden. Ich bin aus Litauen, ein anderer ist aus Kischinew, einer ein bessarabischer Jude. Einer ist aus Moskau. Der, der mal Fotoreporter war und jetzt in der Pelzfabrik lernt, Leder zuzuschneiden. Nun ja, ich kann noch Litauisch. Der Mann aus Kischinew schwatzt wohl auf moldauisch. Wir haben also keine eigene Sprache. Mit Müh und Not Jiddisch sprechen, das können längst nicht alle aus unserem Kreis. Es bleibt die russische Sprache. Die allen gemeinsam ist. Eine reiche, saftige Sprache. In der man alles ausdrücken kann, was man möchte. In der man sich aber besonders mit deftigen Flüchen Luft machen kann, wenn es gar nicht mehr zum Aushalten ist. In keiner Sprache kann man sich die Seele so erleichtern wie auf russisch, wenn man so richtig vom Leder zieht. Deshalb ist sie uns lieb.

Wir sitzen auf dem Kudamm, schlürfen träge das Bier aus den dickwandigen Glaskrügen, und wenn wir des Redens müde sind, starren wir einfach die Passanten an. Haben wir ein niedliches Frauenzimmer in weißen Hosen erspäht, die eng am sportlichen Hinterteil anliegen, dann drehen wir einträchtig die Köpfe nach ihr um und tauschen Blicke, die beredter als Worte sind.

So sitzen wir dort, nicht mehr jung, mit Glatzen und schweren Tränensäcken unter den Augen, mit apoplektischen, roten Hälsen und gegen den Tischrand stoßenden Bäuchen. Keineswegs Männer »erster Wahl«. Doch immer noch mit dem Anspruch auf die Rolle des Frauenverführers. Und treiben ausgelassene Spielchen mit den Augen. Ziehen die vorübergehenden Schönen im Geiste aus, flüstern ihnen im Geiste zärtliche russische Worte in die rosigen Öhrchen und packen mit den Händen schamlos gierig ihre festen und, natürlich, fügsam nachgiebigen Körper. Aber nur im Geiste.

Wir haben anständige ausländische Kleider an, doch unsere Visagen wirken in dieser Menge trotzdem fremd, und um uns herum ist gleichsam eine tote Zone. Wir sind für uns, und die

Deutschen sind für sich. Genauso wie Westberlin, das von allen Seiten von fremden Truppen umstellt und – damit auch ja kein Zweifel bleibt – mit einer Betonmauer eingefaßt ist. Wir: im nicht sehr freundschaftlichen Ring der Deutschen. Die Deutschen: im noch feindlicheren Ring der sowjetischen Raketen.

Worüber reden wir? Natürlich über die Frauen. Über die, mit denen uns das Schicksal irgendwann einmal in Rußland zusammengeführt hat. Und aus diesen süßen Erinnerungen erstehen russische Mädchengesichter, eins reizender als das andere, in allen Tönen werden ihre Vorzüge gepriesen: Leidenschaftlichkeit, leichte Entflammbarkeit, Bereitschaft zur Hingabe in der Liebe. Und schon besteht gar kein Zweifel mehr daran, daß es keine besseren Frauen auf der Welt gibt als die russischen. Weil es Frauen sind, die wir wirklich gekannt haben, und vor allem, weil wir selbst, als wir sie kannten, um vieles jünger waren.

Und eines Tages, an unserem Tisch vor der Bierstube auf dem Kudamm erfuhr ich, daß noch nicht alles verloren war und daß es eine reale Möglichkeit gab, sich in das Leben von früher zu stürzen. Der Traum des ehemaligen Fotoreporters wurde Wirklichkeit. Es gab auf Erden solch einen Ort, wo wir, die aus Rußland Verbannten, auf einen Strand hinausgehen konnten, der dicht mit Frauenkörpern übersät war, und wo sich, wenn auch nicht alle, so doch wenigstens die meisten Frauen auf diesem Robbenlagerplatz in reinstem Russisch unterhielten.

Dieser Zauberort war der Goldstrand, ein bulgarischer Ferienort am Schwarzen Meer. Und dorthin ließ man uns Emigranten ohne weiteres reisen, ja sogar ohne sich für den im Paß eingetragenen Geburtsort zu interessieren.

Man mußte nur in irgendein Kaufhaus gehen und einen sehr mäßigen Preis für ein Bett in einem Strandhotel und ein Hin- und Rückflugticket der bulgarischen Fluggesellschaft »Balkan« bezahlen. Spottbillig.

Ich begab mich also, ohne lange zu überlegen, in ein Kaufhaus. Mich lockten weniger die russischen Frauen als vielmehr die Reise ans Schwarze Meer selbst, an das ich mehr als nur einmal in Urlaub gefahren war, als ich noch Bürger der UdSSR war. Dieses Meer war für mich heimatlich geblieben. Und es lockte die Möglichkeit, zwischen russischen Touristen herumzuschlendern und im Glücksfall einen alten Bekannten zu treffen. Das konnte doch durchaus sein.

Ich flog nach Bulgarien. Dorthin, hinter den Eisernen Vorhang, hinter den man, wie sich herausstellte, trotzdem vordringen kann, wenn man den festgesetzten Preis zahlt.

Ich fliege in einem bulgarischen Flugzeug russischer Bauart, in einer Tupolew. Wie oft war ich in meinem früheren Leben in diesen Flugzeugen geflogen! Und wieder sehe ich die russischen Aufschriften: Nicht rauchen! Sicherheitsgurte anschnallen! Setze mich auf einen wohlbekannten Sitz. Klappe von der Rückseite des Vordersitzes das Tischchen herunter und entdecke, daß es mir nicht ganz gelingt. Der Bauch ist im Weg. Und sofort wird mir klar, daß Jahre vergangen sind und ich alt und fett geworden bin.

Der Goldstrand ist ein endloser Strand, der tatsächlich von goldenem Sand bedeckt ist. Weichem und rieselndem Sand. Das warme, saubere Meer beleckt träge das Ufer. Hinter dem Strand aber erheben sich grünbewaldete Hügel, und aus ihnen ragen die vielstöckigen Hotels wie Zuckerkristalle in den blauen Himmel, an dem kein einziges Wölkchen schwebt.

Hier kann man sich wirklich gut erholen. Schön und billig. Und deshalb fliegen zu den goldenen Stränden Bulgariens die Touristen von weit her: aus Westdeutschland, England, Skandinavien und sogar aus Frankreich, das doch seine eigenen Strände hat – mehr als genug.

Doch das Hauptkontingent am Goldstrand stellen die sowjetischen Touristen. Sie herrschen am Strand vor, wo sie durch geschmacklose Badeanzüge und fleischige, formlose Figuren auffallen.

Die sowjetischen Touristen kommen in Gruppen von dreißig bis vierzig Personen an, und alle Gruppen bestehen aus irgendeinem Grund fast nur aus Frauen. Ihretwegen hat der Strand in der Tat Ähnlichkeit mit einem Robbenlagerplatz gewonnen. Durch die eintönige, trübe Farbe der Badeanzüge und die massigen, unförmigen Körper ihrer Besitzerinnen.

Wenn diese Frauen nicht liegen, sondern stehen und aufs Meer hinausblicken, erinnern sie an Pinguine. Die Frauen aus dem Westen, sogar die unansehnlichsten, wirken vor diesem Hintergrund wie aparte Wesen von einem vollkommen anderen Planeten.

Mein Heimwehgefühl erlitt einen Knacks. Besonders in Anbetracht dessen, daß sie, meine ehemaligen Kompatriotinnen, kaum anders als nach Soldatenart in Haufen gingen und es vermieden, mit den übrigen Menschen in Berührung zu kommen, gleichsam als hätten sie oder die übrigen Menschen eine ansteckende Krankheit.

Im Hotel wohnte ich allein in meinem Zimmer, obwohl es zwei Betten darin gab, doch das zweite stand leer. Auch am Strand lag ich allein.

Und gerade hier, im goldenen Sand des bulgarischen Strandes, inmitten des vielfältigen Sprachgewirrs und zwischen Tausenden von menschlichen Körpern, verspürte ich eine tierhafte, wölfische Einsamkeit. Ich war allein auf der ganzen Welt. Es gab keine einzige Gruppe, zu der ich rechtmäßig gehört und die mir zumindest ein wenig Interesse entgegengebracht hätte. Die Touristen spielten im Sand Karten, schwatzten, zusammengedrängt in kleinen Grüppchen, schwammen zu zweit oder zu dritt ins Meer hinaus und schrien und johlten dabei vor Begeisterung und Wonne. Ich schwamm allein und sonnte mich in Einsamkeit, und selbst beim Mittagessen im Restaurant beschränkte sich der Kontakt mit meinen Tischnachbarn auf zwei bis drei völlig unverbindliche Sätze.

Noch im Flugzeug unterwegs nach Bulgarien, als wir hoch über den Wolken das unsichtbare Osteuropa überquerten, hatte ich die Hoffnung gehegt, ich würde nicht allein bleiben. Das Los des Flugscheins wollte es, daß neben mir eine durchaus attraktive Deutsche saß. Mittleren Alters. Mit hellem, fast silbernem Haar, in dem sich die ersten grauen Strähnen verbargen. Ich half ihr dabei, die Tasche im Gepäcknetz zu verstauen, und war so zuvorkommend, wie ich nur konnte. Und sie antwortete ihrerseits mit Aufgeschlossenheit. Erzählte, daß sie in Berlin wohne, im gleichen Kreuzberg wie ich; überhaupt waren wir Nachbarn, drei Häuserblocks auseinander. Beide beklagten wir verständnisinnig die Überfremdung durch die Türken in unserem Viertel, derentwegen das arme Kreuzberg bald eher Istanbul als Berlin gliche. Besonders durch seine scharfen Knoblauchdünste und häßlichen, bis zu den Brauen in triste Tüchter gehüllten Frauen.

Die gemeinsame Sorge um das Schicksal unserer Stadt brachte uns, Regina (so hieß sie) und mich, einander näher; immerhin waren wir beide deutsche Staatsbürger, die östlichen Arbeiter dagegen, die Türken, nur so eben, aus reiner Notwendigkeit geduldete Gäste, die schon unziemlich lange unsere Gastfreundschaft beanspruchten.

Ich lebte auf, als ich entdeckte, daß auch ich meine Sorgen und Befürchtungen mit jemandem teilen konnte. Ich fühlte mich als normaler Mensch.

Dann erzählte mir Regina, daß sie seit drei Jahren von ihrem Mann geschieden sei. Zeigte mir ein Foto ihres Sohnes, der schon verheiratet war und nicht in Berlin, sondern in Hamburg lebte. Ich zeigte ihr auch ein Foto von meiner Ruth. Nicht das, auf dem sie in israelischer Uniform zu sehen ist, mit der kleinen Maschinenpistole »Usi« über der Schulter. Sondern ein Foto aus der Zeit vor der Emigration, aus dem Kaukasus, auf dem Ruth weit weniger attraktiv aussieht als auf dem späteren aus Jerusalem. Doch irgendwie wollte ich meine neue Bekannte nicht sogleich mit meiner Herkunft, Israel und all diesen Einzelheiten eines Emigrantendaseins überfallen, die den Gesprächspartner abschrecken und bestenfalls nur höfliche Neugier hervorrufen. Na ja, welches Interesse brächte selbst der gütigste und feinfühligste Mensch dafür auf, sich fremde Nöte anzuhören, wenn er Urlaub hat und zur Erholung fährt, um wenigstens vorübergehend seine eigenen Sorgen und Nöte zu vergessen?

Regina fand meine Tochter sogar auf jener alten Fotografie sehr hübsch und äußerte die Vermutung, daß meine frühere Frau (ich hatte ihr bereits mitgeteilt, daß auch ich geschieden war) wahrscheinlich eine äußerst anziehende Person gewesen sei.

So plauderten wir den ganzen Flug lang, und ich schmiedete schon rosige Pläne, wie wir uns, obgleich in verschiedenen

Hotels untergebracht, jeden Tag am Strand treffen und mittags und abends in verschiedenen Restaurants zusammen essen würden, überschlug sogar im Geiste, ob meine Mittel für solche Extratouren ausreichten, und besänftigte mich, daß es reichen müßte, wenn ich nicht besonders mit Geld um mich werfen würde. Wenn Regina und ich uns nähergekommen wären, könnte ich ihr meine Finanzlage erklären und sie, als einsichtige Frau mit Lebenserfahrung, würde alles verstehen. Das ungefähr malte ich mir auf dem Weg in die bulgarische Stadt Varna aus. Auf dem Flughafen stieg Regina in einen anderen Bus und winkte mir nur aus dem Fenster zu. Einen Tag wartete ich anstandshalber ab und ging erst dann daran, sie aufzustöbern. Ich machte das Hotel ausfindig, lungerte in der Hotelhalle herum in der Hoffnung, sie auf dem Weg zum Strand abzufangen. Ich fing sie nicht ab. Dann ging ich an den Strand. Ohne Hemd, nur in Hose und Sandalen. Stapfte im Sand herum, schaute unter die Schirme, änderte immer wieder die Richtung, sobald ich irgendwo silbrig schimmerndes Haar entdeckte. Endlich sah ich Regina. Sie saß auf einem Frotteehandtuch. Die schon vom ersten Sonnenbrand berührten Schultern glänzten von der aufgetragenen Ölschicht. Es waren noch zwei Frauen mit Regina zusammen. Deutsche. Mittleren Alters. In leuchtenden Badeanzügen. Mit bronzefarbener Bräune, die schon zwei Wochen alt war.

Als Regina mich erblickte, zeigte sie keinerlei Anzeichen von Freude. Sie lächelte, winkte mit der Hand. Lud mich jedoch nicht ein, mich dazuzusetzen.

Ich ging trotzdem nicht weg. Setzte mich zu ihnen und begrüßte sie. Die Frauen tauschten Blicke, und eine zwinkerte Regina sogar zu. Das Gespräch wollte nicht in Gang kommen. Ich schwafelte irgend etwas über das Wetter und daß man vorsichtig sein sollte beim Bräunen, sonst hätte man schnell einen Sonnenbrand und müsse sich ein paar Tage damit herumplagen. Die Frauen stimmten lustlos zu. Dann standen die beiden anderen auf und gingen ins Wasser. Erst aus der Ferne riefen sie nach Regina. Regina entschuldigte sich und lief ihnen mit unverhohlener Erleichterung nach. Ich blieb neben ihren Handtüchern und Taschen zurück. Wie ein

Wachtposten. Mir wurde heiß. Doch die Hose ausziehen konnte ich nicht, ich hatte keine Badehose mitgenommen. Die Frauen kamen immer noch nicht zurück. Und ich begriff, daß sie so lange im Wasser bleiben würden, bis ich den nötigen Takt aufgebracht hätte wegzugehen. Ich brachte diesen Takt auf.

Regina begegnete ich nicht mehr. Das eine Mal nicht gerechnet, als wir im Eingang zum Restaurant aufeinanderprallten. Ich ging hinein und sie in Gesellschaft von Deutschen, die schon zu Abend gegessen hatten, hinaus. Wir stießen beinahe mit der Nase zusammen. Doch sie erkannte mich nicht. Oder tat wahrscheinlich so, als erkenne sie mich nicht, und ging vorbei, mich beinahe mit der Schulter streifend, wie man, ohne es zu merken, an einem Telegrafenmast oder einer Stehlampe vorbeigeht. Man nimmt gerade nur soviel Notiz davon, wie nötig ist, um nicht dagegen zu stoßen.

Mit Männern ergab sich auch kein Kontakt. Ich war diesen Deutschen in jeder Beziehung fremd. Sowohl mein jüdisches Äußeres als auch mein primitives, ein paar hundert Wörter umfassendes Deutsch mit grausamem Akzent wie auch die absolute Verschiedenartigkeit der Interessen schufen nicht die Voraussetzungen für eine Annäherung. Sie waren höflich zu mir, hörten mir mit formellem, völlig unverbindlichem Lächeln zu, antworteten auf meine Fragen und beeilten sich, mich loszuwerden.

Einmal hatte sich in unserer Hotelhalle eine Gesellschaft von Deutschen zum Kartenspielen zusammengefunden, doch der vierte Spieler fehlte ihnen noch. Ich saß nicht weit von ihnen im Sessel vor dem Fernseher, auf dessen Mattscheibe ein Mann und eine Frau in altmodischen Kostümen aus der Zeit der Jahrhundertwende auf bulgarisch irgend etwas daherredeten, und als ich mit halbem Ohr aufschnappte, daß sie für ihr Kartenspiel einen vierten Mann suchten, zögerte ich nicht, ihnen meine Dienste zu offerieren.

Die Deutschen freuten sich, ich zog meinen Sessel heran. Wir spielten lange, bis nach Mitternacht, und tranken Bier aus Dosen, das man hier in der Halle kaufen konnte, jedoch nur gegen Dollars oder Deutsche Mark. Großzügig bestellte ich zwei Runden Bier, und die Deutschen schienen darüber sehr erfreut. Wir plauderten beim Spielen, wie man es eben so, sich kurze Entgegnungen und Ausrufe zuwerfend, beim Kartenspiel tut. Und als ich einmal einen Witz losließ, nachdem ich mir vorsorglich den ganzen Satz im Geist zurechtgelegt hatte, lachten die Deutschen einträchtig darüber.

Alles sah ganz normal aus. Ich war als Gleicher in ihrem Kreis aufgenommen worden. Und am Lift trennten wir uns als Freunde, drückten uns die Hände und klopften einander auf die Schultern.

Am Abend des nächsten Tages traf ich sie wieder in der Halle an. Sie spielten bereits Karten. Und einen vierten Spieler brauchten sie nicht. Sie saßen zu viert am Tisch. Vier Deutsche. Und als ich ganz dicht herangegangen war und ihnen über die Schulter in die Karten schaute, bemerkten sie mich lange Zeit nicht; erst als es unmöglich wurde, mich noch länger nicht zur Kenntnis zu nehmen, nickten sie einmütig, wie auf Kommando, mit dem Kopf und vertieften sich übertrieben konzentriert in ihre Karten. Ich ging fort, ohne mich zu verabschieden, und alle vier – ich schwör's bei meiner Ehre, es ist mir nicht nur so vorgekommen – atmeten erleichtert auf und lehnten sich befreit in ihren Sesseln zurück.

Für die Deutschen war ich ein Fremder. Daran gab es keinen Zweifel. Und es beunruhigte mich auch nicht sonderlich. Ich hatte mich in der Zeit, die ich in Berlin lebte, daran gewöhnt. Sie waren für sich, und ich war für mich. Gleichgültige Neutralität. Gott sei Dank!

Doch der Strand war ja dicht übersät mit russischen Körpern; das gesprochene Russisch, so angenehm und vertraut nach dem trockenen und gleichsam militärisch abgehackten Deutsch, schwebte über dem Goldstrand, über dem warmen Meer, und mein Herz bebte bei den süßen Lauten dieser musikalischen, singenden Sprache. Ich schlenderte zwischen den auf dem heißen Sand ausgestreckten Körpern herum und erriet nach Farbe und Schnitt der Badeanzüge die Russinnen selbst dann, wenn sie schwiegen und die Augen vor den grellen Sonnenstrahlen zusammengekniffen hatten.

Sie hatten fast allesamt dieselbe kupferrote Haarfarbe – das für sie einzig erhältliche Färbemittel war Henna. Wenn sie die Lippen öffneten, glänzte in ihrem Mund das Gold der falschen Zähne.

Die Russinnen lagen in Gruppen, kleineren Rudeln zusammen, je nach der Stadt oder dem Kreis, aus dem sie gekommen waren; ein Fremder hatte keine Möglichkeit, sich zwischen sie zu mogeln. Beim Anblick eines Unbekannten merkten sie auf und verschlossen sich, da sie gemäß der Unterweisung, die sie vor der Abreise ins Ausland daheim erhalten hatten, einen Provokateur oder Spion in ihm argwöhnten.

Wie eine Hyäne friedlich grasende Antilopen, so umkreiste ich, mir die Lippen leckend, diese Rudel; das Herz stockte mir beim Klang der russischen Worte – ich suchte, wie sich das für eine Hyäne gehört, nach einer einzelnen Antilope, die von der Herde versprengt und ohne den Schutz der Gemeinschaft war.

Es glückte mir, eine solche aufzuspüren. Ihre Gefährtinnen verließen den Strand, und sie blieb noch auf dem ausgebreiteten Handtuch am Strand liegen, die Augen mit der Hand gegen die Sonne schützend. Ich nutzte den Umstand, daß sie nichts sah, und setzte mich leise neben sie, holte eine Tube Sonnencreme aus der Tasche, drückte etwas in die Handfläche und begann mir die Schultern einzureiben, wobei ich sie aus dem Augenwinkel heraus ansah.

Sie nahm die Hand von den Augen, erblickte mich, und in ihren Augen las ich Erschrecken und Befremden. Ich beeilte mich sogleich, sie zu beruhigen, indem ich sie auf russisch ansprach und ihr Sonnenschutzcreme anbot. Das beruhigte sie ein wenig; sie hatte verstanden, daß ich kein Fremder, sondern einer der Ihren war, und nahm sogar meine Tube mit der Sonnencreme.

»Haben Sie die hier gekauft?« fragte sie und betrachtete die deutschen Aufschriften auf der Tube.

Ich verneinte. Erklärte ihr, daß ich sie in Berlin gekauft hätte.

Sie probierte die Creme mit dem Finger, trug sie auf ihrer sonnengeröteten, kurzen Nase auf und lächelte befriedigt, wobei sie zwei oder drei Goldzähne zwischen den übrigen wunderschönen, weißen Zähnen entblößte. Es waren Goldkronen, die offensichtlich zu ihrer Schönheit beitragen sollten.

Wir begannen zu plaudern. Sie nannte ihren Namen. Sagte, daß sie im Ural lebe und in einem Hüttenwerk arbeite. Sie war verheiratet. Sohn und Tochter waren daheim geblieben. Sie zog sie selber auf. Verdiente nicht schlecht. Es reichte. Hatte ihren eigenen Gemüsegarten. Gemüse und Kartoffeln mußte man nicht kaufen.

Sie hatte einen ziemlich großen Busen, der durch einen schwarzen Büstenhalter zusammengehalten wurde, breite, weiche Schenkel und bläuliche Krampfadern an den Waden. Sie war stupsnasig, ein wenig schlitzäugig und hatte ausgeprägte Backenknochen, was von einem gut Teil tatarischen Blutes zeugte.

Solche Frauen gefallen mir. Und auch sie sehnte sich offenbar nach männlicher Aufmerksamkeit, hatte es mit dem Weggehen nicht eilig und lächelte mir aufmunternd und frei zu.

Ich frohlockte innerlich im Vorgeschmack des Endes meiner Einsamkeit und malte mir zaghaft, doch in leuchtenden Bildern die sich anbahnende Ferienromanze mit dieser höchst appetitlichen russischen Frau aus, die mir so vertraut und nah war, als kennte ich sie schon seit Urzeiten, und konnte ihrer berauschenden Nähe nicht satt werden.

Es stellte sich heraus, daß wir auch in benachbarten Hotels wohnten; schon verabredeten wir uns für den Abend nach dem gemeinsamen Essen der russischen Gruppe, nach dem sie versuchen würde, auszureißen und zu einem Rendezvous mit mir zu kommen. Ich nahm mir vor, sie in eine Bar einzuladen und mit ihr dort ordentlich bulgarischen »Pliska« zu tanken, was unser Näherkommen merklich beschleunigen würde.

Vor Freude kam ich in Spendierlaune und bot ihr die deutsche Sonnencremetube als Geschenk an. Und ein deutsches Feuerzeug. Sie drehte das billige Feuerzeug mit dem Reklamebild der amerikanischen Zigarettenmarke »Camel« darauf in den Fingern und fragte verwundert, warum denn alle meine Sachen aus dem Ausland stammten. Die Tasche mit dem Aufdruck »Adidas« und die Sonnenbrille und die Badehose und sogar das Feuerzeug.

Ich Idiot sagte, dumm kichernd und treuherzig, daß meine Sachen deshalb ausländischer Herkunft seien, weil ich in Berlin lebte. In Westberlin. Und ich hätte keinen sowjetischen Paß, sondern einen deutschen.

Damit brach unsere Bekanntschaft jäh ab. Sie schleuderte mir das Feuerzeug und die Cremetube vor die Füße, sprang auf, packte ihr Handtuch und rannte vom Strand weg. Ohne sich zu verabschieden und ohne sich umzusehen.

Ein anderes Mal schmuggelte ich mich unter Russen, die, ein wenig vom Wasser entfernt, Volleyball spielten. Ich hatte früher den Ball ganz gut schlagen können und schaltete mich in das Spiel einfach ein, ohne um Erlaubnis zu bitten, das war nicht nötig. Mein genaues Zuspiel und meine exakten Ballschläge erregten Aufmerksamkeit. Die Spieler lobten mich, wechselten Worte mit mir wie mit einem der Ihren, und ich spürte, daß ich in ihren Kreis aufgenommen war.

Müde vom Spiel setzten wir uns in den Sand. Einer zog eine Flasche Wodka aus seiner Tasche, entkorkte sie, und alle begannen zu trinken; man schlürfte aus der Flasche und reichte sie im Kreis weiter. Ich schlürfte auch, verbrannte mir den Schlund und räusperte mich. Alle lachten, und einer sagte:

»Du trinkst nicht russisch. Wo bist du denn her?«

Ich Esel hätte sagen sollen, daß ich aus Litauen sei, vielleicht wäre alles gutgegangen, aber ich erklärte ihnen dämlich grinsend, daß es schon etliche Jahre her sei, daß ich aus Rußland fort sei, und ich deshalb nicht mehr daran gewöhnt sei, auf gut russisch zu trinken.

»Und wo lebst du jetzt?« horchte die ganze Runde auf.

»In Deutschland.«

»Bist du etwa ein Emigrant?«

Ich nickte.

Es gibt da so einen Ausdruck: Sie waren wie weggeblasen. Genauso verschwanden sie und ließen mich sitzen. Und die nicht ausgetrunkene Flasche russischen Wodkas blieb im Sand stehen.

Die Russen scheuten vor mir zurück. Selbst wenn ich nichts sagte, kehrten sie mir den Rücken zu. Das Gerücht, ich sei

Emigrant, mußte bei den russischen Gruppen die Runde gemacht haben. Lediglich aus der Ferne schauten sie mich neugierig an und zeigten sogar mit dem Finger auf mich, doch wenn ich näher kommen wollte, wurden sie abweisend und feindselig.

Niemand erkannte mich als seinesgleichen an. Für alle diese Tausende von Körpern auf dem Robbenlagerplatz war ich ein artfremder Körper.

Mich überkam eine schreckliche Niedergeschlagenheit. Ich lag allein im Sand, und die zärtliche Schwarzmeersonne erschien mir ebenfalls feindlich gesonnen, bereit, mich zu versengen und in Asche zu verwandeln. Des Liegens müde schlenderte ich im seichten Wasser am Ufer entlang und ließ meine Augen traurig über die im heißen, goldenen Sand ausgestreckten Körper wandern, nun schon ganz ohne Hoffnung, auch nur einen freundlichen Blick zu erhaschen.

Plötzlich hellte sich mein Gesicht auf. Ich sah Juden am Strand. Eine Frau, einen Mann und ein Kind. Daß sie Juden waren, hatte ich nicht wegen ihrer braunen Hautfarbe und ihrer braunen Augen erraten. Die Bulgaren, von denen es viele am Strand gab, hatten ebensolche Gesichter. Diesen Leuten hier hing der sechszackige Davidstern an einem dünnen Kettchen um den Hals. Nur ein Jude trägt so etwas. Die Frau hatte einen goldenen Stern, der Mann einen silbernen. Selbst dem dreijährigen Bübchen baumelte ein silbernes, sechszackiges Sternchen auf der Brust. Sie saßen auf einem großen, weißen Laken und fütterten, wie sich das für Juden gehört, das Kind. Juden füttern immer Kinder. Sogar am Strand. Und dabei schreien sie auf sie ein und schieben ihnen fast gewaltsam den Löffel in den verschmierten Mund.

Etwas brannte in meinen Augen. Mein Herz begann schneller zu pochen. Diese drei waren die einzigen, für die ich kein Fremder war. Das war mein Volk. Meine Stammesbrüder. Jetzt war ich nicht mehr allein.

Ich sprang ans Ufer und begab mich mit schnellen Schritten zu ihnen hin; dabei umging ich mit einem gewissen, plötzlich in mir erwachten Hochmut all diese Körper – deutsche, russische und weiß der Teufel was für fremde Körper. Sie waren mir jetzt völlig egal. Ich hatte meine Leute getroffen.

Ungefähr zehn Schritte von der kleinen jüdischen Familie entfernt blieb ich stehen. Ich erkannte die Sprache, in der sie redeten. Es war Hebräisch. Die altjüdische Sprache, die nur in Israel gesprochen wird. Während der kurzen Zeit, die ich in diesem Land lebte, eignete ich mir nur ein paar Dutzend Worte dieser Sprache an und vergaß auch die noch, als ich Israel für immer verließ.

Die Laute der Unterhaltung dieser Israelis waren mir vertraut, doch den Sinn ihrer Worte erfaßte ich nicht. Ich starrte sie an, lächelte töricht und ging nicht zu ihnen hin. Auch mit ihnen hatte ich keine gemeinsame Sprache.

Sie unterhielten sich lautstark auf hebräisch, wie bei sich zu Hause in Israel. Es kam ihnen gar nicht in den Sinn, daß ihr Reden irgend jemandem nicht gefallen könnte. Sie nahmen die Menschen um sich herum einfach nicht wahr. Und ihr gutturaler Wortschwall mischte sich in das Stimmengetöse der anderen Sprachen, das über dem Menschenlager aufstieg.

Die goldenen und silbernen sechszackigen Sternchen reflektierten das Sonnenlicht unerträglich grell, und ich spürte, wie mir Tränen über die Backen liefen. Tränen der Verzweiflung und einer ungeheuren, wölfischen Einsamkeit.

Von allen Badeorten der Welt – und ich hatte Gelegenheit, recht viele von ihnen kennenzulernen – ist mir Jalta am liebsten: eine kleine Stadt aus weißen Steinhäusern, die die Berghänge hinabklettert bis an die altmodische Uferstraße mit dem verschnörkelten gußeisernen Gitter, hinter dem in der Tiefe das warme, türkisblaue Meer plätschert, das man seltsamerweise das Schwarze nennt.

Besonders schön ist Jalta im Frühling. Etwa im April und Mai. Noch vor Einbruch der trockenen Hitze. Wenn alles blüht. Es blühen die Berge, waldbedeckt, die weißen Häuschen, von Glyzinien umrankt. Aus jeder Steinritze kommen violette, purpurne, zartrosa Blüten hervor, die Luft ist geschwängert von den vielfältigsten Gerüchen, die sich miteinander vermischen. Dieser Duft ist nicht betäubend, nicht atemraubend, sondern frisch wie Tau mit einem frostigen Hauch vom Gipfel des Aj-Petri, der bis Mitte des Sommers eine weiße Schneekappe trägt.

Viele Jahre hintereinander verbrachte ich den April und den Mai in Jalta, und als ich erkannte, daß ich Rußland bald unwiderruflich und für immer verlassen würde, zog es mich vor allem an die Krim – ich wollte von Jalta Abschied nehmen.

Es war Ende April. In Moskau war es feucht und kalt. Man hatte mich fristlos entlassen, und ich wartete nun bedrückt, was die Machthaber in meinem Fall vorziehen würden: Mich nach Israel fahren zu lassen oder mich nach Sibirien zu verbannen, damit anderen Juden die Lust vergeht, meinem Beispiel zu folgen und sich gleichfalls um eine Ausreise nach Israel zu bemühen. Ein solches Warten kann einen allmählich zum Wahnsinn treiben.

Ich fuhr nach Jalta. Mietete mir für wenig Geld eine Art Geräteschuppen oder Abstellkammer ein paar Schritte von der Uferstraße entfernt. Drinnen stand eine Holzpritsche, die an eine Gefängniszelle denken ließ. Fenster gab es überhaupt keine, doch tagsüber war es drinnen hell genug dank der vielen Ritzen in den Bretterwänden. Eine solche Übernachtungsmöglichkeit hatte für mich, abgesehen vom niedrigen Preis, noch einen anderen unschätzbaren Vorteil. Die Hausbesitzer in Jalta konnten Holzverschläge dieser Art nur illegal vermieten, verlangten also auch keinerlei Ausweise. Und es hätte mir gerade noch gefehlt, daß die Miliz in Jalta meinen Paß zu Gesicht bekam.

In dieser Jahreszeit wimmelt es in Jalta von Menschen. Auf dem schmalen kiesbedeckten Ufer liegen die Leute so dicht nebeneinander, daß man kaum den Fuß auf den Strand setzen kann. Und von oben, von der Uferstraße aus, glaubt man auf einen Rastplatz von Robben hinabzublicken.

In den Restaurants gibt es kein Fleisch. In keiner seiner Erscheinungsformen. Weder Huhn noch Fisch. Nur Nudeln mit ungenießbarer Soße.

Anständig essen konnte man nur in den »Intourist«-Restaurants, zu denen freilich nur Ausländer Zutritt hatten. Die Eingeborenen jedoch, die simplen Sowjetmenschen, brachten sich durch, so gut es ging. Und klagten nicht einmal. Waren es nicht anders gewohnt. Die Luft in Jalta ersetzt das Essen. Das zärtliche Rauschen der Brandung übertönt das Knurren des Magens. Die Leute sonnten sich gierig, badeten bis zur Erschöpfung, ließen sich vollaufen zur Nacht, zumal an Wodka kein Mangel herrschte, und waren glücklich: Sie hatten Urlaub und mußten für ein Jahr im voraus das süße Nichtstun genießen.

Der 9. Mai brach an. Diesen Tag begeht man in Rußland als den Tag des Sieges über das faschistische Deutschland im Zweiten Weltkrieg. In anderen Ländern ist es der 8. Mai, in Rußland der 9. Man trinkt und feiert. An den Häusern hängen rote Fahnen, im Radio hört man Marschmusik.

Dieses Mal war es der 25. Jahrestag des Sieges. Ein Vierteljahrhundert. Eine runde Zahl. Darum dröhnte schon vom frühen Morgen an Blasmusik in Jaltas Gärten, und auf der Uferstraße, in der Menge der braungebrannten Urlauber, tauchten Ortsansässige mittleren Alters in alten Kriegsuniformen auf, an denen die mit der Zeit nachgedunkelten Orden und Medaillen leise klingelten. Einigen fehlte ein Arm, der leere Ärmel war eingeschlagen und mit einer Sicherheitsnadel an der Schulter festgesteckt, andere bewegten sich mühsam mit dem einen ihnen verbliebenen Bein, an dem ein blankgeputzter Schuh prangte, auf Krücken vorwärts. Schon am Vormittag waren alle lebhaft und leicht angeheitert.

An diesem Tag trinke ich auch. So an die hundert, hundertfünfzig Gramm Wodka. Nicht mehr. Zu guter Letzt, als der Krieg fast zu Ende war, bekam ich noch einen Bauchschuß ab. Einen ziemlich vertrackten. Habe bis heute Schwierigkeiten mit dem Magen. Darf nicht trinken. Die Ärzte drängen auf Diät: nichts Scharfes, nichts Saures.

»Wozu dann noch leben?« frage ich sie.

»Um den Kommunismus zu verwirklichen«, spotten sie lachend.

An diesem Tage vergesse ich die Ermahnungen der Ärzte, trinke mein Quantum, esse hinterher Salzgurke und Sauerkraut, den Schaschlik aber bestreue ich so reichlich mit Pfeffer, daß Feuer im Munde ausbricht. Einen solchen Tag habe ich einmal im Jahr.

Es ist nicht russische Lebensart, allein zu trinken. Man braucht Gesellschaft. Herzliches Einverständnis. Kumpel. Wenigstens einen Kumpel, wenn es nicht anders geht. Zu zweit trinken, sich einiges von der Seele reden, Erinnerungen austauschen. Aber allein? . . .

Es war wie verhext. Ich konnte mich noch so lange auf der Uferstraße durch die Menge drängeln – ich traf keinen einzigen Bekannten. Es wurde Mittag, Essenszeit. Genau der richtige Moment, um auf den Sieg zu trinken. Meine Blicke siebten die Menge durch – kein Mensch, mit dem ich hätte zu zweit sitzen mögen.

Und so ging ich allein ins Restaurant des Hotels »Oreanda«. In das altmodische, noch zur Zarenzeit im protzigen Kaufmannsstil erbaute »Oreanda«. Dort werden nur Ausländer hereingelassen. Doch für mich würde sich schon ein Plätzchen finden. Ich kannte da eine Kellnerin. Klawa. Der würde ich einige Rubelchen extra hinlegen.

Am Portier, der darauf zu achten hatte, daß sich kein Sowjetbürger ins Restaurant einschleicht, kam ich in einem Rudel lärmender Amerikaner vorbei. Ich trug ausländische Kleidung und tat den Mund nicht auf. Als nächstes mußte ich Klawa ausfindig machen und ihr einen Finger zeigen. Einen, denn ich brauchte nur einen Platz. Verschwitzt, mit einem schweren Tablett lief Klawa vorbei und nickte mir zu, ich möge ihr folgen.

So ergatterte ich schließlich einen Platz im Restaurant. Der Tisch, den Klawa mir mit einem Blick zuwies, war schon für drei Personen gedeckt. Vor dem vierten Stuhl lag noch kein Gedeck. Ich nahm auf diesem Stuhl Platz, nicht ohne vorher eine undeutliche Begrüßung gemurmelt zu haben, denn ich zweifelte nicht daran, daß meine Tischnachbarn, wenn überhaupt, nur mit Mühe und Not Russisch verstanden.

Direkt vor mir löffelte seinen Borschtsch ein hagerer Neger, der mich schüchtern anlächelte, womit er mir sofort die Gewißheit gab, aus Afrika und nicht aus Amerika zu stammen, denn die amerikanischen Neger lächeln die Weißen nicht auf diese Art an. Während der ganzen Zeit, wo ich am Tisch saß, sagte er nicht ein Wort, so daß ich keine Ahnung habe, welcher Sprache er sich zu bedienen pflegte.

Rechts und links von mir saßen zwei Frauen. Weiße. Im wahrsten Sinn dieses Wortes. Blond. Nicht gerade auffallend. Einander irgendwie ähnlich. Wie Mutter und Tochter. Eine Vermutung, die sich bald bestätigte. Es waren Deutsche. Touristen. Nicht aus Westdeutschland. Aus unserem Teil. Aus der Deutschen Demokratischen Republik. Aus Karl-Marx-Stadt. Die früher, bevor die Kommunisten an die Macht kamen, Chemnitz hieß. Diese Informationen bekam ich gleich anfangs in wenigen Minuten. Denn von Natur aus bin ich ein kontaktfreudiger Mensch, und wenn ich mich anstrenge, kann ich ganz passabel deutsch schwatzen.

Ich fragte, wie ihnen Jalta gefalle, die Frauen wechselten einen Blick, dann sagte die ältere, die Mama, ohne sonderliche Begeisterung, es sei hier nicht übel, und sie lobte das Schwarze Meer.

Klawa kam, und ich bestellte. Sie brachte Vorspeisen und eine rauhreifüberzogene Flasche Wodka »Stolitschnaja«, wobei sie fragte, ob ich sie etwa allein austrinken wolle. Ich erwiderte, ob sie vergessen hätte, was für ein Tag heute sei, und sie lachte, schüttelte den mit flachsblonden Zöpfen umwundenen Kopf und meinte:

»Ist ja keiner von den unseren hier, sonst hätte ich dir einen Landser zur Gesellschaft dazugesetzt.«

»In Gedanken werde ich schon mit jemandem anstoßen«, antwortete ich und füllte das Glas.

Die ältere Deutsche hörte sich unser Gespräch aufmerksam an. Offenbar verstand sie Russisch. Als Klawa gegangen war, fragte sie mich auf deutsch:

»Was ist denn heute für ein Tag, an dem Sie unbedingt trinken müssen?«

»Ich würde Sie mit Vergnügen dazu einladen. Bitte, tun Sie mir den Gefallen.« Ich schob ihr das randvoll gefüllte Glas hin. »Trinken wir auf den Sieg.«

»Was für einen Sieg?« Sie hob fragend die Augenbrauen.

»Das wissen Sie nicht?« Ich lachte. »Heute ist der Jahrestag des Sieges über Deutschland.«

Sie hatte schon die Hand nach dem Schnapsglas ausgestreckt, ihre Finger berührten die meinen, doch da zuckten sie zurück, als hätte ein elektrischer Schlag sie getroffen. Das Glas in meiner Hand kippte, Wodka schwappte aufs Tischtuch.

Wie oft schon hat meine Leutseligkeit mich in eine peinliche Lage gebracht! Warum, zum Teufel, muß ich ausgerechnet einer Deutschen vom Jahrestag des Sieges erzählen? Des Sieges über ihr Land? Gut, sie war eine von unseren Deutschen, den heutigen Verbündeten. Aber sie war ja schon erwachsen in jenem Deutschland, das wir in die Knie gezwungen hatten, und konnte begreiflicherweise nicht sonderlich erfreut sein über die Erwähnung dieser Tatsache. Bei ihrer Tochter war das anders. Sie war nach dem Krieg zur Welt gekommen. Für sie war das alles Geschichte.

Ich blickte zur Tochter hinüber. In ihren grauen Augen unter den leicht gefärbten Wimpern zuckte es, sie wandte den Blick von mir ab, senkte die Lider. Also war auch ihr nicht wohl bei diesem Gespräch. Was konnte man da von der Mutter erwarten?

Die Mutter war etwa so alt wie ich. Graue Haare konnte ich nicht entdecken – bei Blonden fallen sie ja kaum auf. Doch die Schminke übertünchte nicht ganz die Runzeln, und unter den Augen zeichneten sich ungesunde, bläuliche Schatten ab. Sie hatte eine spitze Nase, ein spitzes Kinn und eine schmale, kaum sichtbare Oberlippe – das sichere Merkmal eines galligen Charakters. Dazu kurze, ondulierte, stumpf-blonde Haare. Die Tochter war viel hübscher als sie. Das Gesicht war weicher, fraulicher und natürlich frischer. Schon aus dem einfachen Grunde, weil sie ganz jung war, höchstens zwanzig, nicht mehr. Die Mutter hatte einen mageren, sehnigen Hals und knochige Schultern, die auf ein hartes Leben und eine schwere Arbeitslast deuteten, die diese Schultern viele Jahre lang getragen haben mußten.

Ich hege keinerlei Vorurteile gegen die Deutschen als Volk. Ich laste nicht einem ganzen Volk die Schuld für die Verbrechen des Faschismus an; meiner Meinung nach kann auch dem russischen Volk nicht die Verantwortung für den nicht geringeren Terror des Kommunismus angelastet werden. Der Mensch ist nur für seine eigenen Taten verantwortlich, nicht aber für die Untaten des Regimes. Hat doch ein einzelner Bürger auf die Handlungsweise des Regimes noch weniger Einfluß als beispielsweise auf die Kapriolen des Wetters.

Schweigen senkte sich über unseren Tisch. Nur der Neger aus Afrika, dessen Pupillen auf dem bläulichen Weiß des Augapfels mal nach rechts, mal nach links auf die beiden schweigenden Frauen schielten, schlürfte den heißen Borschtsch geräuschvoll mit seinen dicken Lippen.

Ich trank, der Wodka brannte im Mund, ich atmete aus und angelte mit der Gabel nach einer Scheibe Salzgurke.

Die beiden Frauen aßen nicht mehr. Saßen da mit gesenktem Blick.

»Entschuldigen Sie, daß ich Ihnen die Laune verdorben

habe.« Ich hielt es für nötig, die Atmosphäre zu entkrampfen. »Aber Tatsache ist Tatsache... Die Alliierten haben Deutschland im Kriege besiegt... und vielleicht ist das der Grund, daß ich am Leben bin und mit Ihnen an einem Tisch sitze.«

»Sie waren an der Front?« Die kalten grauen Augen der Älteren blickten mich an.

»Ja.«

»Auch in Deutschland?«

»Natürlich. Man könnte sagen, ich habe es zu Fuß durchwandert.«

Ihre Augen wurden schmal, der Blick bohrte sich in mein Gesicht.

»Waren Sie auch in Pommern?«

»Ja. Warum? Erst in Ostpreußen... dann ging es weiter nach Pommern.«

»Und erinnern Sie sich an die Stadt... Schneidemühl? Ja?«

»Aber ja!« Wieder brach meine Leutseligkeit durch, ich wurde lebhaft. »Schneidemühl... wie könnte ich es vergessen... wir haben dieses Städtchen lange gestürmt... Straße um Straße, Haus um Haus. Was meinen Sie, wie viele von uns dort ums Leben gekommen sind? Dieses ganze Restaurant... wenn es brechend voll wäre... nein, der Platz würde nicht ausreichen...«

»Sie können sich also an Schneidemühl erinnern?«

»Mein Gedächtnis ist, Gott sei Dank, intakt.«

»Auch mein Gedächtnis ist gut...«

Sie sprach diese Worte so feindselig, daß sich mein Magen zusammenkrampfte. Vielleicht, weil ich gegen die Diätvorschrift verstoßen hatte. Jedenfalls wollte ich es mir zu meiner Beruhigung einreden, doch in Wirklichkeit spürte ich instinktiv, daß ich da in eine sehr böse Geschichte hineinschlidderte, was bei meiner gegenwärtigen Situation keineswegs ratsam war.

Die Augen der Deutschen füllten sich mit Tränen, die dünne Oberlippe begann nervös zu zittern.

»Mama«, sagte die Tochter erschrocken, »du darfst dich nicht aufregen.«

»Misch dich nicht ein«, entgegnete die Mutter schroff. Sie preßte die Lippen zusammen, um das Zittern zu meistern. Ihr Gesicht wurde blaß. »Ich habe Sie erkannt.«

»Mich?« Ich grinste albern, ganz verwirrt durch die Erkenntnis, eine hysterische Frau vor mir zu haben. »Ich hatte niemals die Ehre, mit Ihnen bekannt zu sein, gnädige Frau.«

»Das hatten Sie damals auch nicht nötig«, sprach sie langsam, jedes Wort betonend, den Blick fest auf mein sicherlich errötendes Gesicht gerichtet. »Ihr habt uns überwältigt, mit euren Gewehren bedroht.«

»Wie? Was?« Ich prallte zurück, immer noch nicht begreifend, wovon sie sprach.

»Ich habe Sie erkannt«, wisperte sie zischend wie eine Schlange. »Sie... Sie... Sie russisches Schwein... haben mich vergewaltigt in Schneidemühl... ich kenne diese Nase... diese gemeinen Augen... ich war siebzehn.«

»Sie sind ja verrückt! Ich war damals auch siebzehn... ich habe niemanden vergewaltigt... ich war ja ein halbes Kind.«

»Sie! Sie!« rief die Frau so laut, daß man von den Nachbartischen zu uns herüberschaute und der Neger mit dem Löffel an den dicken bläulichen Lippen erstarrte. »Sie waren so alt... ein blutjunger Wüstling... Ihr habt euch auf mich gestürzt... eine ganze Bande... wie viele wart ihr?... Zehn, zwanzig? Ich weiß es nicht. Aber dieses Gesicht hat sich mir eingeprägt... diese Augen, diese Nase... denn Sie waren der erste... danach hab ich schon nichts mehr wahrgenommen...«

Ich wußte nicht, was ich tun sollte. Zu leugnen, sich zu rechtfertigen hatte gar keinen Sinn. Sie hatte bereits die Kontrolle über sich verloren, die Stimme der Vernunft hätte sie nicht mehr erreicht. Ohne Zweifel erinnerte sie mein Anblick an jemanden, der sie, ein ganz junges Mädchen, in dem von sowjetischen Truppen eroberten Schneidemühl vergewaltigt hatte. Vergewaltigt wurde sie zwar von einer ganzen Gruppe, aber ihrem Gedächtnis hatte sich nur ein Gesicht eingeprägt, das eines sehr jungen Soldaten, der sie zu Boden geworfen und ihr den Schlüpfer von den vor Angst steifen Beinen gerissen hatte.

Daß ich es nicht war, brauchte ich mir selbst nicht zu beweisen. Ihr hätte ich es beweisen müssen, doch sie war nun wie von Sinnen: Ihre Pupillen weiteten sich, Lippen und Kinn zitterten, ihr Gesicht war bleich, unter der welken Haut rötete sich der Hals.

Vor meinem inneren Auge liefen fieberhaft die Geschehnisse von damals ab. Das Frühjahr 1945. Grau und rauchüberzogen. Rußgeschwärzte Ruinen ziegelsteinfarbener Häuser im gotischen Stil. Panzer, die schmutzigen Schnee verspritzten. Leere Straßen. Weit offenstehende Haustüren. Kissen und zerfetzte Wäschestücke unter den Kanonenrädern, unter schiefgetretenen Absätzen von Soldatenstiefeln.

Beim Herannahen sowjetischer Truppen flüchteten die Bewohner der deutschen Städte. Die Soldaten plünderten eilig die verlassenen Häuser, aßen aus den Töpfen die noch warmen Reste der Speisen, die die Deutschen vor ihrer Flucht gekocht hatten. Aus den Kellern krochen alle jene ans Tageslicht, die es nicht mehr geschafft hatten zu fliehen. Frauen und Kinder. Vor Furcht fast gelähmt. Verängstigt von ihrer Propaganda, daß die Russen alles niedermetzeln würden. Ich bin durch Deutschland gegangen, doch habe ich nichts dergleichen gesehen.

Doch die Frauen mußten wirklich dran glauben. An ihnen wurde Rache genommen. Ich glaube, überall dort in Deutschland, wo sowjetische Truppen durchzogen, gab es kaum eine Frau im Alter zwischen dreizehn und sechzig Jahren, der die Soldaten nicht die Kleider vom Leib gerissen, die sie nicht durch eine ganze Phalanx hindurchgeschleust hätten.

. Ganz besondere Angst hatten die deutschen Frauen vor Asiaten – den Kirgisen, Kasachen, den »Schlitzaugen«, wie sie sie nannten. Die gelbhäutigen, flachgesichtigen Soldaten mit den hohen Backenknochen jagten den Frauen panische Angst ein, sie scheuten nicht davor zurück, die Mütter vor den Augen der Kinder zu vergewaltigen.

Einmal bin ich zufällig selbst Zeuge einer solchen Vergewaltigung geworden. Irgendwo in der Nähe von diesem

Schneidemühl, möge es dreimal verflucht sein. Ich hatte Durst, suchte nach Wasser. Betrat durch die weit geöffnete Tür ein einsam am Wege gelegenes Haus. Dachte, es sei verlassen. Ging in die Küche. Hörte es irgendwo rumpeln. Hob das Gewehr, schlich ins Eßzimmer. Auf dem Tisch stand Essen, hier wurde vor kurzem gefrühstückt. Die Tür zum Nachbarzimmer stand offen. Ich schaute hinein. Auf dem breiten Holzbett lag mitten zwischen Kissen und Federbetten ein Soldat in verdreckten Stiefeln und im Mantel, auf dem Kopf die Ohrenmütze, auf dem Rücken am Segeltuchriemen die Maschinenpistole.

Rechts und links vom nackten Hintern des Soldaten, dessen Hose auf die Stiefel herabgerutscht war, ragten weiß, von bläulichen Adern durchzogen, die dünnen, hilflos zuckenden Beine einer Frau auf. Neben seinem Kopf, unter der sich aufwölbenden Schulterklappe sah ich ein wirres Büschel heller Haare, ein Stück Wange und ein seitwärts schielendes Auge. Ein Arm hing auf den Boden, die gespreizten Finger zuckten.

»Peter, geh weg! Weg!« stöhnte die Frau, mit der Hand jemanden verscheuchend.

Meine Augen folgten der Bewegung ihrer Hand, ich erblickte an der anderen Tür dieses Durchgangszimmers einen flachsblonden, etwa achtjährigen Jungen mit herabbaumelnden Hosenträgern und ein Mädchen, einen Kopf kleiner, das eine Beinchen bestrumpft, das andere nackt und von der Kälte gerötet. Flehentlich bat die Mutter ihren Ältesten, den Peter, wegzugehen, nicht zu gucken, und auch das Schwesterchen wegzuführen.

»Weg, Peter! Weg!«

Die Kinder aber rührten sich nicht von der Stelle, blickten stumpf, ohne zu weinen, aufs Bett. Über der Oberlippe des Mädchens hing ein dicker Rotztropfen.

Fast hätte ich aufgebrüllt vor Scham. Vor Ekel. Vor Wut. Weiß der Himmel, wieso ich diesen Soldaten nicht getötet habe. Ich stürzte mich auf ihn, packte ihn an den Schultern, warf ihn vom Bett hinunter und versetzte ihm Fußtritte in den Rücken, in die Rippen, überallhin, während er auf allen vieren aus dem Haus kroch. Sein flaches Gesicht mit den breiten Backenknochen war starr vor Angst, er versuchte gar nicht erst, sich zu wehren. Hätte er es getan, ich hätte ihn wahrscheinlich niedergeschossen.

Aufatmend blickte ich zum Bett hinüber – zwischen den zerwühlten, von den Soldatenstiefeln verdreckten Kissen und Federbetten war niemand zu sehen. Die Frau war verschwunden, die Kinder auch. Ich suchte sie nicht, lief aus dem Haus auf die Straße, und erst nachdem ich eine Weile gegangen war, fiel mir ein, daß ich ja das Haus betreten hatte, um etwas zu trinken, es aber dann gänzlich vergessen hatte.

Und jetzt, fünfundzwanzig Jahre danach, überschüttete eine fremde Frau, eine deutsche Touristin, mich, einen nicht mehr jungen Mann mit ergrauendem Haar, im Restaurant, in aller Öffentlichkeit mit Flüchen für ein Verbrechen, das ich nicht begangen hatte.

»Russisches Schwein!«

Es war, als bespeie sie mich mit den unflätigen Schimpfwörtern aus der Zeit des Krieges, mit denen die Deutschen, damals noch Sieger, die Bevölkerung im besetzten Rußland zu überschütten pflegten.

»Verfluchter Schweinehund! Ich hasse euch!«

Sie schimpfte mich Schweinehund. Bei mir zu Hause. In Rußland, das ihr Land besiegt hatte, in meinem liebsten Badeort auf der Krim, in einem Restaurant, das wir nicht betreten durften, das nur für die Ausländer da war. Mich – den Sieger. Obendrein einen Juden. Der jetzt selber bereit war, seine ihm nicht mehr freundlich gesonnene Heimat zu verlassen und Asyl zu suchen, Gott weiß wo. Mich, der ich nie eine Frau gekränkt habe, beschuldigte sie der Vergewaltigung. Was für ein Wahnsinn! Welch ein Alptraum!

»Russisches Schwein!« wiederholte sie immer wieder, bereit, mir die Hände ins Gesicht zu krallen. »Ich hasse euch alle! Alle! Euer Land! Eure Luft!«

Ihre Tochter, ganz rot vor Erregung, weinte laut und stammelte unter Tränen:

»Mama... Mama... Mutti, du darfst dich nicht aufregen!...«

An den Nachbartischen standen die Leute auf und riefen laut nach dem Geschäftsführer.

Und ich floh. Sprang auf, stürzte zum Ausgang, rief im Vorbeirennen der uns entsetzt anstarrenden Klawa zu:

»Ich zahle später!«

Keiner verfolgte mich. Draußen auf der Uferstraße tauchte ich in der Menge unter und entfernte mich so weit wie möglich vom Hotel »Oreanda«. Ruhiger wurde ich erst am Hafen. Vor dem Bierkiosk stand eine Schlange, ich sah dort meinen Strandnachbarn Kostja, der etwa mein Alter hatte und auch ein ehemaliger Frontkämpfer war. Er rief mir zu:

»He, Kamerad! Komm her und trink einen mit uns! Heute ist unser Tag!«

Die Schlange raunte beifällig. Sie bestand nur aus Männern, alle waren sie nicht mehr jung. Bei einigen hing ein leerer Ärmel hinab, einer saß beinlos im Rollstuhl.

Kostja brachte in jeder Hand ein Gläschen mit Wodka, gab mir beide und stürzte zurück, um Bier und einen Happen Sakusska zu holen. Wir tranken im Stehen. Der Wodka geriet mir in die falsche Kehle, ich mußte husten. Die Schlange der ehemaligen Soldaten johlte gutmütig:

»Bekommt dir wohl nicht? Läßt nach, Kamerad!«

Dann mischten Kostja und ich uns unter die festliche Menge und spazierten auf dem Kai auf und ab, während ich ihm ausführlich berichtete, was mir im Restaurant zugestoßen war. Kostja hörte aufmerksam zu und schüttelte nur schweigend den Kopf.

Wir gingen die Uferstraße entlang, und ich merkte nicht, daß wir uns dem Hotel »Oreanda« genähert hatten. Vor seiner altmodischen, halbrunden, säulengeschmückten Fassade umringte eine Menschenmenge einen weißen Rettungswagen mit dem roten Kreuz an der Seite. Wir drängten uns vor. Durch das Portal trugen Sanitäter eine Bahre heraus, auf der, mit einem Laken bedeckt, ein menschlicher Körper lag.

Der Bahre folgte weinend ein junges Mädchen, blond, mit gerötetem Gesicht und verschwollenen Augen. Ich erkannte sie nicht sofort. Es war meine Tischnachbarin. Die jüngere. Die Tochter. Und da traf mich jäh die Erkenntnis: Auf der

Bahre lag ihre Mutter. Mir lief es kalt den Rücken herunter, ich zitterte und fror, obwohl es sommerlich warm war.

Die Schaulustigen flüsterten einander zu:

»Eine Ausländerin. Herzschlag! Im Restaurant, bei Tisch.«

»Ist sie das?« fragte Kostja.

Ich eilte davon. Dorthin, wo die Uferstraße endete und ein staubiger Weg sich zwischen den Häusern und Zypressen den Abhang hinaufschlängelte.

Schwer atmend holte Kostja mich ein. Blieb an meiner Seite.

Wir schwiegen. In unserem Alter war der steile Aufstieg beschwerlich, wir keuchten wie gehetzte Pferde. Nach einer Weile blieben wir erschöpft stehen, bereits hoch über Jalta. Von hier aus sah man die ganze Bucht mit dem betonierten Anlagekai am Hafen, ein großes weißes Motorschiff auf dem gläsernen Blau des Meeres, die Uferstraße und auch das grüne Dach des Hotels »Oreanda«. Die Menschenmenge davor war verschwunden. Das Rettungsauto auch.

»Was kannst du denn dafür?« sagte Kostja, bemüht, mich zu trösten.

Ich gab keine Antwort. Schaute abwesend, wie betäubt, um mich herum. Die Erde der Krim überbot sich an Blütenpracht. Jeder Stein war mit Blütenblättern übersät. Lila. Hellblau. Rot wie Blut. Und die Luft, einschläfernd warm, berauschend süß, geschwängert mit Duft, war so beklemmend schwer wie nach einer Schlacht, wenn die Leichen lange nicht weggetragen werden, wenn sie aufgedunsen in Fäulnis übergehen.

»Das Echo des Krieges«, sprach Kostja philosophisch.

Das Echo der Berge gab keine Antwort, wiederholte die Worte nicht. Die Berge über uns schwiegen. Und ganz hoch oben schimmerte in der Sonne wie eine riesige Träne der schneebedeckte Gipfel des Berges Aj-Petri.

»Schreib es dir hinter die Ohren, mein Sohn«, sprach mein Vater, ohne den Blick von dem Stückchen Gänsekiel der Angelpose zu wenden, das senkrecht aus dem Wasser ragte. »Von allen menschlichen Tugenden schätze ich die Selbstachtung am höchsten, sie unterscheidet den Menschen vom Vieh und macht ihn zur Krone der Schöpfung.«

Wir saßen am sanften, moosgepolsterten Ufer eines stillen und trägen russischen Flüßchens, an dem Schilf und Riedgras wuchsen, und angelten mit selbstgebastelten Angelruten. Hinter uns wisperten die zarten Blätter der schlanken, weißstämmigen Birken, unter die sich graue Espen mischten. Dahinter standen die dunklen Wipfel der Tannen. Möglichst weit weg von der Stadt und den Menschen zu sein, sich ins Dickicht der Wälder zu verkriechen, stundenlang wie geistesabwesend mit der Angel in der Hand dazusitzen – das wurde in den letzten Jahren für meinen Vater, den pensionierten Oberst, der in seinem Leben so viel mitgemacht hat, daß es für hundert Leben reichen würde, zur wahren Leidenschaft. Immer noch kräftig, mit eisernen Muskeln, war er offenbar der Menschen, ihrer Gemeinheit und ihres Verrats mehr als überdrüssig und suchte die Abgeschiedenheit, in der er, scheinbar gedankenlos auf einen Punkt starrend, die ihm bis zum Grabe noch bleibende Zeit totschlagen konnte.

»Ich, zum Beispiel«, fuhr er fort, während er die an seiner Lippe klebende Zigarettenkippe fortnahm und dabei die kräftigen, vom Rauchen gelb verfärbten Zähne entblößte, »ich wäre heute nicht mehr am Leben, hätte ich mir nicht wenigstens ein Quentchen Selbstachtung bewahrt. Ohne die wäre ich schon hundertmal draufgegangen.

Es scheint nur so, als hätten Heuchler und Schufte ein

schöneres und längeres Leben, ehrliche und aufrechte Menschen aber müßten eher dran glauben. Aus all dem, was ich im Leben gesehen habe, läßt sich ein ganz anderer Schluß ziehen. Das alles läßt sich nicht in ein allgemeingültiges Gesetz fassen. Sind da nationale oder genetisch vererbte Eigenschaften mit im Spiel? Ich vermag es nicht zu beurteilen. Es ist wohl eher so, daß ein bestimmtes Gesetz der natürlichen Auslese für die gesamte Menschheit gilt, ohne Rücksicht auf Rasse, Nationalität oder Religion.

Am ehesten ist diese Selbstachtung noch bei zwei Sorten von Menschen anzutreffen: bei den Bauern, die die Felder bearbeiten, in denen sie aufwachsen, und die es gewohnt sind, ihr Brot buchstäblich im Schweiße ihres Angesichts zu erarbeiten; und bei der Intelligenzija – bei ihren wahren Vertretern, nicht bei jenen Halbgebildeten, denen man heute auf Schritt und Tritt begegnet. Einem wahrhaft gebildeten Menschen ist der Begriff persönlichen Ehrgefühls etwas Selbstverständliches. Zu Niederträchtigkeiten oder gar viehischer Gemeinheit läßt er sich selbst dann nicht herab, wenn es um sein Leben geht. Er besitzt glücklicherweise noch Schamgefühl. Aber wie viele wissen nicht einmal, was das ist!

Als unsere Artillerie eingeschlossen war und dann zerschlagen wurde und die Überlebenden in die Nachbardörfer flüchteten, riß ich mir die Kommandeursabzeichen von der Uniform, vergrub mein Parteibuch und versuchte im Alleingang, aus der Umzingelung herauszukommen und mich zu unseren Truppen durchzuschlagen. Es hat nicht geklappt. Ich wurde gefaßt.

Da stand ich nun zwischen den grauen, verdreckten Kriegsgefangenen. Die Deutschen stellten uns in drei Reihen auf und ließen uns durch den Dolmetscher sagen:

›Wer ein Jude ist – drei Schritte vortreten!‹

Kaum zu glauben, wie viele Juden da standen. Sie wurden ans andere Ende des Platzes geführt. Wie du ganz richtig vermutest, habe ich kein Glied gerührt, als sei ich kein Jude. Ich blieb stehen, wo ich war.

Dann hieß es:

›Wer Kommunist ist – drei Schritte vortreten!‹

Auch die wurden weggeführt – zu den Juden hinüber.

Ich blieb wieder stehen.

Dann befahlen sie:

›Wer zum Führungsstab gehört – drei Schritte vortreten!‹

Die vortraten, wurden zu den Kommunisten und Juden getrieben.

Und alle zusammen wurden augenblicklich auf dem Platz erschossen. Mit Maschinengewehren. Vor unseren Augen.

Ich aber, wie du siehst, lebe noch und schwatze hier mit dir. Warum? Ich, mein lieber Sohn, hätte genaugenommen nicht nur drei, sondern sogar neun Schritte vortreten müssen. Aber, wie du weißt, bin ich faul, sehr faul.«

Er lächelte, nicht eben heiter, und zeigte dabei wieder seine gelben Zähne. Die Augen, geduckt unter schweren Lidern, lächelten nicht.

»Glaubst du, ich allein war so klug? Es waren nicht wenige, die diesem Befehl ebenfalls nicht folgten. Doch sie hatten weniger Glück als ich. Da waren welche unter den Gefangenen, die sie kannten und die nichts Eiligeres zu tun hatten, als den Deutschen behilflich zu sein und sie aus der Reihe nach vorn zu stoßen.

Denn die Deutschen haben ganz richtig auf gemeine Gesinnung gesetzt. Auf die Gesinnung eines hungrigen, abgewrackten Gesindels. Für jeden verratenen Juden, Kommunisten oder Offizier hatten sie den Denunzianten eine Belohnung versprochen – hundert Gramm Brot und ein Päckchen billigen Tabak.

Ich hatte einfach das Glück, mit keinem aus meiner Division in Gefangenschaft geraten zu sein. Mich kannte niemand in der ganzen Kolonne. Und so bin ich am Leben geblieben und kann dir nun sagen, wie niederträchtig die Menschen werden, wenn sie das Wenige verlieren, was sie vom Vieh unterscheidet. Ich stand wie versteinert und glaubte meinen Augen nicht trauen zu dürfen. Gestern noch hatten diese Soldaten an der Front alle Mühsal miteinander getragen, Schulter an Schulter im Schützengraben auf den gemeinsamen Feind geschossen, zu mehreren aus einem Kochgeschirr gegessen, dicht bei dicht in den Unterständen gelegen, um sich gegenseitig zu wärmen – und jetzt stießen sie ihre Kameraden nach vorn, in die Hände der Henker, und winselten schamlos um ihre Belohnung: ein Stückchen Brot und etwas Tabak.

Manche schlugen sich sogar um ein und dasselbe Opfer, traten einander mit Füßen, hieben sich die Nasen blutig, und jeder versuchte, den schreckgelähmten Juden, Kommunisten oder Offizier auf seine Seite zu zerren, um ihn ohne Zutun des anderen der Kugel preiszugeben und dann die kümmerliche Belohnung zu erhalten.

Nachdem die Schüsse verklungen waren und die am anderen Ende des Platzes nicht mehr dicht aneinandergedrängt standen, sondern unnatürlich verrenkt auf dem Pflaster lagen und nur da und dort noch ein Bein in Agonie zuckte, stürmten aus unserem Haufen die gestrigen Kameraden der Erschossenen zu ihnen hinüber und begannen ungeniert ihre Taschen zu leeren, ihnen die Uhren von den noch warmen Handgelenken zu reißen, die Stiefel von den Beinen zu zerren. Und ich sah so manchen unbekümmert auf der Brust eines Toten sitzen und die gestohlenen Stiefel augenblicklich gegen das eigene abgetragene Schuhwerk austauschen.

Die Deutschen, die abseits neben dem erkaltenden Maschinengewehr standen, betrachteten angewidert diese Szene und dachten sicherlich nicht ohne Genugtuung, daß ihr Führer dieses Volk offenbar zu Recht ›Untermenschen‹ genannt hatte.

Und ich, ein aktiver Berufsoffizier, stand betäubt vor Scham und Ohnmacht dabei und fragte mich mit entsetztem Staunen: Das sind doch sowjetische Soldaten, die Erben unserer Revolution, denen wir Jahre hindurch die Normen menschlichen Verhaltens anerzogen haben, die wir mit Vorträgen über den Internationalismus, die Solidarität aller Werktätigen und die Freundschaft zwischen den Völkern der Sowjetunion überschüttet hatten, und diese Sowjetsoldaten, auf die Probe gestellt, entpuppen sich als skrupellose Bestien.

Es wäre zu einfach, ihr Verhalten mit dem gängigen Antisemitismus oder mit Haß auf Kommunisten und Offiziere zu erklären. Hätten die Deutschen eine Belohnung für jeden rothaarigen oder kleinwüchsigen Sowjetsoldaten versprochen, sie wären auch mit denen nicht anders verfahren. Ohne Haß, ohne Wut. Einfach, weil der hungrige Bauch ein Stück Brot forderte.

Der Verlust oder das völlige Fehlen von Selbstachtung verleitet die Menschen zu Gemeinheiten, egal welcher Nationalität sie angehören. Noch bevor ich in Gefangenschaft geriet, als ich noch aus der Umzingelung auszubrechen hoffte, am Tage in Heuschobern schlief und nachts ostwärts, zu den Unseren, wanderte, bin ich zwei anderen umzingelten Soldaten begegnet. Es waren zwei polnische Juden, die Russisch nur radebrechten: irgendwo vor Bialystok zur sowjetischen Armee einberufen, liefen sie jetzt, da ihre Einheit zerschlagen war, in der Hoffnung auf Rettung wie Hasen in der ihnen fremden und feindselig gesonnenen Ukraine umher. Mit ihren eindeutig semitischen Gesichtszügen, mit der polnisch-jüdischen Sprechweise durften sie sich in keinem ukrainischen Dorf blicken lassen. So umgingen sie möglichst jede menschliche Behausung und nährten sich von rohen Rüben, sofern sie welche auf den Feldern ausgraben konnten, und von trockenen Weizenkörnern.

Sie sahen erschreckend aus, als ich zufällig auf sie stieß – zwei erbärmliche, verängstigte Wesen. In einem Dorf hatte ich ein ganzes Brot bekommen, die Hälfte teilte ich unter uns auf, die zweite Hälfte hob ich auf für den nächsten Tag. Als ich diesen Rest in meinen Brotbeutel packte, verfolgten sie jede meiner Bewegungen mit entzündeten Augen, in denen der Wahnsinn lauerte. Ich befahl ihnen, sich nicht von der Stelle zu rühren und auf mich zu warten, während ich die Gegend erkunden und einen möglichst gefahrlosen Weg ausfindig machen wollte. Sie waren mit allem, was ich sagte, vorbehaltlos einverstanden und priesen überschwenglich auf jiddisch das Schicksal, das ihnen einen Juden als Retter sandte – einen Juden, der fließend Russisch sprach und nicht gar zu semitisch aussah. Nur unter meinem Schutz konnten sie ein wenig auf Rettung hoffen. Ohne mich drohte ihnen der Tod.

Als ich am Abend von meiner Erkundung der umliegenden

Dörfer wiederkehrte, waren meine beiden Juden aus dem Heuschober, in dem ich sie, den Zugang zu ihrem Versteck sorgfältig getarnt, zurückgelassen hatte, verschwunden. Ich sah keine Spuren eines Kampfes. Sie waren fortgelaufen, ohne meine Rückkehr abzuwarten. Und meinen Beutel mit dem halben Brotlaib hatten sie mitgenommen. Der Hunger hatte sie um den Verstand gebracht. Die Gier, zu zweit das restliche Brot zu essen, ohne es mit einem Dritten teilen zu müssen, siegte über die Todesangst. Und sie liefen mit meinem Brot davon.

Zwei Tage später hörte ich in einem Dorf, daß die ukrainische, im Dienste der Deutschen stehende Polizei zwei jüdische Sowjetsoldaten, die nicht einmal Russisch konnten, gefangengenommen hatte. Es waren diese beiden. Die betrunkenen Polizisten hatten sie gar nicht erst ins Kriegsgefangenenlager gebracht, sondern unterwegs erledigt, indem sie ein Wettschießen auf lebende, bewegliche Objekte veranstalteten.

In der von den Deutschen besetzten Ukraine zu überleben war für einen Juden so gut wie unmöglich. Die Deutschen machten methodisch Jagd auf die Juden, weil sie die entsprechenden Vorschriften hatten; die Ukrainer jedoch taten es freiwillig, mit großem Eifer, wobei sie die Besatzer kriecherisch zu übertrumpfen suchten. Ehrlich gesagt hatte ich viel mehr Angst vor der ukrainischen Polizei als vor den Deutschen. Die Deutschen vermochten nicht richtig zu unterscheiden, wer Jude war und wer nicht, und es war ihnen fast gleichgültig, sie hatten kein persönliches Interesse daran. Ihr Interesse galt vor allem dem Krieg gegen Rußland. Für die Ukrainer aber war die Jagd auf Juden, die Plünderung jüdischen Eigentums, das Prügeln und Töten unbewaffneter und wehrloser Menschen ein aufregendes Hasardspiel, das ihnen eine enorme, für den normalen Verstand nicht faßbare Befriedigung verschaffte.

Mich hat mein Aussehen gerettet. Nicht semitisch, eher mongolisch. Keineswegs deutlich ausgeprägt. Verwaschen, so, wie man es bei den Tataren aus der Gegend um Kasan findet, die man nicht immer von den Russen unterscheiden kann: Die Backenknochen sind ein wenig vorstehend, die Augen etwas schmaler. Ungefähr so habe auch ich damals ausgesehen. Jetzt, mit den Jahren, treten die semitischen Züge stärker hervor. Auch bei dir wird es im Alter so sein. Das Erbe unserer Vorfahren macht sich sogar bei völliger Assimilation bemerkbar.

Die Legende von meiner tatarischen Herkunft erwies sich als beste Tarnung. Zumal ich nicht einmal glaubwürdige Details zu erfinden brauchte. Mein Bursche in den letzten Jahren war der Kasan-Tatare Resa Ablajew, ein altgedienter, braver Soldat. Er sprach kein Wort Tatarisch. War als Vollwaise in einem Waisenhaus bei Moskau aufgewachsen. Eine bessere Biographie hätte ich für mich gar nicht ausdenken können.

Resa fiel in den letzten Kämpfen während der Umzingelung. Ich habe ihn selbst begraben und sein Soldbuch an mich genommen. Einfach so. Als Erinnerung an einen treuen Burschen, der während des Krieges schon lange vorher an meiner Seite gewesen ist.

Als ich in Gefangenschaft geriet, gab ich mich bedenkenlos für den Tataren Resa Ablajew aus. Meine eigenen Papiere hatte ich vorher vernichtet, die Offiziersuniform gegen die eines gefallenen Soldaten ausgetauscht, zum Glück kannte mich niemand im Lager persönlich.

Ich wurde in der tatarischen Baracke untergebracht – die Lagerverwaltung war bemüht, die Gefangenen nach Nationalitäten einzuteilen. Zwischen den verschiedenen Baracken herrschte Mißtrauen, und das war den Wachmannschaften recht: So ließ sich die ganze Meute leichter an der Kandare halten.

Unser Lager lag an der Schwarzmeerküste, in deren Badeorte ich vor dem Krieg so gern gereist war. Doch nun war Winter, der eiskalte, durchdringende Wind vom Meer gab uns, die wir vom Hunger geschwächt waren, den Rest, die Leute starben wie die Fliegen. Als erste starben die, die keine Selbstachtung hatten und nur allzuschnell ihre menschliche Würde einbüßten. Ich zum Beispiel hatte die gleiche Hungerration wie die anderen, magerte ab, wurde klapprig, gestattete es mir aber nicht, irgendwas von der Erde aufzuheben und in den Mund zu stecken. Es gab jedoch gar nicht wenige, die, vor Hunger halb wahnsinnig, wie die Fliegen um die verfaulten Abfälle vor der Küche herumschwirrten und sich gierig den Bauch füllten. Sie kriegten natürlich sofort die Ruhr. Noch bei lebendigem Leibe wurden dann die Opfer dieser Krankheit von der Wachmannschaft stapelweise in Gruben geworfen und mit Kalk überschüttet, um eine Epidemie zu verhindern.

Als Arbeitskolonne wurden wir zum Ausbessern der Straßen und zum Kohleschleppen in den nahe gelegenen Hafen getrieben. Mit leerem Bauch schaffst du's nicht lange, fällst um und wirst von den Wachsoldaten erschossen.

Eines Tages sollten wir in Reih und Glied auf dem Platz antreten – alle, die sich überhaupt noch bewegen konnten. Der Lagerkommandant erschien. Ein hagerer, schneidiger Offizier etwa meines Alters. Mit Namen Kurt. Die Gefangenen kannten irgendwoher seinen Vor-, nicht aber seinen Nachnamen. Der Vorname war kurz, prägte sich leicht ein. Schade. Vielleicht lebt er noch. Würde ich seinen vollen Namen kennen, so könnten wir uns vielleicht treffen, wer weiß. Dürfte nicht uninteressant sein, was wir einander zu sagen hätten.

Dieser Kurt also schritt mit seinen langen Beinen in blankpolierten Chromlederstiefeln unsere dreckige und zerlumpte Front ab. Neben ihm trottete träge an einer ledernen Leine ein riesiger deutscher Schäferhund. Ein wenig dahinter eine hübsche, rundliche Weibsperson – seine Geliebte aus Polen, Ada. Eine Schönheit en miniature. Sie rümpfte angewidert das Näschen – die Gefangenen rochen ziemlich penetrant. Ada konnte mit Mühe und Not russisch plappern, so bediente sich Kurt ihrer manchmal auch als Dolmetscherin.

Kurt blieb stehen. Der Hund blieb stehen. Ada blieb stehen. Alle drei wandten sich uns zu.

›Ein verlockendes Angebot‹, übersetzte Ada Kurts Worte. ›Falls unter euch ein Schuster ist – drei Schritte vortreten.‹

Mir stockte der Atem. Ein Schuster wäre von der allgemeinen Schinderei befreit. Er säße im Warmen und würde Nägel in die Sohlen klopfen. Er würde am Leben bleiben. Nicht den Hungertod sterben.

Und da fiel mir ein, daß ich, obwohl Berufsoffizier und ein Leben lang beim Militär, dennoch ein Recht hatte, mich Schuster zu nennen. Denn während der Revolution, in den Hungerjahren, hatte Mutter mich, einen kleinen Jungen, zu einem Schuster in die Lehre gegeben, ich war Laufbursche bei ihm, habe Ohrfeigen und Nasenstüber bezogen, bis ich zum Militär einberufen wurde. So ist aus mir doch kein Schuster geworden.

›Wer Schuster ist – drei Schritte vortreten!‹

Meine Beine gingen von selbst. Ich zählte drei Schritte. Blieb stramm stehen.

›Du bist Schuster?‹ Kurt beäugte mich mißtrauisch.

›Jawohl.‹

›Siehst nicht so aus‹, äußerte er skeptisch.

Der verdammte Offizierschliff und der sportlich durchtrainierte Körper ließen sich nicht verleugnen, verrieten meine Herkunft.

›Will sich noch einer für einen Schuster ausgeben?‹

Ich guckte – da trat linkisch noch jemand vor. Einer aus unserer Tatarenbaracke. Aufgedunsen, als hätte er die Wassersucht. Ein unangenehmer Typ mit löchrigen Pockennarben auf dem breiten, flachen Gesicht. Ibrahim. Mir gegenüber war er stets mißtrauischer als die anderen in der Baracke – wieso verstand ich die eigene Sprache nicht? Und er prahlte immer damit, die Tataren seien das größte Volk der Erde, direkte Nachkommen des Dschingis-Khan, der einst ganz Rußland besiegt hätte.

Merk dir, mein Sohn: Ein Mensch, der von sich selbst in der Mehrzahl spricht – etwa ›wir Russen‹ oder ›wir Tataren‹ oder ›wir Deutsche‹ – der ist nichts wert, ist ein Hohlkopf, eine Null. Seine eigene Nichtigkeit deckt er mit den Tugenden seiner Nation zu. Ein wertvoller Mensch sagt immer: Ich bin der und der, er nennt seinen Namen, nicht den seiner Nation. Sagt er aber ›wir‹, verkriecht er sich hinter seiner Nation – dann mach einen Bogen um ihn.

Und so einer war Ibrahim, mein Barackenkumpel, der sich nun auch als Schuster bezeichnete.

Außer uns beiden trat niemand vor.

Kurt mangelte es nicht an Scharfblick. Er zweifelte nicht daran, daß wir Maulhelden waren und uns nur vor der harten Arbeit drücken wollten. Die Deutschen sind ein arbeitsames Volk, das muß man ihnen lassen. Sie hassen Faulpelze und windige Angeber. Und auch Diebesgesindel.

›Ich bezweifele nicht‹, sagte Kurt, und Ada übersetzte mit polnischem Akzent, ›daß diese beiden Schuster nie einen Schusterhammer in der Hand gehabt haben. Vorgetreten sind sie nur, um mich an der Nase herumzuführen und sich vor der schweren Arbeit zu drücken. Nur russische Schweine kriegen so etwas fertig. Aber ich werde euch eine Lektion erteilen, daß sich keiner mehr vorwagt.‹

Er hatte Ibrahim, den Tataren, und mich, einen Juden, der sich für einen Tataren ausgab, ›russische‹ Schweine genannt, weil er uns alle verachtete, ohne Unterschied. Eine einzige Viehherde. Alle gleich.

Ibrahim und ich standen drei Schritt vor den Reihen verdreckter, ausgemergelter Kriegsgefangener, die zum langsamen Tod durch Nahrungsmangel und unerträglich schwere Arbeit verurteilt waren. Ihr Tod jedoch lag noch irgendwo in der Zukunft verborgen, wenn ihr Organismus endgültig versagen würde. Aber mir und Ibrahim saß der Tod schon jetzt im Genick. Kurt würde mühelos feststellen, daß wir keineswegs Schuster waren, und dann würden zwei Kugeln (die Deutschen sind ordentlich und sparsam, sie werden das knappe Blei nicht verschwenden) uns in zwei schmutzige Lumpenbündel am Rande des Platzes verwandeln, vor den Augen der aus Erschöpfung gleichgültigen Mitgefangenen.

Das war mir und Ibrahim klar. Wir lasen es in den hageren Gesichtern unserer Kameraden, die in relativer Sicherheit drei Schritte hinter uns standen.

›So‹, sagte Kurt und stelzte wie ein Kranich in seinen hohen, blankgeputzten Stiefeln aus glänzend weichem Leder vor uns auf und ab. Die Stiefel waren vorzüglich gearbeitet. Keine Fabrikware. Maßarbeit. Die Schäfte umspannten wie Handschuhe seine etwas krummen Beine, die unter den weit ausladenden Reithosen besonders dünn wirkten.

›Na, habt ihr es euch anders überlegt?‹ fragte Kurt spöttisch und blieb vor uns stehen. Seine Reitgerte schlug wie spielerisch gegen den rechten Stiefelschaft. ›Es wäre besser, ihr gesteht sofort, ohne Scherereien, und kassiert eure Strafe... Zwanzig Stockhiebe... daran stirbt ja nicht jeder. So aber werdet ihr mit Sicherheit verrecken. Na, wie ist es?‹

Ich hielt seinem spöttischen Blick stand und schüttelte den Kopf: Nein, ich stünde zu meinem Wort.

Ich weiß nicht, was Ibrahim tat, als Kurt vor ihn hintrat. Ich schaute nicht hin. Hatte mit mir selbst zu tun. Anscheinend hatte auch Ibrahim standgehalten, denn Kurt trat einen Schritt zurück, um uns beide besser betrachten zu können, und verkündete:

›Alle herhören! Ich werde die beiden Schuster getrennt von den anderen in der Wachbude unterbringen, dort sollen sie zeigen, was sie können. Ich erteile ihnen den Auftrag, ein Paar Schuhe anzufertigen... für sie, Modellschuhe...‹

Er wies mit der Gerte in Adas Richtung, und meine Augen fuhren unwillkürlich an ihren schlanken Beinen hinab zu den Füßen, an denen sie Pumps mit hohen, dünnen Absätzen trug. Und das, was meine Augen nun völlig mechanisch registrierten, ließ fast mein Herz stocken, weil es mir die Aussichtslosigkeit meiner Lage zeigte. Ada hatte winzige Füßchen. Größe 35, nicht mehr. Und einen hohen, sehr hohen Spann. Aus. Eine grausame Falle. Grausam für jeden Schuster. Einen anständigen Schuh für einen solchen Fuß zu machen – das gelingt selbst unter normalen Bedingungen nur einem sehr guten Meister. Und sogar der hat wenig Aussichten auf Erfolg. Ich weiß noch, daß mein ehemaliger Meister, dessen Arbeit man allgemein rühmte, beim Anblick eines so heiklen Füßchens das Gesicht verzog, als hätte er Zahnschmerzen, und häufig genug den Auftrag ablehnte; nahm er ihn dennoch an, so ließ er sich gut bezahlen. Denn nicht einmal er war sich des Erfolges sicher.

›Wenn ihr wirklich Schuster seid und nicht klägliche, feige Lügner‹, fuhr Kurt fort, und Ada übersetzte wortwörtlich mit ihrem weichen polnischen Akzent, ›dann schafft ihr's in einer Woche. Denn ihr seid ja zu zweit. Wär's nur einer gewesen, ich hätte die Frist um eine Woche verlängert. Ich kann euch weder Werkzeug geben noch Material. Das ist eure Sorge. In einer Woche will ich die neuen Schuhe an ihren Füßchen sehen. Jede Verzögerung, und sei es nur um eine Stunde, bedeutet – Erschießen. Ich rechne von jetzt, von dieser Minute an.‹

Kurt schob den Ärmel vom Handgelenk und blickte auf die Uhr.

›Alsdann – los! In einer Woche wissen wir, was ihr seid: Menschen oder Schweine.‹

Und sein Blick glitt über die in Reih und Glied stehenden Gefangenen. Kurt forderte das ganze Lager heraus. Sind wir Menschen oder Schweine? Was sind wir wert? Und plötzlich dachte ich nicht mehr an den uns unweigerlich drohenden Tod. Gedanken anderer Art beschäftigten mich in diesem Augenblick.

Von mir, von meiner Fähigkeit, mit einer absolut hoffnungslosen Situation fertig zu werden, hing die Ehre dieser grauen, gesichtslosen Masse ab. Die Ehre des Landes und der Armee, der wir noch vor kurzem angehört hatten. Mein Sieg könnte den Geist dieser Menschen, die sich schon aufgegeben hatten, stärken und damit ihr Leben verlängern. Meine Niederlage würde unweigerlich auch ihr Ende beschleunigen.

Obwohl ich in einer zerlumpten Soldatenuniform steckte, blieb ich in meinem noch nicht gänzlich verzagten Herzen Offizier, Kommandeur. Und so seltsam es auch klingen mag, fühlte ich mich für das Schicksal der anderen verantwortlich, als wären sie noch meine Untergebenen. Ich war bereit, für die Ehre jener Soldaten einzustehen, denen ich verschwiegen hatte, daß ich ein hoher Offizier, daß ich Kommunist und sogar Jude war. Hätte ich ihnen auch nur eine dieser drei verhängnisvollen ›Todsünden‹ eingestanden, sie hätten mich der Gestapo zum Erschießen ausgeliefert für ein Päckchen Tabak oder ein Stückchen Brot – was im Lager den dreißig Silberlingen gleichkam.

Ich blickte über die Schulter auf die Reihe grauer, stoppelbärtiger, stumpfer Gesichter und sah in ihren auf mich gerichteten Augen Mitgefühl und Hoffnung aufglimmen. Sie nahmen mit mir zusammen die Herausforderung an. Ich riskierte den Kopf. Sie – die Ehre. Die keineswegs jedem von ihnen ein Begriff war.

›Maß nehmen‹, befahl Kurt.

Ibrahim rührte sich nicht. Ich bewegte mich auf unsicheren Beinen auf Ada zu. Kokett zog sie den Rock übers Knie hoch, warf den Schuh ab und streckte mir ihr Füßchen entgegen. Ich kniete nieder und schob meine Hand unter ihre warme Sohle.

Ja. Es war die verteufelte Größe 35. Und ein ungewöhnlich hoher Spann. Verhängnisvoll. Doch ich hatte eine Woche Zeit. Wie es auch ausgehen mochte – Maß mußte ich nehmen. Womit? In meinen Taschen fand sich nicht einmal eine Schnur. Und da warf mir jemand von den Gefangenen einen Knäuel Bindfaden zu. Ich drehte mich nicht mal um. Legte den Bindfaden an Adas Fuß. Maß die Länge der Sohle und machte einen Knoten. Dann die Höhe des Spanns. Wieder ein Knoten. Und so weiter. Rasch. Ohne nachzudenken. Konzentriert nur auf das eine: Die richtige Reihenfolge der Knoten zu behalten.

Kurt beobachtete mich interessiert und klopfte nervös mit der Gerte gegen den Stiefelschaft. Wie das ganze Lager war auch er von dem Spiel fasziniert. Von diesem Hasardspiel. Bei dem es um meinen Kopf ging.

Die Wachmannschaft führte mich und Ibrahim in das Schilderhäuschen. Nackte Wände. Zwei Hocker. Und schwankender Holzboden. Wie eine Zelle für Todgeweihte, die auf den Henker warten.

Kaum waren wir allein, da ließ sich Ibrahim schlaff wie ein Teigklumpen auf den Boden fallen, und über sein flaches, pockennarbiges Gesicht flossen trübe Tränen.

›Wir sind geliefert‹, schluchzte er schniefend. ›Ich bin kein Schuster.‹

Da war es mit meiner Beherrschung vorbei, ich knallte ihm eine Ohrfeige.

›Warum hast du dich denn gemeldet, du Mistvieh? Deinetwegen hab ich nur eine Woche Zeit. Sonst hätte ich zwei Wochen arbeiten können.‹

›Bist du denn wirklich Schuster?‹ Er blickte aus seinen

schmalen Schlitzaugen mit so ehrfurchtsvollem Entzücken zu mir auf, als hätte er einen echten Zauberer vor sich.

Ich gab keine Antwort. Ich riß mich zusammen, um meine Wut nicht noch einmal an diesem schlotternden, aus Glibber und Knochen bestehenden Sack auszulassen.

›Verrat mich nicht‹, bettelte Ibrahim, ›ich werde dir dienen, alles tun, was du befiehlst... den Rücken kratzen zum Beispiel...‹

›Maul halten!‹ brüllte ich in dem schon halbvergessenen Befehlston eines Kommandeurs. ›Befolge meine Anordnungen! Wenn du diese Woche noch leben willst, sei still. Keinen Mucks! Und alles, was ich befehle, hast du zu tun! Unverzüglich! Verstanden?‹

›Ja, ja... Brauchst bloß zu sagen...‹

›Mein erster Befehl: durchkämme das ganze Lager, durchschnüffele alles, aber bring mir etwas zum Schneiden her. Messer gibt es im Lager nicht. Suche nach einem Stück Stahl und schleif es an einem Stein, bis es scharf ist wie eine Rasierklinge.‹

Ibrahim zog los und brachte schnaufend ein verrostetes Stück Eisen mit und einen Stein. Kauerte sich auf den Boden und begann das Eisen am Stein zu reiben. Wie ein Urmensch, der einst durch Reiben Funken schlug. Ich aber hatte im Abfallhaufen einige trockene Holzstücke gefunden, aus denen wollte ich Leisten schnitzen. Ohne Leisten kann man keine Schuhe machen. Doch zuvor mußte ein Messer her.

Ibrahim ächzte und schnaufte. Jede halbe Stunde löste ich ihn ab. Die ganze Nacht setzten wir bei Mondschein die Arbeit fort. Gegen Morgen war die Kante des Stahls eine schmale, scharfe, blitzende Klinge, der erste Sonnenstrahl spiegelte sich in ihr und blendete mich einen Augenblick lang.

Das war der erste Schritt zur Rettung.

Ich schlief ein oder zwei Stunden und machte mich dann an die Herstellung von Schuhleisten. Die fertigt gewöhnlich ein Spezialist an. Es ist ja eine Art Holzschnitzkunst. Man muß das Modell eines menschlichen Fußes schnitzen. In diesem Fall eines so winzigen wie Adas. Mit ihrem verflucht hohen Spann.

Nie im Leben habe ich mich mit Holzschnitzerei oder der Herstellung von Leisten beschäftigt. Der Schuster, zu dem mich die Eltern in die Lehre gegeben hatten, machte die Leisten auch nicht selber, sondern kaufte fertige. Deshalb hatte ich keine Ahnung davon, wie man so etwas anfängt. Ich ging dennoch an die Arbeit. Sicher und ruhig. Als hätte ich mein Lebtag nichts anderes getan.

Ein Stück Holz zwischen die Knie geklemmt, hobelte ich vorsichtig mit der Klinge einen gelben Span ab. Danach einen zweiten. Die Späne kringelten sich zu Locken und fielen mir vor die Füße. Ibrahim hockte davor und verfolgte jede Bewegung der Klinge mit Begeisterung und Ehrfurcht wie ein Hund zu Füßen seines Herrn. Es fehlte nur, daß er fiepte. Einmal freilich pfiff er leise und leckte sich sogar die Lippen, als er die sich langsam aus dem Holz schälenden Umrisse eines menschlichen Fußes erkannte.

Abends kehrten die Kolonnen von der Arbeit zurück. Total erschöpft, kaum fähig, die Beine zu bewegen, passierten die Gefangenen das Tor im Stacheldraht, verzogen sich aber nicht, wie gewöhnlich, in ihre Baracken, sondern drängten sich vor der Tür des Schilderhauses, in dem ich, von gelben Spänen wie von Gischt umgeben, saß. Der linke Leisten war fertig. Ein kleiner weiblicher Fuß, gelblich, wie aus Elfenbein. Dieses Füßchen behutsam mit beiden Händen umfassend, trat Ibrahim vor die Gefangenen und hielt es hoch, damit möglichst viele es sehen konnten. Die Menge raunte beifällig, und sogleich trug Ibrahim die Kostbarkeit ins Häuschen zurück.

Beim Einbruch der Dunkelheit legte ich mich nicht zum Schlafen nieder. Zu groß war meine Erregung. Ich weiß nicht, was ein Bildhauer empfindet, wenn er aus einem Marmorblock eine Gestalt herausmeißelt. Ich war wie betrunken.

Jemand brachte eine flache deutsche Paraffinkerze. Unter Gefangenen galt eine Kerze als kostbare Mangelware, sie wurde gegen Brot und Tabak gehandelt. Wir bekamen die Kerze umsonst. In ihrem schwankenden Licht begann ich den zweiten Leisten zu schnitzen.

Was läßt sich darüber sagen? Es heißt, mit Prügel könne man Bären das Tanzen beibringen und Hunde lehren, bis zehn zu zählen. So machen es, heißt es, die Dompteure im Zirkus. Meine Hände vollbrachten ein Wunder. Ohne mich jemals vorher damit beschäftigt zu haben, schnitzte ich zwei Leisten, zwei Modelle eines menschlichen Fußes, einen linken und einen rechten. Und zwar von solcher Schönheit und Vollkommenheit, daß – wäre er aus dem Grabe auferstanden – mein alter Meister, bei dem ich das Schusterhandwerk erlernen sollte, die beiden lange in der Hand hin- und hergedreht, mit der Zunge geschnalzt und schließlich gesagt hätte:

›Könnte man glatt nach Brüssel zur Ausstellung schicken.‹

Das sagte er jedesmal, wenn ihn etwas entzückte. Ich nehme an, daß in Brüssel zu jener Zeit internationale Schuhausstellungen stattfanden.

›Spitzenklasse!‹ hätte mein Meister gesagt.

Damals widerfuhr mir kein einziges Mal die Ehre einer solchen Würdigung. Denn während meiner Lehrzeit habe ich niemals ein Paar Schuhe allein machen dürfen. Und die Herstellung von Leisten war erst recht nicht meine Aufgabe.

Es ist wohl anzunehmen, daß die Angst vor der Strafe meine Hand geführt hat. Die Strafe lautete: Tod. Doch ich vermute, daß dies nicht das einzige war, was plötzlich unerwartete schöpferische Fähigkeiten in mir zutage brachte. Es war etwas Höheres als die Angst vor der angedrohten Kugel. Als Kurt mir diesen schier unausführbaren Auftrag erteilt hatte, war er überzeugt von dessen Mißlingen; und das hätte ihm wieder Grund gegeben, über uns, die wehrlose, graue Masse, die er ganz offen verachtete, die er für die niedrigste Rasse hielt, zu triumphieren. Ich aber war entschlossen, ihm diesen Triumph zu vermasseln. Für mich war es die einzige Möglichkeit, mich als Mensch – die Krone der Schöpfung – zu fühlen und über meinen Feind zu frohlocken.

Und dieses Gefühl hatte unser ganzes Lager ergriffen. Sogar wenn in die Isolierzelle, wo die Verhungernden langsam krepierten, der nächste lebende Leichnam hineingezwängt wurde, rüttelten die anderen an ihm und fragten, wie es mit den Schuhen für Ada stünde. Jeder, der nicht zu den allgemeinen Arbeiten getrieben wurde, kam zu mir und brachte heimlich ein Stückchen weiches Leder von einem alten Stiefelschaft mit oder eine noch halbwegs brauchbare Sohle. Aus der Watte, die wir aus zerschlissenen gesteppten Soldatenwesten herauszupften, zwirbelten wir mit den Fingern ein festes Garn. Aus einem Scheit schnitten wir Holznägel. Aus einem Nagel feilten wir eine Ahle. Aus dünnem Draht bastelten wir eine Nadel.

Aus alten Stiefelschäften und -sohlen schnitt ich das Oberteil und die Sohlen zu. Aus Holz schnitt ich hohe, dünne Absätze. Buchstäblich aus dem Nichts schusterte, nein, erschuf ich ein Paar Damenschuhe von ungewöhnlicher, nie gesehener Gestalt – denn das Modell entsprang meiner fiebernden Phantasie.

Der erste Zeuge dieses Wunders war mein Kumpel Ibrahim. Er hatte nicht daran geglaubt, daß es mir gelingen würde, das Unheil abzuwenden und aus Abfall etwas auch nur annähernd Schuhähnliches zu zaubern. Und obwohl er mir, krank und aufgeschwemmt vor Hunger, schnaufend und stöhnend zur Hand ging – stundenlang das Leder weichknetete, Fäden aus Watte zwirbelte, die Nägel an einem Stein zurechtfeilte –, starrte er doch stumpf und ohne Hoffnung vor sich hin in ergebener Erwartung des unabwendbaren Todes. Und wenn er nicht arbeitete, saß er wie eine asiatische Gottheit mit geschlossenen Augen im Schneidersitz auf dem Boden, wiegte den Oberkörper hin und her und leierte näselnd ein Lied oder ein Gebet herunter. Dabei glich er kaum noch dem Nachfahren des kühnen und grauenhaften Dschingis-Khan, während er sich früher, bevor er sich selbstherrlich zum Schuster ernannte, dieser Abkunft vor andersrassigen Gefangenen gerühmt hatte. Jetzt ähnelte er eher einem alten, verendenden Maulesel.

Uns blieben noch knapp vierundzwanzig Stunden. Dann war die gesetzte Frist abgelaufen. Ich arbeitete besessen, fast wie im Fieberwahn, sank nur von Zeit zu Zeit auf den Boden, um ein oder zwei Stunden auszuruhen, und Ibrahim muß wohl den Eindruck gehabt haben, ich sei vor Angst verrückt geworden.

In dieser letzten Nacht schlief er unruhig in einer Ecke, manchmal aufschluchzend im Traum, ich aber saß zusammengekrümmt beim schwachen, blinzelnden Schein der Kerze, bemüht, den Schuhen den endgültigen Schliff zu geben. Ich knetete sie, ich polierte sie, um sie weich, blank und glänzend zu machen.

Den Himmel überzog bereits das Morgenrot, als ich beide Schuhe auf den Boden stellte – Seite an Seite, Absatz an Absatz, die matt glänzenden Spitzen direkt vor Ibrahims flache Nase. Ibrahim fiepte im Schlaf wie ein Welpe. Gleich darauf fiel auch ich in einen todesähnlichen Schlaf, ohne Träume, ohne Ängste, ohne Freude. Leer, gefühllos, von totaler Gleichgültigkeit erfüllt.

Doch bald darauf wurde ich wach. Mich weckte lautes Brüllen und Kreischen. Mühsam öffnete ich meine geschwollenen Lider und sah im hellen Tageslicht – die Sonne war bereits aufgegangen – einen fassungslosen Ibrahim mit aufgestützten Händen vor den Schuhen knien. Er starrte sie an, und seine überströmende Freude äußerte sich in einer Art Gebell. Sicherlich hatte er solche Schuhe noch nie in seinem Leben gesehen.

Er begriff, daß er gerettet war, daß er am Leben bleiben würde, und vor Glück jauchzte und johlte er. Dann sprang er auf die Füße, ganz leicht, als hätte er nicht eine Woche lang leblos, wie ein Sack neben mir gehockt, und, in jeder Hand einen Schuh über dem Kopf haltend, begann er zu einem kehligen Singsang, der wie der Ruf eines Steppenvogels klang, zu hüpfen und zu tanzen. Und so lief er hinaus, die zierlichen Damenschuhe an den Absätzen hoch in der Luft schwenkend.

Es war die Zeit des Arbeitsbeginns, und die grauen Reihen hungriger, unausgeschlafener Gefangener formierten sich auf dem Platz. Die Wachhabenden, ihre Hunde an der Leine, zählten die Gefangenen ab. Wie immer, war auch der Kommandant Kurt zur Stelle. Und auch seine Dolmetscherin und Geliebte, die Polin Ada.

Im ersten Moment, als Ibrahim hüpfend und johlend auf dem Platz erschien, waren die Wächter nahe daran, die Hunde auf ihn loszulassen. Doch dann sahen sie, was er da in den hocherhobenen Händen herumschwenkte, und hielten die Hunde zurück.

Die in Reih und Glied stehenden, sterbensmüden Männer lebten auf, gerieten in Bewegung, lächelten. Ibrahim lief tänzelnd an ihnen entlang, und die Zauberschuhe in seinen Händen blinkten, als wären sie aus Glas. Unwirklich glitzerten und schimmerten sie über dem staubigen, von Tausenden von Füßen zertrampelten Platz, über den schmutzigen, zerschlissenen Lumpen, die die knochendürren Gestalten umhüllten.

Kurt nahm die Schuhe aus Ibrahims zitternden, verschwitzten Händen. Er sprach kein Wort, nickte nur einem Wachsoldaten zu, und dieser stieß den verdatterten Tataren unsanft in die Reihe der Gefangenen, die bereit waren, zur schweren Tagesarbeit abzumarschieren. Ein anderer Soldat lief schwerfällig zum Schilderhaus, scheuchte mich mit einem Fußtritt vom Boden hoch, auf dem ich noch immer lag, und führte mich hinaus auf den Platz.

Ada hatte meine Schuhe schon an. Ihre alten, französischen oder deutschen, jedenfalls ausländischen Schuhe lagen auf der Erde im Staub, meine aber umspannten bequem ihre kleinen, festen Füßchen. Das erkannte ich an dem befriedigten Lächeln, das zwei Grübchen auf ihre vollen, rosigen Wangen zauberte. Kaum sah sie mich, da stürzte sie mir entgegen, schlang ihre Arme um meinen Nacken und drückte mir – vor Kurts Augen, vor den Augen der Wachmannschaft mit ihren Hunden, vor den Augen der grauen, hungrigen Menge – einen Kuß auf die Lippen.

›Und jetzt knallt Kurt mich ab. Aus Eifersucht‹, ging es mir blitzartig durch den Kopf, als ich den Kommandanten auf seinen langen dürren Beinen auf mich zuschreiten sah. Seine behandschuhte Rechte lag auf der schwarzen Pistolentasche. Doch er knöpfte die Tasche nicht auf, sondern drückte mit derselben behandschuhten Rechten meine Hand und sagte mit ruhiger, gelassener Stimme – und Ada übersetzte rasch, freudig und laut genug, daß alle auf dem Platz es hören konnten:

›Ich war im Unrecht, als ich Sie ein »Schwein« nannte.‹ Er sagte ›Sie‹ und nicht ›du‹. ›Ich bedauere es.‹

Und er schüttelte mir noch einmal die Hand. Dann legte er die schwarzbehandschuhte Rechte an seine Mütze, an der, weiß auf schwarzem Grund, das Emblem der SS – der aluminiumhelle Totenschädel mit gekreuzten Knochen – prangte. Er salutierte vor mir, einem Gefangenen.

Ach, man muß gesehen haben, was da mit den Gefangenen, die in schwankenden Reihen auf dem Platz standen, geschah. Schwache, ausgemergelte, bis zu diesem Moment völlig gleichgültige Menschen lebten auf, stießen Rufe aus, klatschten in die schmutzigen, knochigen Hände. Ihre Augen leuchteten vor Stolz und Befriedigung. Das ganze Lager nahm an meinem Sieg teil.

Die Kolonnen gingen zur Arbeit. Ich schlief den ganzen Tag in der leeren Tataren-Baracke, und die Diensthabenden, die den Lehmboden zwischen den Reihen zweistöckiger Holzpritschen fegten, verstummten ehrerbietig, sobald sie sich meiner Pritsche näherten, um meinen Schlaf nicht zu stören.

Am späten Abend kehrten die Gefangenen ins Lager zurück und verkrochen sich, halbtot vor Erschöpfung, in ihre Baracken. Ich war schon aufgestanden, und jeder Tatar, der die Baracke mit dem spärlichen Abendbrot im Eßgeschirr betrat, hielt es für seine unabdingbare Pflicht, auf mich zuzukommen und mir auf die Schulter zu klopfen oder die Hand zu drücken. Eine Ausnahme machte nur Ibrahim. Finster vor sich hinbrütend saß er in seiner Ecke auf der unteren Pritsche und löffelte aus dem Eßgeschirr die magere Lagersuppe. Er war zutiefst gekränkt. Alle Lorbeeren erntete ich, ihn hatte man zu der allgemeinen Arbeit zurückgetrieben, als wäre er an all dem ganz unbeteiligt.

Das war von allein so gekommen, denn ich hatte Ibrahims Versagen niemandem gegenüber erwähnt; sowohl die Deutschen als auch die Gefangenen hatten ohne jede Erklärung alles begriffen, ihn kurzerhand von mir isoliert, ihm die Freude des Sieges genommen. Die Tataren in der Baracke hänselten ihn, er aber kochte vor Wut, während er sich träge ihres Spottes erwehrte.

Dann, am Sonntag, kam ein Wachsoldat, um mich abzuholen. Er führte mich an allen Baracken vorüber – an der tatarischen, der russischen, der ukrainischen, der grusinischen. Nur eine jüdische Baracke gab es nicht – unter den Gefangenen war ich der einzige Jude und auch der einzige, der davon wußte; hätte es noch jemand gewußt, das Lager wäre tatsächlich judenfrei geworden, und zwar sofort. Der Soldat führte mich aus der Stacheldrahtumzäunung hinaus, auf die andere Seite der Straße, wo in weißgetünchten Steinhäusern mit ziegelgedeckten Dächern das Wachpersonal wohnte.

Wir kamen zu dem Haus des Kommandanten. Aus den geöffneten Fenstern hörte man viele männliche und weibliche Stimmen und das durchdringende Geplärre eines Koffergrammophons.

Kurt – leutselig, erhitzt, in aufgeknöpfter Uniformjacke – begrüßte mich an der Tür, umarmte mich wie seinesgleichen und führte mich an den Tisch, an dem deutsche Offiziere in Fliegeruniformen saßen. In der Nähe unseres Lagers, in einem ehemaligen, am Meeresufer gelegenen Sanatorium erholten sich verwundete Flieger nach ihrem Lazarettaufenthalt. Kurt gab für sie ein Fest, und Ada bekam die Anweisung, zur Unterhaltung der Gäste aus einer Nachbarsiedlung russische Frauen und Mädchen zusammenzutrommeln. Die saßen nun zwischen den Männern, vom Wein gerötet, verlegen kichernd und sangen unsicher irgendwas Russisches zur Grammophonmelodie. Die Deutschen umarmten und befummelten sie, suchten sie ganz offensichtlich betrunken zu machen, indem sie ihre Gläser aus Flaschen mit bunten Etiketts immer wieder nachfüllten. Mir lief das Wasser im Mund zusammen beim Anblick der vielen schmackhaften, längst vergessenen Gerichte, die sich vor mir auf den Tellern türmten, allein ihr Geruch machte mich schwindelig. Die Beine wurden mir schwach, vor Hunger wäre ich fast ohnmächtig geworden.

Die schon reichlich beschwipste Ada sprang, als sie mich sah, auf den Stuhl, ich erblickte meine Schuhe an ihren Füßen, sie kletterte vom Stuhl auf den Tisch, schwankte, wäre beinahe gefallen, doch die Flieger sprangen hinzu, stützten sie, und kaum hatte sie wieder Halt, begann sie auf dem Tisch, mitten zwischen den Flaschen, Gläsern und Tellern zu tanzen. Sie muß darin Übung besessen haben, denn kein einziges Glas ging kaputt. Ab und zu hob sie ein Bein hoch und schwenkte es über den Köpfen der Flieger und der betrunkenen Frauen hin und her, um meine Arbeit zur Schau zu stellen. Dabei rief sie, mit dem Finger auf mich weisend, mal russisch, mal deutsch:

›Der da... ein Meister!... Sein Werk! Solche Schuhe gibt's nirgends zu kaufen... für kein Geld!...‹

Um die Qualität meiner Arbeit zu begutachten, griffen die Flieger nach ihren Beinen, nicht so sehr nach den Füßen, sondern höher, unter den Rock, wobei sie laut und einmütig lobten:

›Extraklasse! Wunderbar! Prima!‹

Kurt dämpfte den Krach, indem er das Glas erhob und, die linke Hand auf meiner Schulter, einen Toast auf mich ausbrachte, aus dem ich, von Hungerkrämpfen geplagt, nur heraushörte, ich sei kein russisches Schwein, sondern ein richtiger Meister. Ein Talent. Ich sei ein echter Nachkomme des ruhmreichen mongolischen Feldherrn Dschingis-Khan und hätte meiner Rasse keine Schande gemacht. Die Deutschen wüßten Talent zu schätzen, und er, Kurt, hege gegen mich, einen gefangenen Feind, keinerlei Groll, sondern verneige sich im Gegenteil vor mir, denn jedes echte Talent verdiene Bewunderung. Kurt war betrunken und redselig.

Man gab mir zu trinken. An den Tisch wurde ich selbstverständlich nicht gebeten, sondern durfte nur daneben stehen. Der erste Schluck Alkohol brannte in meinen vor Hunger ausgedörrten Eingeweiden. Ich lehnte weitere Getränke ab, gab mit Zeichen zu verstehen, daß mein Magen nicht in Ordnung sei. Da holten Kurt und seine Gäste alles vom Tisch, was ihnen unter die Finger kam – Wurstscheiben, Bratenstükke, Pasteten, Birnen, Weintrauben –, und hielten es mir hin. Mit beiden Händen hob ich den Saum der Feldbluse hoch, und wie in einen Korb stopften sie alles hinein, was nur Platz hatte. Der Wachsoldat brachte mich ins Lager zurück, und die

Tatarenbaracke geriet außer sich, als sie die Kostbarkeiten, die ich anbrachte, sah. Ausgemergelt, in schmutzigen Lumpen krochen die Gefangenen von ihren Pritschen herunter und umringten mich, gierig schnuppernd und mit glänzenden Augen, wie einen Weihnachtsmann, der sich versehentlich in die Hölle verirrt hat.

In der Mitte der Baracke stand ein Holztisch. Von der keuchenden Menge bedrängt, trat ich an ihn heran und ließ den Saum der Feldbluse los. Bratenstücke, Wurstscheiben, Fisch, Trauben, zerdrückte Pasteten purzelten auf die dunkle Holzplatte, und sofort stürzten alle darüber her. Ein Dach aus gierig gekrümmten Fingern, die alles ergriffen, was sie erreichen konnten, verwehrte mir die Sicht.

Im Nu war der Tisch leer. Nicht ein Krümel blieb zurück. Die Glückspilze, die etwas ergattert hatten, verkrochen sich sofort auf ihre Pritschen, und dort, abgewandt von den hungrigen Blicken der Nachbarn, kauten und schmatzten sie, sich verschluckend vor hastiger Gier. Ich bekam nicht einmal einen Bissen von dem zu kosten, was ich angebracht hatte. Auch Ibrahim hat wohl nichts abgekriegt, denn als ich kam, war er nicht aus seiner Ecke hervorgekommen. Er machte jetzt stets einen Bogen um mich, übersah mich, als sei ich sein ärgster Feind. Dabei hatte ich ihm doch das Leben gerettet. Aber das genügte ihm nicht. Eine menschliche Schwäche. Ibrahim hatte überlebt, doch jetzt war er auf Ruhm versessen, wollte teilhaben am Erfolg. Obwohl er doch, nüchtern betrachtet, kaum dazu beigetragen hatte.

Eifersucht und Wut sind vertrackte Gefühle. Und gefährlich. Von da ist es nur ein Schritt zur Gemeinheit. Es erwies sich, daß Ibrahim der Gemeinheit fähig war. Er zeigte mich an. Und zwar nicht den Deutschen. Nein, einem der unsrigen, einem Russen, einem von jenen, die zum Feind übergewechselt waren, in dessen Diensten standen und sich kriecherisch hervorzutun suchten. Und diese Russen fürchteten wir viel mehr als die Deutschen.

Ibrahim behauptete, ich sei keineswegs ein Tatar, sondern ein Jude. Er hätte mich nachts im Traum, und zwar in der Baracke, Jiddisch sprechen hören. Ibrahim schlief am entgegengesetzten Ende der Baracke und hätte nichts hören können, selbst dann nicht, wenn ich wirklich im Traum in der fast vergessenen Sprache meiner Eltern geredet hätte. Jiddisch wurde bei uns zu Hause nur gesprochen, wenn die Kinder das, was sich die Erwachsenen zu sagen hatten, nicht verstehen sollten.

Und doch war etwas Seltsames geschehen: Ich hatte tatsächlich etwas in jener Sprache gemurmelt, die ich zwar nie verstanden, wohl aber gehört hatte. Wahrscheinlich war es die Folge nervlicher Überanstrengung, mußte ich doch in einem Kriegsgefangenenlager, wo ich der einzige und letzte am Leben gebliebene Jude war, bei Tag und bei Nacht auf der Hut sein. Etwas mußte sich in meiner Psyche verschoben haben, und die Sprache meiner Eltern, in die Tiefen meines Gehirns eingepreßt wie Rillen in eine Schallplatte, lebte plötzlich auf und bewegte meine Lippen.

Mein Pritschennachbar war ein Schwarzmeer-Matrose, der in Sewastopol in Gefangenschaft geraten war. Ein Tatar. Aber aus Moskau, aus intellektuellen Kreisen. Und auch er beherrschte seine Sprache nicht besser als ich die meinige. Einmal rüttelte er mich nachts wach und flüsterte mir ins Ohr:

›Du bist Jude… Im Schlaf murmelst du jiddische Worte. Ich weiß es. Hab mein Lebtag Juden zu Nachbarn gehabt…‹

Ich versuchte natürlich zu leugnen, versuchte, ebenfalls flüsternd, damit keiner es hörte, ihm einzureden, er hätte es nur geträumt, es sich nur eingebildet. Der Matrose lächelte melancholisch.

›Schon gut. Lassen wir das. Aber wenn du das nächste Mal so was murmelst, weck ich dich wieder. Weißt du, ich zeig dich ja nicht an… aber andere… die könnten's tun…‹

Und er hat mich noch einige Male geweckt. Wortlos. Auch ich schwieg dazu. Wir sahen einander nur verständnisvoll an, bis der Schlaf uns wieder übermannte.

Angezeigt hat mich Ibrahim, der mein Gemurmel im Schlaf gar nicht hören konnte, weil seine Pritsche viel zu weit von der meinen entfernt war. Mein Nachbar hat ihm das sicher nicht zugeflüstert, wozu denn? Hätte er sich entschlossen, mich zu verraten, warum hätte er es über Ibrahim tun sollen? Für die Herausgabe eines Juden winkte eine gute Belohnung, und wenn man sich schon zum Judas macht, überläßt man die dreißig Silberlinge nicht einem anderen.

Nach Ibrahims Anzeige wurde ich zur Kommandantur bestellt. Ibrahim war schon dort, und kaum war ich hineingeführt worden, wiederholte er dem Wachoffizier, einem von diesen russischen Verrätern, daß ich Jude sei, er hätte es an meinem Gemurmel im Schlaf erkannt.

›Na, reingerasselt?‹ Grinsend guckte der Offizier mich an – ein Russe, mit dem typischen Wolga-Akzent, in unserer Armee war er vermutlich nicht mehr als ein Unterleutnant und hätte vor jemandem wie mir früher strammstehen müssen, jetzt aber genoß er die ihm zugefallene Macht. ›Ich seh es ja deiner Visage an, wer du bist! Unbegreiflich, daß man dich nicht schon eher entlarvt hat. Nein, so was! Ein volles Jahr ist unter uns Russen ein Jude herumgeschlichen...‹

Leugnen hatte keinen Sinn, ein Streit mit diesem Typ, dem es in den Fingern juckte, mir eine Kugel zwischen die Augen zu jagen, hätte zu nichts geführt.

›Das wird heute ein Spaß... Wirst öffentlich erschossen... Auf dem Platz. Wenn die von der Arbeit zurückkommen... Kann das Volk sich mal am Anblick des letzten lebenden Juden ergötzen...‹

Und um sich offenbar vollends davon zu überzeugen, daß ich lebendig war und nicht ein Geist, holte er den Revolver heraus, packte ihn vorn an der Mündung und schlug mir den Griff mit voller Wucht an die Schläfe.

Mein Kopf dröhnte, ich war wie betäubt. Doch ich fiel nicht um, blieb stehen. Wäre ich gefallen, mein Peiniger hätte wohl kaum die Selbstbeherrschung aufgebracht, mich für die öffentliche Hinrichtung am Leben zu lassen: berauscht vom Anblick des Blutes, hätte er mir das ganze Magazin in den Leib gejagt.

Doch war das nicht der einzige Grund, warum ich am Leben blieb. Zu meinem Retter wurde... Kurt, der Kommandant. Er trat ein, als ich halb ohnmächtig vor Schwäche an der

Wand lehnte und mir mit dem Ärmel das Blut von der Wange zu wischen suchte.

›Er ist Jude?‹

Kurt zog seine weißblonden Augenbrauen hoch, als der russische Offizier, vor Beflissenheit stotternd, ihm berichtete, wie ich entlarvt worden sei.

›Bist du Jude?‹

Kurt trat dicht an mich heran und betrachtete forschend mein Gesicht, um wenigstens einen semitischen Zug darin zu entdecken.

Ich legte die Hände an die Hosennaht, knallte die abgetretenen Absätze zusammen und stand stramm, da ich wußte, daß die Deutschen es nicht mögen, wenn man sich gehenläßt, Haltung und Disziplin ihnen dagegen imponieren. Dann schüttelte ich verneinend den Kopf.

Lange, unendlich lange blickten wir uns in die Augen.

Kurt holte ein Taschentuch hervor und reichte es mir. Mein Herz machte vor Freude einen Sprung, ich preßte sein Taschentuch an die blutende Schläfe.

›Wieso soll er Jude sein?‹ Kurt wandte sich an den Offizier, dann wanderte sein Blick zu dem verdatterten Ibrahim. ›Du hast deinen Kameraden verleumdet, um dir widerrechtlich eine Belohnung zu verschaffen... Du Schwein... ohne Ehre und Gewissen. Und so was will ein Nachfahr des Dschingis-Khan sein... Hast deine Rasse besudelt. Er‹, Kurt bohrte den Zeigefinger in meine Brust, ›er ist ein echter Nachfahr des Dschingis-Khan.‹

Kurt befahl dem russischen Offizier, sich sofort, in seiner Gegenwart bei mir für den Schlag zu entschuldigen. Dessen rundes Gesicht verzog sich zu einem gequälten Lächeln, dann zischte der Mistkerl mit seinem Wolga-Akzent widerwillig:

›Na, kann ja mal vorkommen. Mußt schon entschuldigen, lieber Genosse...‹

›Du bist nicht mein Genosse‹, erwiderte ich spontan, obwohl es keinen Sinn hatte, mit dem Mann zu streiten.

Kurt hatte nichts verstanden und gab einen zweiten Befehl: Zwanzig Stockhiebe für Ibrahim. Öffentlich. Und der erste Schlag blieb mir vorbehalten.

Die tödlichen Schläge prasselten auf demselben Platz auf Ibrahim nieder, auf dem ich erschossen werden sollte und über den er erst kürzlich tänzelnd gehüpft war, närrisch vor Freude, mit zwei Damenschuhen in den hoch erhobenen Händen. Diese Schuhe, von mir gefertigt, hatten ihm damals das Leben gerettet, jetzt mußte er meinetwegen am gleichen Ort sein Leben lassen.

Zwanzig Stockhiebe auf das Rückgrat kann auch ein gesunder Mensch nicht verkraften, wie soll es ein zu Tode erschöpfter Häftling überstehen?

Entblößt lag der gelbliche, schwammige Rücken Ibrahims vor mir. In der Rechten hielt ich einen dicken, trockenen Knüppel, schwer genug, um jemandem mit einem Schlag das Rückgrat zu brechen. Doch ich schlug nicht zu. Drückte den Knüppel dem Lagerhenker in die Hand und trat beiseite.

Mit hohlem Krachen traf der Knüppel den Körper Ibrahims – es war das Krachen der Knochen. Der Tatar heulte auf wie ein Hund. Nach dem dritten Schlag verstummte er. Nach dem fünften quoll ein breiter, zähflüssiger Strom schwarzen Blutes aus seinem Mund.

Ich wandte mich ab und kniff die Augen zusammen. Da hörte ich dicht an meinem Ohr Kurts flüsternde Stimme:

›Du bist aber empfindlich... ganz wie ein Jude.‹

DIE BRILLE

Als ich, nicht ohne ein wenig Eitelkeit, einem Arzt aus meinem Bekanntenkreis in Tel Aviv – sowohl er selbst als auch seine Frau und seine Kinder trugen eine Brille, die sie erst zum Schlafengehen wieder abnahmen – sagte, daß ich in meinen nahezu fünfzig Lebensjahren meine Nasenwurzel nicht ein einziges Mal mit einem Horngestell belästigt hätte und keine Vorstellung davon besäße, wie die Welt durch Konvexlinsen aussehe, blickte mich der Doktor aus Tel Aviv nur traurig und mitleidvoll an.

»Das sagen Sie nur, weil Sie überhaupt keine Ahnung haben«, bemerkte er kurz. »Ab Vierzig braucht jeder eine Brille. Mindestens zum Lesen.«

Dabei gab er mir ein Buch mit normaler, nicht allzu kleiner Druckschrift in die Hand und bat mich in Anwesenheit seiner gesamten bebrillten Familie, daraus laut vorzulesen.

Ich schlug das Buch irgendwo in der Mitte auf, streckte meine Hand lang aus und schaute konzentriert darauf wie ein Musiker auf seine auf dem Pult ausgebreiteten Noten.

Die Familie des Doktors brach unisono in ein schallendes Gelächter aus, daß die Brillen funkelten; damit war mein Versuch, den ersten Satz laut zu lesen, auch schon beendet.

»Sehen Sie«, sagte der Arzt, »Sie halten das Buch wie eine kokette Frau ihren Spiegel. In ein oder zwei Jahren wird die Länge Ihres Armes nicht mehr ausreichen, damit Sie im Buch noch irgend etwas erkennen. Sie sind weitsichtig, mein Lieber. Seien Sie tapfer, gehen Sie los, und lassen Sie sich eine Brille verpassen.«

Er empfahl mir sogar ein Geschäft in Jerusalem, wo man Brillen gar nicht so teuer kaufen konnte und dazu die volle Garantie bekam, mit ihrer Hilfe wenigstens ein bißchen was zu sehen. Ich suchte dieses Geschäft nicht allein auf, sondern nahm meine Frau mit. Sie ist nur wenig jünger als ich und hält jedes Buch meterweit von den Augen weg.

Das Brillengeschäft gehörte einer Madame Vilner – ihr Name prangte auf dem Ladenschild. Wir fanden es genau an der Stelle, die der Doktor aus Tel Aviv auf einem Zettel vermerkt hatte. An der Ecke Schamai-Straße. Dort, wo alle Jerusalemer Kinos im Umkreis liegen und es abends für einen lebendigen Menschen absolut unmöglich ist, sich durch die Menge hindurchzuquetschen.

Wir gingen morgens hin. Weil wir keine amerikanischen Touristen sind und wissen, wann man in der ruhmreichen Stadt Jerusalem wohin zu gehen hat. Den Zionsplatz beispielsweise bemühen wir uns stets zu meiden. Denn nur dort und nirgendwo sonst lassen die Terroristen ihre Bomben hochgehen. Vielleicht wegen des Namens. Zionsplatz. Sie mögen dieses Wort überhaupt nicht. Zion. Zionismus.

Von einem Sonderling, der es fertigbrachte, sich auf dem Zionsplatz gleich zweimal in die Luft zu jagen, habe ich mit eigenen Augen – freilich noch vor dieser Brillengeschichte – in der Zeitung gelesen. Beim erstenmal explodierte ein mit Dynamit vollgestopfter Kühlschrank. Den jungen Mann hat es zwar nicht das Leben gekostet, aber gehörig durchgeschüttelt hat es ihn, so daß er ein halbes Jahr im Krankenhaus liegen mußte. Kaum war er entlassen, ging er – was meinen Sie, wohin? – zum Zionsplatz. In dem halben Jahr, das er im Krankenhaus zugebracht hatte, verzeichnete man in dem Bereich nicht eine einzige Explosion, doch kaum hatte er den Platz betreten, als dort auch schon eine zweite Bombe hochging, noch größer als die erste. Unser Sonderling kehrte mit neuen Verletzungen ins Krankenhaus zurück, wo er seinen Aufenthalt alles in allem nur für eine einzige Stunde unterbrochen hatte.

Die Schamai-Straße ist nicht der Zionsplatz, obgleich sie nur einen Steinwurf von ihm entfernt ist. Madame Vilner, eine adrette, grauhaarige alte Dame mit einer Brille, deren Gläser so dick waren, daß man die Augen dahinter nicht erkennen konnte, nahm unsere Bestellung entgegen, wartete geduldig und höflich, bis meine Frau unter hundert Fassungen eine besonders schicke ausgesucht hatte, und bat uns, übermorgen wiederzukommen, um die Brillen abzuholen. Das Geld dafür ließ sie sich im voraus geben. »Wissen Sie«, meinte sie zur Rechtfertigung, »wir leben in einer Stadt und in einer Zeit, wo man nicht weiß, was morgen sein wird.«

Wir steckten die Quittungen ein und gingen, und hinter uns glitzerten tausend Brillen mit den unwahrscheinlichsten Fassungen, und alle hatte Madame Vilner in den spiegelnden Auslagen ihres Geschäfts fein säuberlich und geschmackvoll ausgelegt.

Am nächsten Morgen, ich hatte aus ganz anderem Anlaß unweit der Schamai-Straße zu tun, hörte ich plötzlich eine Detonation, daß ich fast taub wurde; bis heute noch habe ich ein Gefühl, als wären meine Ohren mit Watte verstopft. Ich rannte mit einer Menschenmenge an den Ort des Geschehens, dabei rutschte ich mehrfach über die Scherben zertrümmerter Fenster. Das Auto, in dem der Sprengsatz gezündet worden war, brannte aus, über die Gehsteige schleppten sich Verletzte. Einer von ihnen tastete mit blutenden Händen die Glassplitter auf der Erde ab und fragte:

»Wo ist meine Brille?«

Mir klopfte das Herz. Ich dachte an das Geschäft von Madame Vilner. Das Geschäft lag, wie die Zeitungen zu schreiben pflegen, genau im Epizentrum der Explosion. Es war so sehr zerstört, daß von den Schaufenstern nur noch ein Glasscherbenhaufen und verkohlte Bretter übrig waren. Auch das Ladenschild mit dem Namen der Besitzerin lag zerbeult auf dem Gehsteig gegenüber.

Tags darauf wollte meine Frau die Brille abholen. Ich erklärte ihr, was sich gestern auf der Schamai-Straße zugetragen hatte, doch sie ließ mich mit ihrer Logik verstummen:

»Wenn Madame Vilner überlebt hat und nicht im Krankenhaus liegt, müßten wir für unsere Quittungen wenigstens das Geld zurückbekommen.«

Auf der Schamai-Straße hatte man bereits die Trümmer beseitigt. Äußerst zufrieden über die ihnen in den Schoß gefallene Arbeit schwirrten auf allen Etagen Glaser wie

Schwalben in den leeren Fensterrahmen umher. Die Schaufenster von Madame Vilners Geschäft waren mit Sperrholzplatten vernagelt, doch die Tür stand weit offen, und an der Schwelle stand sie selbst und betrachtete Gottes Welt durch die dicken Gläser ihrer Brille.

Sie nahm unsere Quittungen und sagte:

»Die Brillen sind fertig. Sie können sie mitnehmen.«

Sie verschwand im verkohlten Inneren des Geschäftes und kam mit zwei Brillen wieder heraus, jenen, die wir bestellt hatten. Und sie vergaß nicht einmal, uns zwei kleine Lederetuis für die Brillen mitzugeben: ein schwarzes, seriöses für mich und ein rotes, verspieltes für meine Frau.

»Wenn Sie einen Fehler feststellen, bringen Sie sie wieder her«, lächelte sie hinter uns drein. »Unsere Firma arbeitet mit Garantie.«

Als ich meinem Vater sagte, daß ich nach Israel auswandern wollte, ließ er, ein pensionierter Artillerie-Oberst und überzeugter Kommunist, keinerlei Gefühlsregung erkennen, legte nur seine in eine Glatze übergehende Stirn in Falten, zwinkerte unter den hochgezogenen grauen Augenbrauen und fragte:

»Seit wann bist du Jude geworden?«

Darauf wußte ich keine Antwort.

Tatsächlich: Seit wann? Haben doch alle Umstände des sowjetischen Daseins zusammen mit den nicht geringen Anstrengungen meines Vaters dazu beigetragen, aus meinem Bewußtsein selbst die kleinste Andeutung irgendeines Nationalempfindens zu tilgen. Ich wuchs auf als ein Niemand, weder Russe noch Jude. Einfach als ein Sowjetmensch – etwas Abstraktes, also ein Niemand.

Die Antwort auf die erstaunte Frage meines Vaters kam mir in den allerletzten Stunden auf russischem, auf sowjetischem Boden – auf dem Moskauer Flugplatz Scheremetjewo vor dem Abflug nach Wien, inmitten der Uniformen der Zöllner und der hysterisch überreizten Gesichter der gerade die Zollkontrolle passierenden Fluggäste.

In der Menge der nicht minder überreizten Freunde und Verwandten, die die Reisenden zum Flugplatz begleitet hatten, stieß mein Blick immer wieder auf das wachsame, bitterernste Gesicht meines Vaters, eines noch gar nicht gebrechlichen Mannes von straffer militärischer Haltung, die er sich trotz seiner fast siebzig Jahre bewahrt hatte. Sein wie immer gestrenger Blick eines Kommandeurs hatte selbst hier nichts von seiner Unnachgiebigkeit verloren, er folgte mir unablässig während meines nervösen Hin- und Herpendelns zwischen den Koffern und dem Zolltisch, hinter dem ein hohlwangiger ältlicher Zollbeamter träge und beharrlich in meinen Sachen herumwühlte.

»Und was ist das?«

Die Hände des Zollbeamten kramten aus dem Koffer zwei massive Leuchter hervor, die im Licht der Neonröhren silbrig warm erglänzten. Zwei vorzüglich gearbeitete Sabbatleuchter aus weiß der Himmel welchem Jahrhundert, Weinlaub mit üppigen Trauben rankte sich verschwenderisch um den Fuß.

»Ins Ausland dürfen nicht mehr als neunhundert Gramm Silber ausgeführt werden«, sagte der Zollbeamte, die Leuchter in der Hand wiegend. »Das hier aber wiegt an die anderthalb Kilo.«

»Lassen Sie die Leuchter durch... Bitte, seien Sie so gut...« sagte ich plötzlich mit einer mir fremden, bettelnden Stimme, »sie sind von meiner Großmutter... ein Andenken an sie...«

»Als Andenken reicht auch einer«, näselte schläfrig der Zöllner.

»Es ist ein Paar... man kann sie nicht trennen... für die Sabbatkerzen...«

»Ist gegen die Vorschrift.«

Es widerte mich an, mich vor ihm zu erniedrigen, aber ich vermochte nicht aufzuhören, ich vergaß meinen Stolz, ich bat und bettelte, als seien die Leuchter der Nabel der Welt, als könnte ich ohne sie das Land nicht verlassen. Ich blickte zu meinem Vater hin, der zweifellos alles sah und hörte und der meine Schwäche und diese unbegreifliche Sturheit, dem Zöllner die beiden Leuchter abzuringen, unmöglich billigen konnte. Ich hatte doch schon alles preisgegeben – die sowjetische Staatsangehörigkeit, die Wohnung, alles Hab und Gut, das ich mir mühsam erworben hatte...

Doch statt Mißbilligung las ich in den Augen meines Vaters etwas anderes. Sein harter, verschlossener Blick, in den langen Jahren beim Militär erworben, schien aufzubrechen, zu flackern, es lag nun plötzlich Wärme darin und – bei ihm ganz ungewohnt – eine Spur von jüdischem Weltschmerz.

Er hatte die Sabbatleuchter erkannt.

Mein Herz krampfte sich zusammen. Ich fand die Antwort auf die Frage des Vaters: »Seit wann bist du Jude geworden?«

Großmutter Rosa. Die Mutter meines Vaters. Die von allen »Barynja« genannt wurde – »gnädige Frau«. Und das ganz ohne Spott, im Gegenteil – mit ehrfürchtiger Bewunderung.

Als ich zur Welt kam, war sie schon eine alte Frau. Darum ist sie in meiner Erinnerung weißhaarig. Das volle weiße Haar frisierte sie altmodisch, kämmte es hoch und zwirbelte es oben zu einem Dutt, in dem schwarze Haarnadeln steckten.

Auch gekleidet war sie, als sei sie einer vergilbten Daguerreotypie entstiegen, und wenn sie mitten in den dreißiger Jahren unter all den Frauen mit modischem Ponyhaarschnitt durch die Straßen unserer sowjetischen Stadt schritt, glich sie einer Wachsfigur, die der Obhut der Museumsdiener entwischt war.

Immer trug sie Blusen mit Volants und Puffärmeln, und dazu lange schwarze Röcke. Über ihrer schmalen griechischen Nase blinkten die Gläser eines Zwickers, von dem ein langes schwarzes Band an der Wange entlang bis zum Hals hinabfiel. Außer ihr habe ich Menschen mit einem Zwicker, zumindest in unserer Stadt, niemals gesehen.

In der nachrevolutionären sowjetischen Zeit, als man alle Menschen gleichzumachen suchte, als alle abgerissen und schäbig wirkten, blieb Großmutter Rosa als einzige in der Stadt die »gnädige Frau«, die sie vor der Revolution gewesen war. Einst war ihr Vater, also mein Urgroßvater, ein »Kaufmann der Ersten Gilde«, was heutzutage einem Millionär entspricht – freilich mit dem Unterschied, daß seine Million aus Goldstücken der Zarenzeit und nicht aus heutigem Papiergeld bestand. Und seinen Wohnsitz hatte er in der Metropole des russischen Imperiums, in St. Petersburg, aufgeschlagen, wo zu residieren den Juden kategorisch untersagt war. Mit Ausnahme jener, die getauft, also zum orthodoxen Glauben übergetreten waren. Die zählten nicht zu den Juden. Mein Großvater freilich brauchte sich nicht taufen zu lassen, um in der Metropole zu leben. Das Gesetz enthielt eine Klausel: Ein

Jude, dessen Vermögen sich auf mehr als eine Million Rubel belief, bekam die offizielle Erlaubnis, sich in St. Petersburg oder Moskau, der zweiten judenfeindlichen Metropole, niederzulassen. Das Vermögen meines Urgroßvaters wurde nicht auf eine, sondern auf mehrere Millionen geschätzt, darum residierte er in St. Petersburg und besaß außerdem noch Häuser in verschiedenen anderen Städten des russischen Imperiums.

Auch in jener Stadt, in der ich viele, viele Jahre später geboren wurde, in der am Ufer der Beresina gelegenen, von hundertjährigen Tannen und Kiefern umringten kleinen stillen Stadt, hatte sich mein Urgroßvater ein Haus gebaut. Denn ein- oder zweimal im Jahr mußte er aus St. Petersburg hierher kommen, weil seine Arbeiter riesige, betäubend nach Harz duftende Baumstämme die Beresina hinab gen Süden flößten. Und ein Holzhändler dieser Größenordnung konnte unmöglich in dem schmuddeligen Gasthaus der Stadt Quartier beziehen.

Das vom Urgroßvater erbaute Haus war wohl nicht das größte, sicher aber das schönste der Stadt. Es glich sowohl einer mittelalterlichen Burg im Kleinstformat als auch einem Schloß aus den russischen Märchen. Dreistöckig, dunkelgrün, die Wände verkleidet mit tannenförmigen Holzschindeln, die Fensterläden mit durchbrochenen Schnitzereien verziert, besaß es zwei von Zwiebelkuppeln gekrönte Türmchen; und diese Kuppeln hatten den gleichen matten Schimmer wie die reich mit Ornamenten geschmückten Regenrinnen aus Zink, die, schlangenartig um das Gesims gebogen, vom Zinkdach herab bis zu dem festungsartig aus Stein gemauerten Sockel führten. Umstanden von alten, bläulichen Edeltannen, deren dichte Zweige wie mit Puderzucker bestäubt wirkten, sah das Haus mit den Türmchen wie ein weihnachtliches Spielzeug aus.

Nach der Revolution wurde das Haus von den Machthabern beschlagnahmt, die alle Bewohner ausquartierten – wobei diese noch froh sein konnten, so billig davongekommen zu sein: Hätte man sie doch auch an die Wand stellen und erschießen können. In das Haus zog die allermächtigste Behörde ein: das Stadtkomitee der bolschewistischen Partei. Das Schicksal eines jeden Bewohners der Stadt hing nun tagtäglich davon ab, mit welchem Bein diejenigen des Morgens aufstanden, die an den Bürotischen auf allen drei Etagen des von meinem Urgroßvater erbauten Hauses ihres Amtes walteten. Das Haus war zwar immer noch schön, doch man betrachtete es nicht ohne Grauen.

Als ich zur Welt kam, konnten sich nur noch wenige daran erinnern, wem dieses Haus einst gehört hatte, ich aber wußte überhaupt nichts davon. Doch als Großmutter Rosa einmal mit mir spazierenging, blieb sie vor dem grünen Haus mit den Türmchen, freilich auf der gegenüberliegenden Straßenseite, stehen und sagte:

»Gäbe es die Sowjetmacht nicht, würde dieses Haus dir gehören!«

»Wozu brauche ich ein Haus?« staunte ich, ohne den Daumen, an dem ich lutschte, aus dem Mund zu nehmen. »Der Mensch braucht nicht mehr als ein Zimmer. Und darin kann man zu zweit oder zu dritt wohnen – das ist viel lustiger.«

»Das verstehst du erst, wenn du größer bist«, sagte Großmutter, zog meinen Daumen aus dem Mund und wischte mir mit einem Taschentuch die Lippen ab.

Sie führte mich weiter, doch jetzt drehte ich mich immer wieder nach dem Haus um. In mir erwachte plötzlich der Wunsch, hineinzugehen und zu gucken, was wohl die Leute dort taten auf allen drei Stockwerken, die voll zu meiner Verfügung stünden, wenn es die Sowjetmacht nicht gäbe.

Ich bat Großmutter umzukehren. Sie wies betrübt – nicht mit dem Finger, sondern nur mit den Augen – auf einen bulligen Milizsoldaten, der mit einem Revolver in der am Riemen befestigten Revolvertasche vor der Haustür stand und sie bewachte.

»Man braucht einen Ausweis«, sagte Großmutter seufzend. »Sonst wird man nicht reingelassen... nicht, wenn man kein Kommunist ist. Du und ich, wir sind beide Gott sei Dank nicht in der Partei.«

»Wenn ich groß bin, werde ich Kommunist«, sagte ich.

»Laß dir Zeit damit. Es reicht schon, daß dein Papa Kommunist ist.«

Großmutter sprach die Wahrheit.

Der Sohn der »gnädigen Frau« war Kommunist.

Während der Revolution wurde sie aus dem grünen Haus mit den Türmchen ausquartiert und hauste jetzt kümmerlich im Keller eines mehrstöckigen Hauses. Ihr Zimmerchen mit einem trüben Fenster dicht unter der Decke, durch das man nur die Füße der Passanten sah, war nicht einmal tapeziert, die Wände waren rot wie die Ziegelsteine, aus denen sie gemauert waren, mit grauen Zementstreifen in den Fugen. Freilich, jetzt ist es modern, die Wände mit Tapeten zu bekleben, die eine Ziegelwand imitieren: ein Liebäugeln mit der Armut. Bei meiner Großmutter bestanden die Wände aus wirklichen Ziegeln. Und auch die Armut war wirklich, ohne Liebäugeln. An den Wänden krümmten sich rostige Wasserrohre. Im Winter schwitzten die Wände vor Feuchtigkeit, und Großmutter hustete, lange, anhaltend, mit gurgelndem Atem.

Vor der Revolution hatte sie nicht einmal gewußt, was Armut bedeutet. Sie war im Ausland, in Belgien, aufgewachsen und sprach Französisch ebenso leicht und anmutig wie Russisch. Nach der Revolution verdiente sie sich ihren Lebensunterhalt mit französischen Privatstunden, die sie den Kindern der neuen Elite gab, den Sprößlingen jener ehemaligen Arbeiter und Handwerker, die jetzt die Herren des Landes waren.

Sie hatte vier Söhne, die von Kindermädchen und Gouvernanten betreut aufwuchsen. Daher hatte Großmutter keine Ahnung, wie man kleine Kinder trockenlegt – ja, sie kannte nicht einmal ein Wiegenlied, denn ihre Söhne wurden stets von den Kinderfrauen zu Bett gebracht.

Das führte später einmal sogar zu einer komischen Verwechslung. Ich war damals noch klein. Meine Eltern hatten irgendeine Einladung und ließen meine Großmutter, die während der Nacht auf mich aufpassen sollte, zu uns in die außerhalb der Stadt gelegene Militärfestung kommen. Ich konnte lange nicht einschlafen. Und Großmutter sang mir ein Wiegenlied. Das Lied gefiel mir sehr. Großmutter wiederholte es mehrere Male, bis ich endlich einschlief. Dieses Wiegenlied prägte sich mir ein – seine Melodie, seine Worte. Es war jiddisch. Ich kenne es noch heute, obwohl ich es seitdem niemanden habe singen hören. Mehrere Tage später hatten wir Besuch, und ich sang dieses Wiegenlied vor. Unsere Gäste haben lange und herzlich gelacht. Denn es war gar kein Wiegenlied, sondern ein Liebeslied, eine alte Romanze. Romanzen kannte Großmutter, aber nicht ein einziges Wiegenlied.

Nun – als ich meinerseits einen kleinen Sohn hatte und ihn gelegentlich zu Bett brachte, sang auch ich ihm kein Wiegenlied, sondern Großmutters Romanze. Und er schlief selig ein und lächelte im Traum.

Ihre Söhne waren noch nicht ganz flügge, als man sie mit Großmutter in den Keller einquartierte. Doch das wäre noch zu ertragen gewesen. Schlimmer war, daß auf den Kindern der Fluch ihrer Herkunft lastete. Sie stammten aus einer reichen Familie, und die Revolution verbannte sie auf die unterste Stufe der sozialen Leiter. Mit dieser Abstammung waren sie gebrandmarkt. Als wären sie aussätzig, verschlossen sich ihnen alle Wege in die Zukunft. Und diese noch minderjährigen Burschen, Großmutters Söhne, liefen der Mutter davon, jeder in eine andere Gegend des weiten Rußland. Ihre Abkunft verheimlichend, als namenlose Waisen des Bürgerkrieges getarnt, wurden sie gleichberechtigte Sowjetbürger, durften sie lernen und machten sehr rasch Karriere – sei es als Ingenieur, Wissenschaftler oder Offizier.

Bei Großmutter ließen sie sich nicht blicken – das hätte ihrem Ruf schaden können. Sie überwiesen ihr nur ab und zu Geld und schrieben selten, sehr selten Briefe, in denen sie nur die wichtigsten Ereignisse mitteilten: Eheschließungen und die Namen der Ehefrauen, Geburten der Kinder nebst deren Namen, Photos, auf denen nie gesehene Enkel die Großmutter anstarrten.

Großmutter war ihren Söhnen nicht gram. Sie verstand alles. Ich weiß nicht, ob sie den Preis, den die Söhne für ihre im Arbeiter- und Bauernstaat gemachten Karrieren bezahlten, akzeptierte, doch kann ich mich nicht entsinnen, daß sie ihnen jemals Vorwürfe gemacht hätte. Nur manchmal sagte sie seufzend:

»Herrgott, strafe sie nicht!«

Dieser Satz war der äußerste Ausdruck ihres Zorns, er ersetzte ihr einen Fluch.

Auch ich wurde einmal seiner für würdig befunden.

Damals war ich noch Schüler, trug um den Hals das rote Tuch der Pioniere und marschierte unter Trommelwirbeln und dem grellen Geschmetter funkelnder Hörner durch die Straßen, in Reih und Glied mit ebensolchen Jungen und Mädchen, um deren dünne Hälse die gleichen roten Tücher gebunden waren; und unser Gott im Lande der Gottlosen war unser Anführer Stalin, und unsere Zukunft hieß – Kommunismus.

Will man Neues aufbauen, muß man erst Altes beseitigen. Das hatte man uns gelehrt. Aufzubauen – dazu waren wir zu klein. Jedoch zu beseitigen – mit der größten Wonne. Und so wurden wir Grünschnäbel von erwachsenen Halunken auf fromme alte Leute gehetzt. Wir wurden dazu ermuntert, eine Kirche oder Synagoge zu stürmen und straflos alles zu zerstören, was uns unter die Finger kam. Und sollte uns jemand daran hindern oder gar verjagen wollen, würde die Miliz uns schützen: Sie konnte es ja nicht zulassen, daß kleine Kinder mißhandelt wurden.

Oh, wie haben wir dummen Kälber unter dem Schutz der Straflosigkeit in der russischen orthodoxen Kirche mit ihren himmelblauen Kuppeln und den vergoldeten Kreuzen darauf gewütet! Und genauso wüteten wir in einer altersschwachen jüdischen Synagoge, wo wir die Thorarollen hinunterfegten und würdige uralte Greise an ihren weißen Bärten hinter uns herzogen.

An jenem Tag kam ich erst spät nach Hause, die Wangen glühend vor Aufregung, die Augen voll streitbaren Glanzes. Ich nahm das rote Pionierhalstuch ab, hängte es ordentlich in den Schrank und ging mich waschen, um mein Gesicht zu kühlen. Großmutter war bei uns zu Besuch und goß mir aus einer Kanne Wasser über die Hände. Und während ich mich wusch, berichtete ich atemlos von diesem ungeheuer aufregenden und interessanten Tag.

Großmutter ließ mich nicht ausreden. Mit voller Wucht

knallte sie mir eine Ohrfeige ins nasse Gesicht, gleich darauf eine zweite, zuckte dann erschrocken zurück, da sie mich selbst nach den schlimmsten Vergehen noch nie geschlagen hatte, hob ihr Gesicht zur Decke und schluchzte mit zitternden Lippen:

»Herrgott! Strafe ihn nicht! Denn er wußte nicht, was er tat.«

Ich glaube, viel mehr Glück gehabt zu haben als meine Vettern und Basen, die in Moskau, Leningrad und Kasan aufwuchsen. Sie haben Großmutter Rosa nie kennengelernt und mußten so in ihrem Leben etwas ganz Wesentliches entbehren. Nur einer ihrer Söhne, nämlich mein Vater, lebte in derselben Stadt wie sie, weil es dem Schicksal gefallen hatte, die berittene Artillerie-Division, in der er diente, in der Militärfestung am Rande der Stadt zu stationieren, und zwar viele Jahre lang, bis zum Beginn des Zweiten Weltkriegs. Wohin es diese Division nach dem Kriege verschlagen hat, ob sie überhaupt noch existierte – das interessierte uns nicht mehr, weil mein Vater ihr nicht mehr angehörte, vor allem aber, weil es Großmutter Rosa in der Stadt nicht mehr gab, sie war gestorben. Besser gesagt, sie war von der deutschen Besatzungsmacht und der russischen Polizei ermordet worden, genauso wie alle anderen Juden, die es nicht geschafft hatten, rechtzeitig nach Osten ins Landesinnere zu fliehen.

Ich bin der einzige Volljude unter den Enkeln der Großmutter Rosa und kann mich bis heute in tadellosem Jiddisch unterhalten, obwohl ich Jahr um Jahr immer weniger Gesprächspartner finde, die es mit mir im Umgang mit dieser leider aussterbenden Sprache aufnehmen könnten. Jiddisch lesen und schreiben kann ich nicht. Nur sprechen. Denn ich lernte es nur vom Hören. Von Großmutter Rosa.

Ihr Jiddisch hatte nichts zu tun mit jener verballhornten, knarrenden Sprache, in der die Marktweiber schimpfen und alle Welt verfluchen. Es unterschied sich auch von der spröden, bellenden Sprache jüdischer Schriftgelehrter, die einem schlechten Deutsch gleicht. Großmutters Jiddisch war melodiös und bitter-süß wie ein schwermütiges jüdisches Lied.

Jiddisch war nicht die Sprache, die ihr am vertrautesten

war. Gelesen hat sie nur Russisch und Französisch, gesprochen vorwiegend Russisch. Jiddisch war quasi ihr Hobby. Ja – sogar ihre Leidenschaft. Ihr Interesse an dieser Sprache war wissenschaftlicher Natur. Gleich einem Archäologen trug sie unermüdlich die Scherben sprachlicher Kostbarkeiten zusammen, säuberte sie von allem Vulgären, all dem Schmutz, den Jahrhunderte darauf hinterlassen hatten. Fasziniert unterhielt sich Großmutter stundenlang mit jüdischen Schneiderinnen, genoß deren blumigen Wortschwall, hörte geduldig den groben und doch so bildhaften Reden der Lastträger und Fuhrleute zu, pickte Wort für Wort die schimmernden Perlen heraus, um sie dann wie einen Schatz zu hüten. Es war ein Vergnügen, ihrem Jiddisch zuzuhören.

Bei uns zu Hause wurde kein Jiddisch gesprochen. Weder Vater noch Mutter gebrauchten es, obwohl sie es kannten. In unserem Hause, wo die häufigsten Gäste Vaters Divisionskameraden waren, sprach man ausschließlich russisch. Nur wenn meine Eltern allein waren und sich etwas zu sagen hatten, was nicht für kindliche Ohren bestimmt war, wechselten sie halblaut einige Sätze auf jiddisch.

Die Sprache, in der ich mit einem Jahr zu reden begann, war selbstverständlich Russisch.

Großmutter besuchte uns einmal in der Woche, am Samstag. Mit sorgfältig frisiertem weißen Haar, den Dutt auf dem Scheitel 'hochgesteckt und von einem dunklen Hornkamm gekrönt, mit dem obligatorischen schwarzen Schal um die Schultern, in abgetragenen, aber blankgeputzten altmodischen Knopfstiefeletten ging sie zu Fuß durch die ganze Stadt, über die hohl dröhnende Eisenbrücke über den Fluß, dann die kopfsteingepflasterte Chaussee entlang, die auf einem aufgeschütteten Damm angelegt war, denn die Wiesen zu beiden Seiten waren sumpfig und naß, und Reiher auf dünnen roten Beinen stolzierten gravitätisch auf ihnen umher. Die Chaussee führte zu den roten Ziegelmauern der Militärfestung, die noch zur Zarenzeit erbaut worden und von einem hohen, dicht mit Haselnußsträuchern bewachsenen Erdwall umgeben war. Direkt vor dem Festungstor mit dem gestreiften Schilderhaus und dem gestreiften Schlagbaum zog Großmutter an einem schwarzen Band ihren Zwicker aus der Bluse hervor, klemmte ihn sich aber nicht auf die Nase, sondern hielt ihn wie ein Lorgnon vor die Augen, um den Wachhabenden zu mustern – einen Soldaten mit rotem Stern an der Militärmütze und einem bäuerlichen Gesicht mit breiten Backenknochen, dessen Mund mit den kräftigen Zähnen ihr schon von weitem entgegengrinste.

Die Wachleute kannten Großmutter und ließen sie ohne lästige Fragen passieren. Und sie mochten sie, denn jedes Mal brachte sie ihnen ein Geschenk mit – mal ein Päckchen Zigaretten, mal einen selbstgebackenen Honigkuchen. Für Großmutter Rosa gehörten Soldaten und Häftlinge zur gleichen Kategorie: Man sollte mit ihnen Mitleid haben und versuchen, ihr schweres Los zu versüßen.

In der Hand trug sie keinen Beutel, sondern ein sauberes, geknotetes Tuch. Darin lagen die Mitbringsel für den Enkel: Plätzchen, mit Mohn bestreut, und Pfefferkuchen, klebrig vor Honig. Das alles buk Großmutter freitags im Kachelofen, der aus allen Ritzen rauchte und den ganzen Keller mit bläulichem, beizendem Nebel füllte.

Ich wartete auf sie schon frühmorgens, kaum daß ich die Augen geöffnet hatte. Mit der Großmutter zog in unsere Wohnung der appetitliche, würzige Duft ihrer Mitbringsel ein. Mich begrüßte sie auf jiddisch und verlangte, daß ich ihr ebenso antwortete.

»Man soll sich der eigenen Sprache nicht schämen... selbst wenn dein Papa Kommunist und ein roter Kommandeur ist«, sagte sie zu mir und schielte kurzsichtig zu der geschlossenen Tür hin, hinter der, wie sie vermutete, mein Vater es nicht sonderlich eilig hatte, zu seiner Mutter herauszukommen. »Antwortest du mir auf jiddisch, so bekommst du die Pfefferkuchen, die deine Großmutter mit eigenen Händen gebacken hat, tust du es nicht – dann soll dein Vater dir Süßigkeiten in einem sowjetischen Laden kaufen.«

Und obwohl von Natur aus sehr faul, bereitete ich mich auf den Besuch der Großmutter wie auf ein Examen vor, quälte meine Mutter mit Fragen, wiederholte an die hundertmal die von ihr vorgesprochenen Wörter, um meine Großmutter mit ihnen zu überraschen.

Die Juden nennen das Jiddische »Mameloschn« – Mamas Sprache. Ich möchte es kühn »Babeloschn« nennen – die Sprache der Großmutter, der »Babuschka«. Und für mich ist Jiddisch erfüllt vom Duft der Vanille und der Spezereien, die Großmutters Mitbringsel verströmten, ist diese Sprache aromatisch und süß – selbst heute kommen mir unwillkürlich jiddische Sätze in den Sinn, wenn ich an einer Konditorei vorbeigehe und den Duft von Gebäck verspüre.

Manchmal, wenn die Eltern für längere Zeit weg mußten, brachte Mama mich zur Großmutter und ließ mich in ihrem Keller übernachten. Waren wir beide allein, so sprachen wir miteinander nur Jiddisch. Und ich staunte entzückt, wie schön diese Sprache aus dem Munde der alten, halbblinden Frau klang.

Sie war keine Nationalistin – Gott bewahre! Die eigene Sprache erhielt sie sich, weil die neue, ihr verhaßte Staatsmacht bestrebt war, diese Sprache zu töten, in den Köpfen der Juden auszumerzen. Großmutter war nicht religiös. Sie befolgte die jüdischen Traditionen nicht so sehr aus Gewohnheit – es war ihr Protest gegen das gottlose und sittenlose Regime, dem ihre Söhne so ergeben und gläubig dienten.

Nach Ausquartierung, Beschlagnahme und Enteignung behielt Großmutter nichts mehr von ihrem ehemaligen Besitz außer der altersschwachen Kleidung, die immer wieder geflickt und gestopft werden mußte. Nur zwei alte Leuchter zu retten – das war ihr geglückt. Gläubige Juden lassen am Sabbat die Kerzen darauf brennen. Diese Leuchter waren aus reinem Silber und schimmerten sanft, wenn Großmutter sie mit Asche geputzt hatte. Sie waren schön und kunstvoll gearbeitet, spiralenförmig rankte sich Weinlaub hoch um den Fuß. Und schwer waren sie – als ich klein war, konnte ich einen Leuchter mit beiden Händen kaum tragen. Jeder Leuchter war von einer sich öffnenden Rosenknospe gekrönt. Auch sie aus massivem Silber. In diese Knospe stellte Großmutter einen Kerzenstummel und entzündete den dunklen Docht, den sie vorher mit einer Haarnadel aus dem hart gewordenen Paraffin herausgelöst hatte.

Die Stummel in den beiden Leuchtern brannten mit tropfenförmigen Flämmchen, die flackernd zu einem schmalen Rußfaden aufstiegen, wenn auf der Treppe eine Tür zuschlug oder oben hinter dem Kellerfenster ein Pferdewagen über das Kopfsteinpflaster rumpelte.

Diese beiden Flämmchen beleuchteten Großmutters weiches, runzliges Gesicht und das weiße Spitzentüchlein auf dem Kopf, sie spiegelten sich hell in den Gläsern des Zwickers wider.

Großmutter hat mir erzählt, wie es ihr gelungen war, die Leuchter zu behalten selbst in jenen Jahren kurz nach der Revolution, als die Sowjetmacht alle wertvollen Gegenstände, vor allem aber Gold und Silber ihren Besitzern wegnahm; für das Verstecken solcher Wertgegenstände kamen diejenigen, die sich nicht freiwillig von ihrem Hab und Gut trennen wollten, ins Gefängnis und wurden dort so lange festgehalten, bis sie das Versteck preisgaben. Und die besonders hartnäckigen wurden zur Abschreckung der anderen an die Wand gestellt und erschossen.

Meiner Großmutter hat die Revolution alles weggenommen, und das betrübte sie nicht einmal so sehr. Doch von diesen beiden Leuchtern, die gar nicht besonders wertvoll waren, wollte sie sich auf keinen Fall trennen.

Überall in der Stadt waren Haussuchungen im Gange. Mitglieder der GPU, der politischen Polizei jener Jahre, angetan mit Lederjacken und Mauserpistolen in hölzernen Pistolentaschen, brachen nachts in die Schlafzimmer jener Bürger ein, die denunziert worden waren, und wühlten alles um und um, bis sie in einem Versteck die zur Anzeige gebrachten Silberlöffel oder eine goldene Brosche fanden. Die Beute wurde sofort beschlagnahmt, deren ehemaliger Besitzer wegen Hehlerei für etwa fünf Jahre ins Gefängnis gesteckt – ohne Untersuchung, ohne Gerichtsverhandlung, im Namen des werktätigen Volkes.

Für ihre Leuchter hatte Großmutter Rosa ein sehr sicheres Versteck gewählt. Doch irgend jemand muß sie erspäht und Großmutter angezeigt haben. Zweimal wurde der Keller durchsucht – ohne Erfolg. Auf eine dritte Durchsuchung wurde verzichtet – die GPU kam nachts, befahl Großmutter, sich anzuziehen und führte sie ab.

Im Stadtbüro der GPU, in einem schmutzigen, vollgespuckten, verqualmten Zimmer, wurde Großmutter von dem obersten Chef Wertubajlo höchstpersönlich verhört – einem schwindsüchtigen Knochengerüst mit ungekämmtem, schütterem Haar. In der nachlässig über die spitzen Schultern geworfenen schwarzen Kommissar-Lederjacke, den Revolver spielerisch in der knochigen Hand, saß er auf einem Stuhl, während Großmutter vor ihm stehen mußte. Sie ließ sich von seinen Drohungen nicht einschüchtern und antwortete ruhig, sie wüßte von keinen Leuchtern, man hätte sie verleumdet.

Darauf ließ Wertubajlo zwei Rotarmisten mit aufgepflanztem Bajonett eintreten und befahl ihnen, Großmutter auf den Hof zu führen und zu erschießen.

Als sie schon an der Tür waren, rief Wertubajlo ihnen nach:

»Lebst nur noch fünf Minuten, du Drecksau. Gestehe!«

Großmutter gab keine Antwort und ging hinaus. Die Rotarmisten führten sie die schmutzigen Stiegen hinunter auf einen kleinen Hof mit festgestampftem Lehmboden, auf dem nicht ein einziges Hälmchen wuchs. Von allen vier Seiten war er von Ziegelmauern umschlossen, und die einstigen Fenster waren jetzt rahmenlose Höhlen, die mit Sandsäcken zugestopft und über Kreuz mit alten, morschen Brettern zugenagelt waren.

Halb ohnmächtig wurde sie mit dem Rücken gegen die Wand gelehnt, die Rotarmisten traten etwa fünf Schritt zurück, hoben die Gewehre und legten an. Oben, aus dem Fenster im ersten Stock, blickte der ungekämmte Wertubajlo herab und kommandierte mit heiserer Stimme langsam, mit Pausen:

»Legt an... auf den Feind der Revolution... im Namen des werktätigen Volkes... hört auf mein Kommando... bei ›drei‹ schießen... Ich zähle: Eins!...«

Großmutter schloß die Augen.

»Gibst die Leuchter her, du Bürgerpack? Ist dir dein verdammtes Leben nicht einen Batzen Silber wert?... Ich zähle: Zwei!«

Alles weitere hat Großmutter nicht mehr gehört. Sie wurde nicht ohnmächtig, sie fiel nicht hin. Sie schaltete einfach ab.

»Hat nicht gelogen, das Luder!« Der schwindsüchtige Leiter der örtlichen GPU spuckte von oben aus dem Fenster. »Jagt sie davon.«

Sie führten Großmutter auf die Straße und stießen sie in den Rücken. Und sie setzte einen Fuß vor den anderen. Ging langsam drauflos. Kam allmählich wieder zu sich. Es dunkelte bereits, als sie ihren Keller erreichte. Beim Lichtmachen fiel ihr ein, daß Freitag war. Sie holte die Leuchter aus dem Versteck, stellte sie auf den Tisch, setzte die Kerzenstummel darauf, entzündete sie, und im Licht der schwankenden Flämmchen sprach sie das althebräische Gebet, das sie seit der frühesten Kindheit in ihrem Gedächtnis bewahrt hatte.

Seitdem sprach sie das Gebet jeden Freitag vor dem Abendessen, wie es ihre verstorbene Mutter und davor die Mutter ihrer Mutter getan hatten. Sie betete allein, ohne Zeugen – wer weiß, jemand könnte sie anzeigen, und das hätte schlimme Folgen für die Karriere ihres Sohnes, meines Vaters, haben können. Nicht einmal vor mir, ihrem Liebling, hat sie zu beten gewagt, blieb ich aber einmal an einem Freitag bis zur Dunkelheit bei ihr, so zündete sie nur die Kerzen an, schweigend.

Und doch habe ich einmal Großmutter beten gehört. Und nicht, weil ich sie heimlich, aus einem Versteck heraus, belauscht hätte.

Unsere Familie wurde vom Unheil betroffen. Großmutters Söhne, die in Moskau, Leningrad und Kasan lebten und dort verantwortungsvolle Posten innehatten, wurden einer nach dem anderen als ausländische Spione verhaftet. Eine Zeitlang blieb mein Vater verschont. Dann holte man auch ihn: Spät in der Nacht wurden wir alle aus den Betten gescheucht, und ich sah, noch schlaftrunken, wie man ihn fortführte, wobei man ihm befahl, nicht die Uniform, sondern Zivilkleidung anzuziehen. Vor einigen Tagen hatte Mutter den einzigen Anzug, den er besaß, zur Reinigung weggegeben, und so ging er ins Gefängnis in einer Trainingshose und einem Pullover, den hinten ein Stern zierte – das Abzeichen seines Sportclubs; Stiefel durfte er freilich anziehen, aber nicht die schweinsledernen wie zur Parade, sondern die aus Kernleder, die er zu den Manövern trug.

Und so wurde ich ebenso wie meine Vettern und Basen und – was ich erst sehr viel später erfuhr – wie Tausende und aber Tausende andere Kinder in der ganzen weiten Sowjetunion der Sohn eines »Volksfeindes«.

Großmutter Rosa aber wurde vierfach »Mutter der Volksfeinde«. Nach der Anzahl der verhafteten Söhne. Zusätzlich zu der Anklage, Agenten der ausländischen Geheimdienste zu sein, beschuldigte man diese auch noch des Verbrechens, ihre bürgerliche Abstammung verschwiegen zu haben. So daß all ihre Tricks, sich von der Mutter abzusetzen, sie zu verdrängen und zu verleugnen, gar nichts genutzt hatten. Ganz umsonst hatten sie der alten Frau weh getan. Die GPU hatte alles gewußt und wahrscheinlich boshaft darüber gegrinst, wie beharrlich sie sich von ihrer Mutter losgesagt und die Spuren ihrer »verbrecherischen« unproletarischen Abstammung zu tilgen versucht hatten.

Damals war es, daß ich zum ersten Mal alle meine Vettern und Basen, die Enkelkinder der Großmutter Rosa, unter der Betondecke ihres Kellers vereint zu sehen bekam. Ihre Mütter – eine Tatarin, eine Russin und eine Ukrainerin – wurden nach der Verhaftung ihrer Männer mitsamt den Kindern einfach aus ihren Wohnungen auf die Straße gesetzt. Wo sollten sie bleiben? Ihre verängstigten Verwandten wandten sich von ihnen ab, um nicht gleichfalls dem Verhängnis anheimzufallen. Sogar ihre Eltern hatten Angst davor, die Töchter mit den Enkelkindern bei sich aufzunehmen, obwohl sie proletarischer Herkunft waren und auch sonst nichts vor der Sowjetmacht zu verbergen hatten. Dennoch – die Töchter durften nicht über ihre Schwelle.

Und so fuhren – ohne vorherige Absprache, ihr letztes Geld für die Fahrkarten opfernd – alle drei Schwiegertöchter mit den Kindern aus Leningrad, Moskau und Kasan in unsere kleine Stadt, zu Großmutter Rosa, die sie früher niemals besucht hatten – fuhren in der heimlichen Hoffnung, daß sie sie nicht davonjagen, daß sie ihnen Obdach gewähren würde.

Großmutter Rosa, weise und großherzig, küßte jede von ihnen – die Tatarin Gjusel, die Russin Marussja, die Ukrainerin Valentina –, als wären es ihre leiblichen Töchter, und fand für sie alle Platz in dem engen Keller.

Niemals werde ich dieses Abendessen bei Großmutter in der Nacht zum Samstag vergessen. Der Tisch war zu klein, es war eng, die Kinder saßen auf dem Schoß der Mütter und aßen, da das Geschirr nicht reichte, mit der Mutter vom selben Teller.

In die Mitte des Tisches stellte Großmutter ihre beiden silbernen Leuchter mit neuen Kerzen. Sie zündete sie an. Und sie sprach ein Gebet auf hebräisch – damals hörte ich diese Sprache zum ersten Mal –, wobei sie, wie die Zauberer im Zirkus, ihre Hände dachartig über die zitternden Flämmchen hielt und sich dann mit den Handflächen über das Gesicht strich. Sie segnete das Brot und das Mahl und bat ruhig und würdig, die kurzsichtigen Augen zur rauhen Betondecke erhoben, den jüdischen Gott, sich ihrer gottlosen Söhne zu erbarmen und diese Kinder, in deren Adern außer dem tatarischen, russischen und ukrainischen auch etwas von ihrem eigenen, jüdischen Blut floß, nicht verwaisen zu lassen.

Sie sprach mit Gott in seiner Sprache. Nicht etwa jiddisch. Hebräisch. Und nicht nur ihre drei Schwiegertöchter – die eine aus moslemischer, die beiden anderen aus russisch-orthodoxen Familien –, sondern auch ich, der einzige hundertprozentige Jude unter ihren Enkeln: Wir verstanden kein einziges Wort. Doch wir alle erfaßten den Sinn ihres Gebets – wir brauchten nur ihren zur Decke gerichteten Augen zu folgen und dem Klang ihrer von schmerzlicher Inbrunst erfüllten Stimme zu lauschen. Und in jener Nacht erwachte in mir, der ich ohne Gott aufwuchs, erwachte in meinem gottverlassenen Kopf der Verdacht, daß entgegen allen Behauptungen der Sowjetmacht, meiner Betreuer im Kindergarten und meiner Lehrer in der Schule Gott existiert. Ein Gott, dessen Herz nicht aus Stein ist.

Denn er, dieser Gott, erhörte Großmutter Rosas Gebet. Nach ein oder zwei Jahren kehrten ihre Söhne aus den Gefängnissen zurück. Lebend. Aber nicht heil und gesund. Sie waren sehr stark und hartnäckig, die Söhne der Großmutter Rosa, und sie hatten nichts unterschrieben, sich der Spionage und Sabotage nicht für schuldig bekannt, so sehr man sie bei den Verhören auch geschlagen hatte. Sie kehrten zurück mit zerquetschten Boxernasen, mit gebrochenen und schief zusammengewachsenen Fingern, ihnen fehlten die weißen Zähne, mit denen man sie weggeführt hatte, jetzt hatten sie Stiftzähne aus Metall, die penetrant blitzten, wenn sie ihre aufgeschlagenen, wulstig vernarbten Lippen öffneten.

Damals, in jener Sabbat-Nacht, blickte ich verzaubert in die Flämmchen auf den Kerzen in den schweren silbernen Leuchtern. Leicht züngelnd spiegelten sie sich in jeder Weinbeere der silbernen Reben, die die Leuchter umrankten, ihr Widerschein glitzerte in den mit Tränen gefüllten Augen der Frauen, die Schulter an Schulter am Tisch saßen und den unverständlichen, aber überzeugenden Worten lauschten, mit denen Großmutter Rosa ihren Gott um Hilfe bat.

Später fuhren sie wieder weg mit ihren Kindern. Weil ihre Männer zurückkehrten und die Bedrohung vorüber war. Doch seit jener Zeit schämten sie sich nicht mehr ihrer Schwiegermutter und schrieben ihr regelmäßig.

Und dann kam der Krieg. Als die Deutschen die Stadt besetzten, konnte keiner ihrer Söhne Großmutter schützen, sie waren an der Front. Und auch die Schwiegertöchter mit den Enkelkindern waren nicht zu erreichen. Sogar Mama und ich lebten in jenem Sommer verhängnisvoll weit von der Stadt entfernt und kehrten auch nicht mehr dorthin zurück.

Großmutter starb zusammen mit anderen Juden, denen es aus Altersschwäche oder aus anderen Gründen nicht gelungen war, rechtzeitig die Stadt zu verlassen.

Nach dem Krieg, schon als Erwachsener, besuchte ich kurz diese Stadt. Von denen, die ich persönlich gekannt hatte, lebte niemand mehr dort. Doch wollte ich den Ort meiner Kindheit wiedersehen. Und hoffte insgeheim, das Grab von Großmutter Rosa zu finden.

Die Militärfestung, in der wir vor dem Kriege gewohnt hatten, war restlos ausgebrannt. Um die schmalen Schießscharten zeichneten sich auf den Ziegelwänden schwarze Rußstreifen ab. Innen, auf den Plätzen, wo einst Soldaten für den Nahkampf gedrillt wurden, wucherte Unkraut und Gras, dort weideten Ziegen mit Kletten in Bart und Fell. Hie und da waren die Mauern eingestürzt. Die Festung sollte nicht wieder aufgebaut werden: Vom Standpunkt einer modernen Kriegführung war sie unbrauchbar.

Auch das mehrgeschossige Haus, in dessen Keller Großmutter Rosa gewohnt hatte, war niedergebrannt: Ziegelmauern mit abblätterndem Putz; in der Luft hängende Treppen; wie in Zuckung geratene, verdrehte Eisenträger.

Doch die Kellerräume dieser ausgebrannten Ruine wurden bewohnt. Die Fensterchen dicht über dem Bürgersteig waren verglast, und beugte man sich herab, so konnte man sehen, wie sich jemand dahinter bewegte. Ich stieg die Kellertreppe hinab und fand mühelos die Tür zu Großmutters Zimmerchen. Auf mein Klopfen öffnete eine alte Frau. Mit einem Kreuz an der Kette um den faltigen Hals.

Einst lebte sie in diesem Hause irgendwo oben. Und erkannte mich jetzt. Und weinte sogar ein wenig. Und bat mich herein. Die Sachen im Keller waren mir fremd, haben Großmutter nicht gehört. Aber auf einem Regal hinter dem mit einer Steppdecke zugedeckten Bett standen die beiden mir schmerzlich vertrauten Leuchter. Aus mattem Silber. Von Weinreben umrankt.

»Das sind ihre.« Die Alte wies mit einer Kopfbewegung auf die beiden Leuchter. »Als man sie wegführte, die Arme, hat sie gesagt: Nimm sie dir. Habe sonst nichts Kostbares mehr. – Na, wenn du schon lebendig zurückgekehrt bist, sind's deine. Dein Erbe.«

Sie wickelte die Leuchter in eine Zeitung, auf der Stalins Bild in der Uniform des Generalissimus eine halbe Seite einnahm, und hielt sie mir hin. Meine Hände zitterten, als ich sie in Empfang nahm.

... Jetzt, beim Zoll, hielt ich wieder beide Leuchter in den Händen, blickte in die tranigen, verkaterten Augen des Beamten und hoffte immer noch, er würde plötzlich lächelnd abwinken und sagen:

»Schon gut, nimm beide!«

Er lächelte nicht.

»Halten Sie uns gefälligst nicht auf«, sagte er, ohne mich

anzusehen. »Einen Leuchter dürfen Sie mitnehmen, den zweiten lassen Sie hier. Und damit basta.«

»Gib mir den einen, mein Sohn.«

Mein Vater streckte die Hand nach dem Leuchter aus.

Dann kam ich in den Warteraum, in dem sich die Juden, die den Zoll passiert hatten, drängten. In ihren Händen hielten sie Taschen und Köfferchen – das Handgepäck, das man ins Flugzeug mitnehmen durfte. In meiner Hand schimmerte der silberne Leuchter, die Faust umklammerte die Weinreben.

Hinter dem vom Boden bis zur Decke reichenden schalldichten Glas, dieser durchsichtigen, aber undurchdringlichen Mauer, die die für immer Fortgehenden von denen, die sie hierher begleitet hatten, den für immer Bleibenden, trennte, stand eingekeilt zwischen den anderen Juden mein Vater – die Nase und die sich leicht bewegenden Lippen ans Glas gepreßt. So sehr ich mich auch bemühte, ich konnte nichts hören. Wir waren bereits in zwei verschiedenen Welten, uns trennte nicht nur das Glas, sondern die Grenze, an die uns ständig die durch den Raum patrouillierenden Grenzsoldaten mit ihren grünen Mützen und umgehängten Maschinengewehren erinnerten. Mein Vater zwinkerte – er war bemüht, die Tränen zurückzuhalten, wie es sich für einen Offizier, selbst außer Dienst, gehörte. Vor meinen feucht gewordenen Augen verschwamm alles, was ich sah, und unerträglich, fast schmerzlich glitzerte in der Hand des Vaters der Leuchter, von seinem Zwilling gewaltsam getrennt. Wahrscheinlich sah mein Vater mich auch verschwommen, auch ihm schimmerte aus meiner Hand der silberne Leuchter entgegen. Und dieses helle, silbrige Blinken in seiner und meiner Hand, zu beiden Seiten des dicken Glases, hob uns aus der Menge heraus – zwei Hälften eines gespaltenen Ganzen.

Ins Deutsche übertragen wurden von
Otto Janik

Der Informant. Der Gerechte. Der Mann der Gräfin. Die Ausnahme von der
Regel. Die Brille.

Annelore Nitschke

Seekrankheit. Weiße Nächte. Der Papagei, der Jiddisch konnte. Berliner
Fenster. Jom Kippur. Die Wölfin. Der Goldstrand.

Ingrid Tinzmann

Mein Onkel. Familiensilber. Das Echo des Krieges. Der Nachfahr des
Dschingis-Khan. Die Sabbatleuchter.

Ephraim Kishon

Ullstein

Hugo Wiener

Ullstein